心理学实验指导丛书

丛书主编 李寿欣 张文新

JICHUXINLIXUESHIYANZHIDAO

21世纪高等院校规划教材

发展与教育心理学实验指导

主编 王美芳 司继伟 王惠萍 张 震

山东人民出版社

《发展与教育心理学实验指导》编委会

主　编：王美芳　司继伟　王惠萍　张　震

编　委：（按姓氏拼音排序）

司继伟　王惠萍　王美芳　王玉璇　张栋玲

张　庆　张　震

总 序 言

心理学百余年的发展历程充分表明，科学心理学必须以科学的实验为基础，离开科学的实验，心理学终将成为一门思辨的学科，而难以立足于科学的行列。实际上，经过一个多世纪的发展，心理学已经成为一门实验性很强的学科，心理学的许多原理、定律和结论主要来自科学实验。对于心理学专业学生而言，在心理学课上做实验，就像上物理课要做物理实验、上生物课要做生物实验一样，是专业训练的重要内容。因此，在心理学的教学中，除系统教授理论知识之外，实践、实验技能的训练是十分重要的内容。

毫无疑问，实验教学对于心理学专业人才的培养具有重要的意义。通过实验教学不仅能够增加教学的直观性、趣味性，提高学生的学习兴趣，增强学习的自觉性和主动性，而且有助于培养和提高学生的操作能力和运用所学知识解决实际问题的能力等；指导学生对自己或他人的心理进行测量有助于学生更深入地了解自己和他人的心理特征。当然，心理学实验教学的意义绝非仅限于此，通过实验教学还可以培养学生敏锐的发现问题的能力、独立的思考和判断能力以及严谨科学的态度和精益求精的探索精神。

近年来，随着我国心理学科的快速发展，心理学人才培养体系的日益规范和成熟，实验教学在心理专业人才培养中的重要性更加突出，但总体来看，我国的心理学专业教学中实验教学的开展尚不理想。造成这种状况的原因是多方面的，而其中一个重要的原因是缺乏适合于心理学专业学生使用的合适的实验教材。为此，我们组织了山东省部分高校的心理学专业教师编写了这套《心理学实验指导》丛书。该丛书以心理学三个二级学科——基础心理学、发展与教育心理学和应用心理学为依托，同时考虑到应用心理学这一二级学科所涵盖的学科较多，共设计了一套四本，分别是：《基础心理学实验指导》、《发展与教育心理学实验指导》、《工业与社会心理学实验指导》、《心理测量与咨询案例教学指导》。

丛书的编写遵循以下两个原则：一是精选经典性、验证性实验项目。通过这些实验项目的教学，培养学生的实验基本功、实验基本素养，努力使学生掌握心理实验常用方法和基本操作技能；让学生通过体验前人发现心理学事实的过程，培养学生严谨的科学实验态度。二是设计综合性和设计性实验项目。综合性和设计性的实验要求学生根据学过的心理学原理，自己提出问题，自行设计实验方案，自主确定操作实验方法和步骤，并独立解决问题。通过这些实验项目的教学，主要培养学生独立思考、独立解决问题的能力。

丛书在编写过程中参考了大量有关文献和教学案例，在此谨向原作者表示衷心的感谢！同时，衷心感谢山东人民出版社的责任编辑王晶女士所作的大量工作！

我们希望该丛书的出版能够为高校心理学专业的实验教学提供一套有用的参考资料，并能够为对心理学专业实验教学的改革优化以及创新人才的培养有所帮助。

山东师范大学　李寿欣　张文新

2009 年 7 月

前 言

作为心理学的重要分支学科，发展心理学和教育心理学是大多数心理学专业和教育学专业的核心课程。在高校多年的教学实践中，我们深深地体会到大学生掌握的发展心理学与教育心理学的理论知识比较丰富，但从事发展心理学与教育心理学研究并把理论知识应用于实践的能力相对欠缺。这与我国当前在发展心理学与教育心理学课程教学中过多注重课堂讲解而相对忽视实验教学的传统教学模式不无关系。心理学是兼有社会科学和自然科学性质的学科，实证研究是当今心理学研究的主流取向。因此，实验教学理应成为心理学课程教学的重要组成部分。实验教学不仅有助于加深学生对心理学理论知识的理解，而且也有助于培养学生的心理学实验技能、科研创新能力和实践能力。对于发展心理学与教育心理学课程教学而言，更是如此。

鉴于上述情况，经过多年的教学改革探索，我们对发展心理学和教育心理学课程的实验教学改革进行了认真总结，不揣谫陋，撰写了国内首本《发展与教育心理学实验指导》，希望对各高校发展心理学和教育心理学课程的实验教学的开展有所裨益。

本书由王美芳、司继伟、王惠萍、张震主编，多所高校心理学教师集体撰写完成。其中发展心理学部分由王美芳、王惠萍、张栋玲、张庆等撰写，教育心理学部分由司继伟、张震、王玉璇等撰写，最后由王美芳和司继伟负责统稿。

本书写作过程中参考了国内外的大量文献资料，谨向原作者表示感谢。

由于作者水平有限，书中肯定存在不少的错误和缺点，敬请广大读者批评指正。

编 者

2009 年 7 月

CONTENTS

目 录

第四编 教育心理学实验

第一编

导 论

心理学是兼有社会科学和自然科学性质的学科,实证研究是心理学研究的主流取向。因此,实验教学应该成为心理学课程教学的重要组成部分。作为心理学的重要分支学科,发展心理学和教育心理学是大多数心理学专业和教育学专业的核心课程。在发展心理学与教育心理学的课程教学中,实验教学不仅有助于加深学生对发展心理学和教育心理学理论知识的理解,而且也有助于有效培养学生的心理学实验技能、科研创新能力和实践能力。

一、发展心理学实证研究

本部分首先简要阐述心理发展的涵义、发展心理学研究的主要目标,然后介绍发展心理学实证研究设计的主要方式、发展心理学实证研究的独特性,最后提及发展心理学实证研究中的伦理问题。

(一)发展心理学实证研究概述

发展心理学是心理学的一个分支学科,发展心理学的研究首先要遵循心理学研究的一般原则和要求,同时也具有该学科研究的独特性。发展心理学研究个体从受精卵到出生、成熟、衰老的生命全程中心理发生发展的特点和规律(林崇德,2009)。人类个体的一生依次经历胎儿期、婴儿期、幼儿期、童年期、青少年期、成年早期、成年中期和成年晚期等各个阶段,相应地个体的心理在上述各个阶段之内以及相近的阶段之间都在不断地发展变化。心理的发展变化表现为"向上"的变化和"向下"的变化(方富熹,方格,2005)。"向上"的变化又表现为两个方面:一方面是个体心理机能的发生,即心理从无到有,如婴儿听觉、视觉、记忆、依恋等的出现;另一方面是个体已具有的心理机能的不断完善,如儿童感知觉能力的不断完善,记忆能力的不断提高等。"向下"的变化是指个体的心理机能随年龄增长表现出的衰退,如七八十岁老年人"耳聋眼花"现象就属于感知觉的退行性变化。

发展心理学研究的目标是:描述、解释、预测和控制。描述说明人的一生心理发展变化的特点和规律,是发展心理学研究的最基本目标。尽管大多数人一生的心理发展遵循典型的发展轨迹,但现实中没有哪两个人的心理发展是完全相同的。因此,为了更好地描述人的心理发展,研究者既要关注人的典型的心理发展变化(常态发展),同时又要关注心理发展的个体差异(特殊发展)。解释是弄清楚个体的常态发展和特殊发展的原因。描述个体心理的发展较为容易,而解释这些发展会发生的原因则要困难些。预测是根据已有理论预测研究对象以后的发展变化,如根据个体婴儿期依恋的质量预测其未来的人际交往和情感发展情况。控制是根据科学理论采取一定措施帮助人们向积极的方向发展，已达到优化发展的目的。例如，帮助被同伴拒绝和忽视的儿童改善与同伴的关系。

(二)发展心理学实证研究的独特性

发展心理学研究个体从受精卵到出生、成熟、衰老的生命全程中心理发生发展的特点和规律，换言之，发展心理学研究个体心理如何随着年龄的增长而发展变化。这就使发展心理学的研究具有如下特殊性。

第一，年龄是一个特殊的自变量。

在发展心理学研究中，年龄通常被视为一个特殊的自变量，但又是无法人为操纵的变量，只能通过相关方法加以改变、操作(林崇德，2009)。有鉴于此，以年龄作为自变量的发展心理学研究在得出研究结论时，可以说随着年龄的增长，个体心理表现出怎样的发展变化趋势或特点，但不能将变量的变化完全归于年龄。

第二，研究对象的年龄跨度大，研究方法需考虑年龄的适宜性。

发展心理学研究对象的年龄跨度很大，从胎儿到老年人都是其研究对象。由于研究对象在年龄、心理发展水平等方面差异悬殊，发展心理学的研究方法必须考虑研究方法的年龄适宜性。如，自我报告法无法应用于对婴儿的研究。

(三)发展心理学实证研究设计的主要方式

发展心理学研究不仅要揭示某个年龄阶段个体心理发展变化的特点，而且也要阐明在人的一生中，心理发展变化的特点和趋势。大致说来，发展心理学家主要采用横断研究设计、追踪研究设计、序列研究设计和微观发生学设计四种方式来描述个体心理的发展变化。

1. 横断研究设计。横断研究设计是在某一特定的时间，同时对不同年龄的被试进行比较的方法。目前，发展心理学的研究大多采用横断研究设计。值得注意的是，在横断研究设计中，不同年龄的被试来自不同的同辈群体。同辈群体是指那些在相似的文化背景和历史背景下成长起来的同一年龄段的人组成的群体。横断研究总是涉及比较不同年龄的群体，这就使得对研究结果的解释比较棘手，因为在横断研究中发现的年龄差异不仅可能是由年龄和发展造成的，也可能是由文化和历史因素造成的。换言之，横断研究中发现的年龄差异混合了年龄和同辈效应。如果横断研究中不同年龄的被试成长经历基本相似的话，横断研究就可以得出有效的结论。例如，我们对 3 岁、4 岁、5 岁儿童的心理理论能力进行比较，因为这三组被试所处的历史或文化背景在这几年里没有明显变化，因此我们可以认为三个年龄组被试的心理理论能力的差异主要是年龄和发展造成的。但是，对于年龄跨度较大的横断研究，就需要注意同辈效应。例如，我们对当前 20 岁、30 岁、40 岁、50 岁和 60 岁被试的婚恋观进行比较，发现五个年龄组被试婚恋观存在显著差异，这些显著差异并不完全是年龄和发展造成的,因为我国近三四十年来社会的巨大变迁使这五个年龄组被试的成长和生活环境发生了巨大的改变,而这些环境的变化也很可能导致被试婚恋观的不同。

2. 追踪研究设计。追踪研究设计是在某一段时间里对同一群被试进行长期的反复观测的方法,也叫纵向研究设计。追踪研究设计是发展心理学在研究方法上的一个突出特点。对被试进行连续观测的时间可以较短(如半年),也可以很长(如十几年、几十年甚至一生)。追踪研究设计的优点是能够较为细致地了解个体心理发展的连续过程和由量变到质变的规律,因此近年来备受发展心理学家的重视。但是,追踪研究费用高、耗时长,被试流失问题难以避免,反复测查带来练习效应等问题,使研究结论的适用范围受到制约。

3. 序列研究设计。序列研究设计是将横断研究设计和追踪研究设计结合起来的研究方法。它是通过选择不同年龄的被试为研究对象并对其进行追踪的研究方法。其优点是:能够比较出生于不同年份的同龄被试心理发展的异同,从而能够确定同辈效应是否对研究结果产生影响;能够同时进行横断比较和纵向比较,从而确定真实的心理发展特点和趋势。

4. 微观发生学设计。横断研究设计、追踪研究设计和序列研究设计只能够宏观地描述人类发展变化情况,但不能细致地刻画发展变化的过程和原因。在过去的十几年里,许多儿童认知发展研究者广泛地应用微观发生学设计,以探讨促进发展变化的过程。该设计通过在短时间内重复给被试呈现一个诱发变化的刺激或提供学习的机会,观测个体发生变化的过程。微观发生学设计有助于研究者探索心理发展变化的原因,加深对心理发展的理解。

(四)发展心理学实证研究中的伦理问题

用人类作为被试进行研究时,研究人员必须按照一定的操作标准保护被试免受身心的伤害。尤其是以未成年的儿童青少年为研究对象时,研究中的伦理道德问题更为复杂,因为儿童青少年更容易受到生理和心理上的伤害。为了保护参与研究的儿童,明确儿童研究人员的责任,美国心理协会(1992)和儿童发展研究协会(1993)通过了一些伦理规则,其中较为重要的条款(Shaffer & Katherine,2009;邹泓,2009)如下:

1. 避免伤害的受保护权。儿童有权在研究中受到免受身心伤害的保护,研究者不能使用任何可能伤害儿童的身体或心理的研究操作。如果研究者对研究的有害结果不确定时,研究者必须征求他人的意见。当危害有可能发生时,研究者必须另找收集信息的方式或者放弃该研究。

2. 知情同意权。包括儿童在内的所有研究被试有权知道研究中可能影响他们决定是否参与研究的所有方面。进行以儿童为被试的研究时,研究者应该得到儿童的父母或其监护人的同意,最好是他们书面形式的同意书。对于7岁或7岁以上的儿童,除了获得其父母的同意外,他们自己也有知情和同意的权利。研究者应该用儿童能够理解的语言对研究活动做出全面的解释,从而使他们能够决定自己是否参加研究。此外,各个年龄阶段的儿童都有权利选择不参加研究,或者在研究的任何阶段中止参与研究。

3. 隐私权。儿童有权要求在研究者收集的所有信息中隐瞒自己的身份。同时,研究者必须对所有来自被试的数据保密。

4. 获知结果权。儿童拥有以他们能够理解的语言被告知研究结果的权利。

研究的结果和研究目的是密切联系的。儿童有权事先了解研究的目的,但有些研究可能必须隐瞒研究目的或对被试进行欺骗。如果研究对被试隐瞒了信息或进行了欺骗,事后必须用被试能够理解的语言对被试一一解释清楚,让他们知道自己所参与研究的真实目的以及为什么事先隐瞒或欺骗他们。

二、教育心理学实验研究

本部分简要介绍实验研究在教育心理学学科研究中的重要作用、教育心理实验的主要类型、基本组织形式和主要特点。

(一)实验法在教育心理学研究中的重要作用

1. 实验研究是教育心理学学科得以独立并长期发展的不竭动力。从20世纪初迄今,在长达百余年的教育心理学发展长河中,实验法作为实证主义方法论指导下的主要研究方法,一直扮演着至关重要的角色(胡韬,张大均,2006)。实验法的引入及推广被认为是导致教育心理学在20世纪初得以成为心理学独立分支学科的重要条件。实验教育学的出现作为教育心理学引入实验思想的先驱,实质上是实验心理学与教育学相结合的产物。“实验教育学运动”的倡导者——德国教育家莫依曼和拉伊非常重视对儿童身心发展与教育方法改进的实验研究思想,这深深吸引了欧美的许多教育家和心理学家。一般认为,拉伊所著的《实验教学论》,实际上就是以教育心理学为基本内容的著作。然而教育心理学能够真正成为一门独立的实验科学,这被普遍认为应归功于桑代克所开启的动物学习的实验研究。在其一系列动物学习实验基础上形成的《教育心理学》一书(1903年出版),成为现代教育心理学的真正开端。

20世纪20年代,随着行为主义、格式塔心理学等学说对教育心理学的先后不断渗透,教育心理学的实验研究传统逐步形成。其中行为主义学派对行为的客观测量的强调对该学科中的实验研究传统的形成更是功不可没。期间以实验法为主要研究工具的实证主义方法论一直占据着教育心理学学科发展的主导地位。在研究对象上,研究者开始从学科初创时期的单纯重视动物学习实验开始转向以人类与动物的学习实验并重。当时各国教育心理学家开展了大量的实验研究,提出了各种早期的学习理论。其中前苏联的教育心理学家比较强调人的学习与动物学习的本质区别,他们大力提倡自然实验法。特别是在20世纪四五十年代,他们尤其重视结合教育实践开展自然实验,并取得了一定成就。其中最著名的就是维果斯基采用实验法总结出的"最近发展区"理论。这种局面一直持续到20世纪50年代后期才有所变化。

随着信息加工和人本主义思想在20世纪50年代的崛起,在教育心理学研究中以人为被试(尤其是以学龄期学生为被试)的实验研究(特别是自然实验)大量出现,取得了令人瞩目的研究成果,极大地推动了教育心理学学科的发展。其中尤其以罗森塔尔等人在20世纪60年代完成的教师期望效应实验为后人所称道。此外,此时期开始兴起的对人类学习过程的计算机模拟研究一直是研究者探讨的热门课题之一。布鲁纳大力倡导在中小学开展教育改革实验,直接推动了教育心理学学科的实验研究从实验室的动物实验开始走向实际的课堂教学。另外,奥苏伯尔也反对实验室实验而提倡自然实验。

从20世纪70年代后期开始,受建构主义和社会认知观点的影响,教学活动也开始逐渐成为教育心理学家长期关注的实验内容之一。对有效教学环境设计的实验考察已成为当代教育心理学研究的重要主题之一,吸引了大批学者投身其中。目前,不少研究者对多媒体教学条件下学生的学习活动特点与教学规律正开展着大量的实验研究,这从国内外有关学术期刊上近年来所刊发的研究报告可见一斑。可以认为,重视实验研究是教育心理学能够长期保持学科发展活力的重要源泉。

2. 实验研究在教育心理学学科功能中的内在规定性。教育心理学的根本研究目的在于描述、解释、预测和控制教育过程中学生及教师的心理特征和心理活动规律,其中心任务在于确定教育情境中各种变量之间的因果关系。因此,揭示因果关系就成为教育心理学发挥学科影响的核心功能所在。在当前的教育心理学研究中,对研究变量因果关系的探讨大都通过实验研究来实现。当然,近些年来所出现的结构方程建模技术(structural equation modeling)通过对结构方程的估计,也能在一定程度上揭示变量之间的因果联系(Alexander & Winne,2006)。

在实验研究中,研究者通过有计划地操纵一个或几个因素(自变量),然后观察并测量某一感兴趣的变量(因变量)的变化,揭示出两者是否存在着稳定的共变关系,从而确定是否属于因果关系。如果被操纵的因素有规律地引起了被试某种行为的特定变化,我们就把这些因素看做导致这种行为变化发生的原因。需要注意的是,因果关系始终是一种超出当前所收集的证据的推论,它需要得到不断地完善与验证。而支持因果关系的最有力证据是,被研究者所操纵的变量变化在先,结果变量的变化在后,而当它们单独存在时,结果变量的变化不会发生。只有这样,研究者所得出的研究结论才真正符合18世纪英国哲学家休谟所界定的因果关系三标准:(1)原因和结果在空间与时间上是密切相关的或邻近的;(2)原因先于结果;(3)两事件之间存在着必然的联系(Alexander & Winne,2006)。与教育心理学研究中同样被大量采用的观察法和测量法相比,研究者在运用实验法时可以主动创设情境、控制条件,而不是被动等待;实验结果在同样条件下具有可重复验证性;可以确定因果关系。由于实验法的上述特点,使得它成为教育心理学研究中用来确定因果关系的最主要方法。

在教育心理学研究中,人们经常以对因果关系进行确定的水平来作为衡量研究质量的标准。一般来说,如果某项研究的变量界定和因果关系明确,即被认为具有较高的内部效度,其研究水平也较高;反之,若某项研究的变量界定不清晰、变量之间的因果关系模糊,则表明该研究的质量较差。这与研究者对实验的控制程度有着密切联系。在研究中,实验控制主要包括三个层次:(1)对外部因素和实验情境的控制,如采用计算机呈现学习材料来消除实验者可能存在的无关影响。各种教育心理学实验都不同程度地包括了这种层次上的控制;(2)对自变量的控制,如在特定时间改变自变量的水平以观察被试的反应;(3)对研究设计过程的控制,主要是通过对实验设计的总体安排、实验程序的规范化及各种测量指标的标准化来排除可能影响因果推论的各种因素。由此可见,教育心理学实验研究从设计到具体实施的各个环节,都与最后的因果关系分析水平息息相关。

(二)教育心理实验的主要类型

实验法是通过创设并控制一定的条件,从而引起人们的某种心理现象的变化进行研究的方法。它是在控制的条件下系统地操纵某种变量的变化,来研究这种变量的变化对其他变量所产生的影响。教育心理学领域中的实验研究通常可分为实验室实验、自然实验、个案实验三种类型,其中以自然实验在教育心理学实验中使用居多。

1. 实验室实验。实验室实验(laboratory experiment)是在严密控制实验条件下,借助一定实验仪器来探索心理活动规律的方法。教育心理学的某些课题也可以在实验室内进行,如关于记忆的问题,在实验室内可以利用电动"记忆鼓"考察被试学习某种材料时的编码、储存和提取情况。又如学习的迁移问题、学生智力发展水平问题等,都可以在实验室进行研究。现代设备完善的教育心理实验室,呈现刺激和记录被试的反应都使用精密的仪器自动控制。在实验室中也能模仿各种自然条件,如课堂教学等。现在的实验室中大量采用计算机控制实验的进程,这样一来实验中的变量一般比较容易控制,数据的记录和整理也比较精确,这是心理学实验技术发展的一个总趋势。教育心理学中的数学教学心理、阅读心理、问题解决的模拟等许多问题都可用计算机屏幕显示;此外,计算机还可以用来呈现刺激、记录反应的正确与否、速度、解题过程等。实验室实验法在控制条件时的一个通常的缺点是,被试个体的中间变量(内部动机、原有知识基础等)是难以绝对控制的变量。另外,实验室的环境与真实生活环境存在一定的差距,因而实验结果的可推广性存在一定的限制。

2. 自然实验。自然实验(natural experiment),也称为随机现场实验(randomized field experiment),是指在实际的教育情境中,根据研究的目的,控制某些条件,观察教师或学生的心理活动变化的方法。例如,要研究发现教学法对初中二年级学生外语成绩的影响,实验者在一个班进行发现法教学,在另一个对等的班进行常规教学,对两个班外语成绩进行比较分析,就可以找到教学法与学习效果之间的因果关系。

自然实验法兼具观察法和实验法之长处,既注意到自然的条件,能较好地反映教育实际情况,又注重主动创设条件以控制一定的变量,力求科学性。它能将真实的自然环境与实验条件的控制相结合,因而既具有观察法真实自然的优点,同时又具有实验室实验法的诸多优点。因此,它是在教育实践领域内研究学生心理的最常用和最合适的方法。当然,由于自然实验是在自然条件下进行的,有时实验条件的控制不易做到十分精确。

3. 个案实验。在教育心理学研究中还经常使用的另一类实验方法便是个案实验(single - case experiment)。这类实验的典型设计方式是,对某个学生的行为观察数日后,对该学生实施某种特殊的方案,观察实施该方案过程中该被试的行为变化,最后终止方案。如果实施某方案过程中被试的行为有所改变,而终止该方案时行为的改变也随之消失,则说明该方案对被试行为存在一定影响。不过个案实验不一定仅有单个被试构成,接受同一实验处理的几个学生、整个班级乃至一所学校都可看做个案。

个案实验的最主要局限在于研究结论只适用于那些特定被试,其可推广性较低。另外,在研究内容上也有明显限制,即它只适用于那些可以被多次重复测量的行为,如学生在课堂上的说话或离开座位等。巴里什、索德斯和沃尔夫(1969)针对小学四年级学生所开展的“良好行为实验”,便是采用这种实验方法开展的经典实验之一。

要想正确运用上述各类实验法,必须要注意满足如下基本要求:

(1)实验前,要进行严格的实验设计,包括如何操纵自变量(在自然实验中,教师作为实验者,常需进行系统培训)、如何收集因变量、如何选择被试、设立等组、控制无关变量等,并对可能出现的实验结果形成一定的假设。

(2)正式实验前,可进行小样本初试,在此过程中如果发现不妥,可进一步修改实验设计;正式实验开始后,就要严格执行实验设计的各项措施。

(3)实验结束后,要对实验结果进行统计分析和显著性检验,并形成实验报告。

(三)教育心理准实验设计的基本形式

在教育心理学的很多自然实验研究中(如要比较不同班级或不同学校的学生),大多数情况下被试都不可能被随机地分配到实验条件中,这样研究者就不得不采用以非随机方式分配被试到实验处理上的设计,此时就要采用准实验设计(quasi - experiment design)。根据塞迪斯等人的观点(Shadish, Cook & Campbell, 2002),准实验设计有三个基本特征:(1)准实验处理的是操纵型因果关系。准实验设计所能得到的因果关系要比研究者采用结构方程建模所考察的非操纵型因果关系更加严格。通常把准实验中所考察的原因称为干预(intervention),把结果称为后果(outcome)。(2)准实验在测量后果之前引入干预。这主要是同休谟"原因先于结果"标准相对应。(3)准实验并不采用随机分配方式将被试安排到接受或不接受条件中去,被试的分配往往是通过自我选择或上级指定的方式来完成。

常见的教育心理准实验设计的基本形式一般有三种:

1. 单组实验。单组实验是一种比较简单易行的实验组织形式,被实验者只有一组,对两个(或两个以上)实验变量进行前后两次(或两次以上)实验。在实验过程中,其他条件保持不变,对实验因素所产生的结果进行观察和比较,最后得出结论。例如选择一个班级和两种不同的教法进行两次教学。先用新教法进行第一次实验教学,结束时对这个班进行测验,然后再用传统教法进行第二次实验教学,结束时再对这个班进行测验,最后把两次测验的结果加以比较,得出新教法与传统教法的差异。单组实验需要对因变量进行两次测定,一次是在引入自变量之前测定,称为前测;一次是在引入自变量之后测定,称为后测。每次测定后均用数值形式表示,两次测定所得的数据之差,即为自变量对因变量所产生作用的数值表示。

单组实验的优点是:简单易行,只要有一个班级就能实验,可以不打乱原有的学生班级,实验因素比较容易控制。缺点主要表现在:一是很难克服"时序效应",前一次实验可能对后一次实验产生积极或消极影响,即起到正、负迁移作用;二是个体的心理是发展的,不同时期的实验有不同的影响,由于被试生活经验的积累,导致后期的实验效果可能偏高。由于单组实验存在这些缺点,故影响它的应用范围。

2. 等组实验。等组实验是把被试分成条件等同的几个组,控制各组的无关变量,操纵各组的自变量,然后比较各组的因变量,从而推断出结论。这种形式应用最为广泛。具体地说,将实验者分为人数相等、能力相同的两个组,其他条件如教师能力、教材内容、教学时间、教学环境等也都应当相同。随机确定其中一个组为实验组,另一个组为对照组,给出两个或两个以上的实验因素,分别应用于这两组学生,对不同的组施加不同的实验因素。在整个实验过程中,两组其他条件保持相同,经过一段时间,再测定两个实验因素所产生的结果。然后将各实验因素影响所产生的结果加以观测比较,并进行差异显著检验,便可确定哪种实验因素的作用较大,以求得结论。

采用等组实验形式,如果有三种实验因素,则至少要有三个条件相同的平行组为实验对象。但是,不论是用两种还是三种实验因素进行比较实验,应用等组越多,越能保证实验结果的正确性。当然,等组也是相对的。等组实验中所设立的对照组是用以提高研究结果的正确性的。对照组是供比较的组。对照组并非随意指定,该组的其他条件必须与实验组情况尽量相等。两者不同之处是实验组加入了实验因素,而对照组没有加入实验因素。在教育心理实验中,一般应使对照组在学生、教师、教材、教法等条件上与实验组大体相等。等组实验需要对因变量进行后测,可以做前测,也可以不做前测。例如,通过实验比较两种教学方法的教学效果,实验者把实验对象均衡地分配到两个组(实验组、对照组),选择两部分性质、分量、难度相似的教材作为实验材料。将两组获得的数值加以比较,就可以得出哪种方法教学效果更好的结论。

等组实验的优点在于实验组与对照组可以分别独立进行实验,避免相互影响,实验周期短,有的甚至可在一个上午完成。其缺点在于对实验组和对照组加入的实验因素往往很难做到完全相同。

3. 循环组实验。循环组实验是单组和等组相结合的一种实验形式,是由几个做纵向比较的单组实验构成的,并需要轮换实验顺序的组合实验。采用循环组实验形式,各组的条件可不完全相等,在实验中各组分别接受不同的实验因素的影响。在循环组实验中,不像等组实验那样比较几个组的因变量,而是比较自变量中几个水平引起的因变量。第一阶段实验之后,测量各实验因素影响所产生的结果。第二阶段实验时,将实验因素对调,实验时间应与第一阶段相同。最后再测验各实验因素所产生的结果,进行比较,便于确定何者较优越。采用循环组实验法,如果能做到被试各组条件完全相等,则更为理想。仍用教学方法来说明,通过实验比较两种教学方法的教学效果优劣。设有甲、乙两个班,选用循环组实验,先在甲班用新教学方法进行教学,乙班用传统教学方法进行教学,然后测定甲、乙两个班的成绩。再进行第二轮实验,在乙班用新教学方法进行教学,甲班用传统教学方法进行教学,同样测定甲、乙两个班的成绩。最后把甲、乙两个班接受新教学方法教学的测验成绩合并为新教学方法成绩,把甲、乙两个班用传统教学方法教学的测验成绩合并为传统教学方法成绩,通过比较得出新教学方法同教学效果的关系。

循环组实验的优点是:不设等组,操作简单;通过轮转,抵消干扰。缺点在于:实验周期较长,实际操作难度较大,也比较复杂。但这种组织形式在教育心理实验中还是比较精确、可靠的实验组织形式。

（四）当前教育心理学实验的主要特点

实验法是教育心理学定量研究中的最主要形式。综合按照国内多位学者（陈琦，张建伟，2000；胡韬，张大均，2006；林崇德，2005；吴小叶，2004）的观点，当前教育心理学研究中在研究数据的定量处理上主要表现出以下三大特点。

1. 生态化。当代教育心理学的实验研究正在实验室实验和自然实验两个方向深入发展。由于研究内容的日趋复杂，该学科的实验设计正趋向于采用多变量的综合设计方式。由于运用了新的实验设计技术和统计分析技术有效地控制误差，使得定量研究中的实验情景与现实情景越来越接近。如近年来研究者习惯采用的多因素析因设计，由于其具有较高的生态效度，通过精心设计，在研究者感兴趣变量结果的精度不降低的前提下，能容纳较多的自变量，从而增加了实验的现实性。

2. 数学化。由于自然实验、现场研究的深入发展，教育心理学实验研究的数据统计日趋复杂，主要表现为多元分析、模糊数学被引入教育心理学的研究，开辟了研究的新途径。在统计分析中交互作用被认为更具有理论价值，对交互作用的性质与意义的进一步分析和解释能系统地了解因素间的复杂关系。另外，目前大量的教育心理学研究采用准实验设计，通过协方差分析在很大程度上消除了系统偏差和组内误差变异。这些都体现出在本学科实验研究中的数学化特点。

3. 现代化。在当代的教育心理学研究中，实验室实验主要趋向于探讨人的学习过程的生理机制，特别是脑机制。其实验设计与方法选择越来越多地引入更多的生理学方法与技术，主要表现为大量应用各种现代化的研究工具与仪器，如脑电仪、眼动仪、四视野速示器、多导生理仪、语图仪、行为分析系统等，在教育心理学各研究领域中运用越来越广泛。特别是近年来的计算机化自适应测验手段的使用，使研究结果能更准确、精密且简便、快捷。另外，采用计算机实时记录的方法记录学习者的学习时间和学习路径等资料，可以更详细地分析其学习过程。上述各种现代化手段的使用大大提高了当代教育心理学实验研究的精度和科学水平，使研究更细致，效率更高。

第二编

发展心理学演示性实验

实验一

新生儿最初的无条件反射实验

一、实验原理

胎儿的生活环境是非常安全和舒适的,出生以后,环境骤然发生了巨大的变化,新生儿不仅必须独立地进行维持生命的活动,而且还必须去适应千变万化的环境。那么,新生儿凭借什么去适应新环境并得以生存呢?他们主要依靠多种无条件反射,用以应付外界刺激。这些无条件反射是遗传得来、不学而能的,其中枢是中枢神经系统的低级部位。这些无条件反射中,有的对新生儿维持生命、保护自己有现实意义,有的可能在人类进化的过程中起过适应生存环境的作用,但是在后来的人类生活中已失去其生物学意义,所以在儿童的生长过程中相继消失。各种无条件反射是否齐全以及是否在特定的时间消失,可以作为诊断儿童神经系统发育是否正常的参考指标。

二、实验目的

考察0~12个月婴儿的无条件反射情况。

三、实验方法

(一)被试

0~12个月的婴儿。

(二)实验方法

1. 吸吮反射(见图2.1.1)。奶头、手指或其他物体接触到嘴唇,新生儿立即做出吸吮动作。吸吮反射是一种食物性无条件反射,是最强的反射之一。当新生儿开始吸吮时,其他活动都会被抑制。

2. 抓握反射(见图2.1.2)。又叫达尔文反射。物体触及掌心,新生儿会立即把它紧紧握住不放,甚至可以把身体悬挂起来。大约到第二个月时,这种反射就消失了。

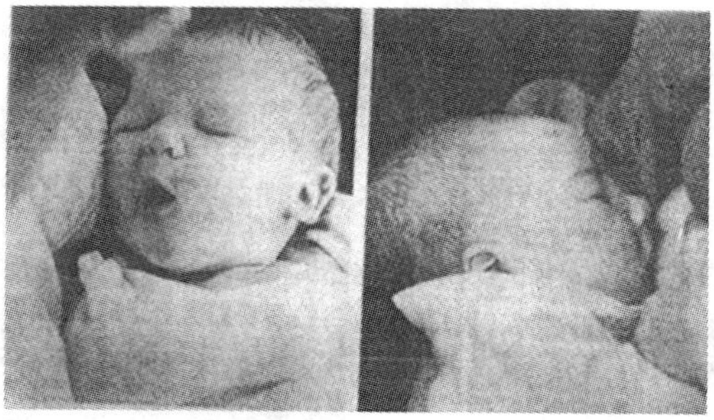

图 2.1.1　吸吮反射

（资料来源：孟昭兰. 婴儿心理学. 北京：北京大学出版社，1997，P121.）

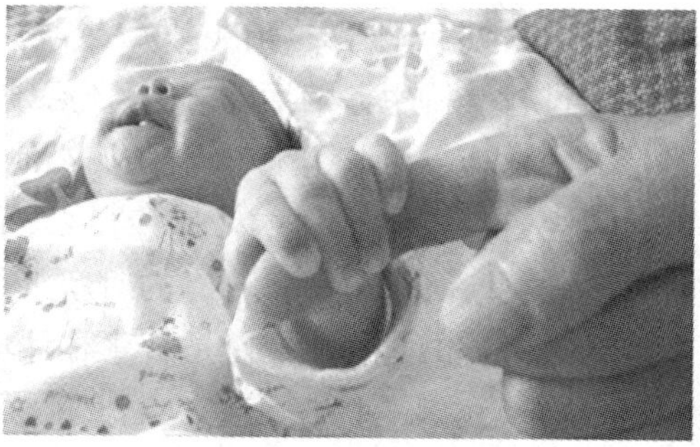

图 2.1.2　抓握反射

3. 巴彬斯基反射（见图 2.1.3）。用手指由脚跟至脚尖轻划婴儿脚底外侧，他们本能地竖起大脚趾，伸开小趾，5 个脚趾变成扇形。这种反射在 8 ~ 9 个月时逐渐消失。

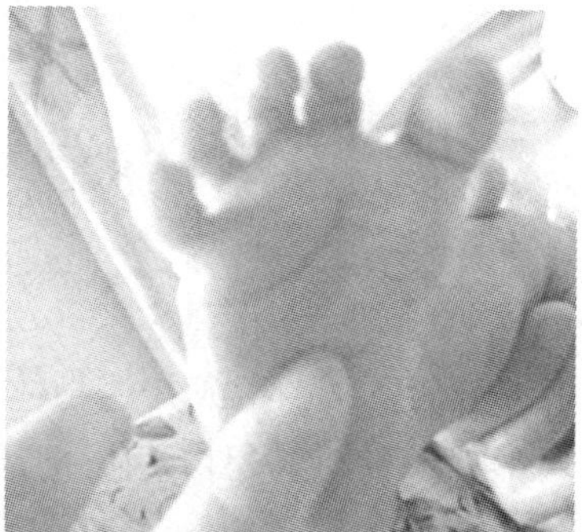

图 2.1.3　巴彬斯基反射

4. 摩罗反射。又称惊跳反射。当新生儿突然失去支持或受到大声刺激时常表现为惊恐状态，如双臂伸开又迅速收回胸前、紧握拳头等。这种反射约在出生后 4

个月消失。

5. 定向反射(见图2.1.4)。又称探究反射,即“这是什么”的反射。新生儿出生后不久,约在两周左右,就能对强烈的刺激(如强光或大声)产生定向反射(如眼睛转向光源或暂时停止吸吮动作)。

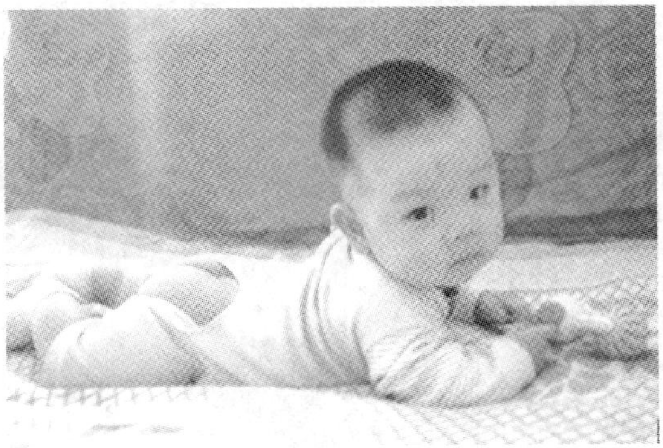

图2.1.4　定向反射

6. 游泳反射(见图2.1.5)。托住新生儿的腹部,他就会做出像游泳一样的动作。这种反射可能是种系发展过程中遗传下来的,与个体在母体内的液态环境有关。这种反射约在出生6个月后消失。

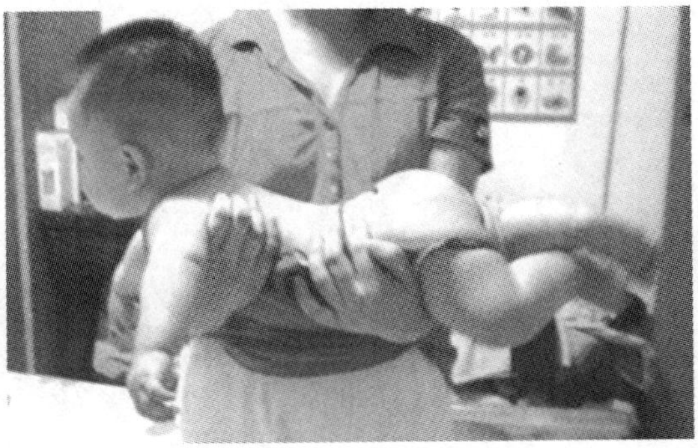

图2.1.5　游泳反射

7. 强直性颈反射(见图2.1.6)。当新生儿躺着时,把他的头转向左侧或右侧,他就会伸出与头转向一致的那只手,而把相反方向的手臂和腿蜷曲起来,仿佛摆出击剑者的姿势。实际上,这是婴儿吃奶最好的姿势。这种反射在出生后2~3个月消失。

8. 防御反射。新生儿出生后的头几天,就能对温度刺激或痛觉刺激产生泛化性的反应(即刺激一处,全身反应)。

9. 踏步反射(见图2.1.7)。又叫行走反射。用手扶在婴儿的腋下,使其双脚着地，婴儿就会像走路一样迈步。这种反射约在出生后2个月消失。

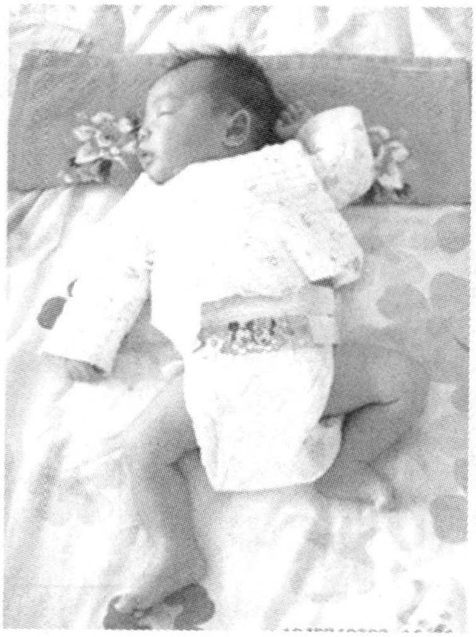

图2.1.6 强直性颈反射

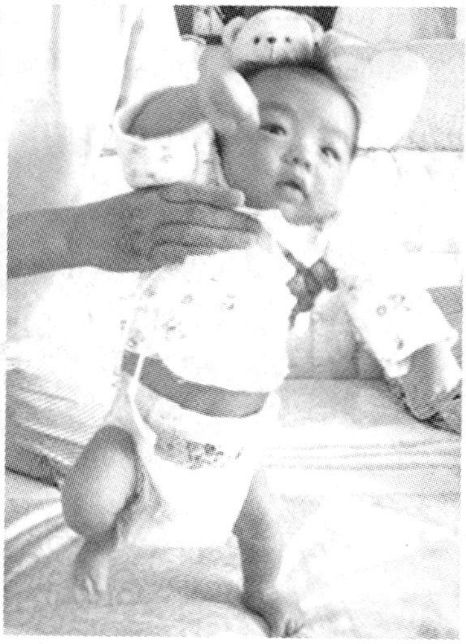

图2.1.7 踏步反射

四、问题与讨论

新生儿的无条件反射对个体发展有何意义？

实验二

新生儿视觉辨别能力的习惯化—去习惯化实验

一、实验原理

习惯化—去习惯化方法(the method of habituation - dishabituation)是用来了解尚处于前言语阶段的婴儿知觉能力发展的一个极其有效的技术手段,如考察婴儿形状知觉、方位知觉、位置知觉、运动知觉和颜色知觉等。其中习惯化是指随着一种刺激的持续呈现,被试对刺激的反应水平逐渐降低的表现;去习惯化是指在习惯化形成以后,由于一种新刺激的引入,被试的反应水平再度提高的表现(陈英和,1994)。

习惯化—去习惯化的方法具体分为两步:第一步是习惯化。当出现一个刺激时,最初婴儿是一个强烈的反应;当刺激重复出现而不再新异时反应减少,表现为婴儿注视时间减少、心率增加、呼吸变缓和吮吸奶嘴的频率的变化等。去习惯化是第二步。当刺激发生了改变从而再次变得新异时,兴趣重新出现(D·R·谢弗著,邹泓等译,2005)。习惯化—去习惯化的方法可以回答两个问题:第一,刺激是否被婴儿发现了,如果婴儿没有发现刺激,他们就不会做出反应。第二,婴儿能否对刺激加以区分(沈德立,白学军,2004)。

二、实验目的

本实验利用习惯化—去习惯化法,探讨新生儿视觉辨别能力。

三、实验方法

(一)被试

新生儿。

(二)实验仪器与材料

参考已有研究(冯晓梅等,1988),准备实验材料。

1. 一台改装成暗室的新生儿保温箱。保温箱下部是铁制的封闭体。顶面及前上方是玻璃板,大部分用不透光的黑纸糊住,只留下顶面上一个长 18.5 厘米,宽 13.5 厘米的长方形空白,其大小与视觉刺激图形相同。被试仰卧在保温箱内,图形距离被试 40 厘米，正对着被试的眼睛。此箱顶端的四周有观察小孔，可以通过它观察箱内新生儿的行为。

2. 6 张实验图形（长 18.5 厘米，宽 13.5 厘米）。分为三组，每组两个图形：第一组为细栅条（0.45 周/度）和粗栅条（0.10 周/度）。第二组为白色背景上一个正常人脸、怪脸。第三组为灰圆、红圆。以细栅条、正常人脸和灰圆为第一视觉刺激物，首先分别与组内另一图形配对，这样共组成 3 组，这 3 组的特点是只有一个维度是不同的。然后分别将第一刺激物与其他组的另一图形相配对，这样共组成 6 组，这 6 组的特点是有两个维度是不同的。将新生儿随机分成 9 组，每组被试看 1 组图形。

3. 秒表。

（三）实验程序

1. 让被试平躺在暗箱里。在床顶端玻璃空白处放上图形（第一视觉刺激物）。

2. 当被试双眼注视图形时，开始记录时间，直到被试的目光不再集中在图形上为止。关掉电灯，记录第一次注视的时间。

3. 间隔 1 分钟后，再次打开电灯，进行第二次实验，并记录时间。这样继续进行，直到习惯化形成。将前 3 次注视时间的平均数作为起始标准，待到被试注视图形的后 3 次时间的平均数降低到前 3 次平均数的 50% 以下时，就认为被试达到了习惯化的标准。

4. 在被试达到习惯化的标准后，以第二视觉刺激物代替第一刺激物，让被试看 2 次，分别记录 2 次注视的时间。

（四）实验结果测评标准

被试对第一视觉刺激达到习惯化的标准以后，其他条件不变，只是将注视目标改为第二刺激物，如果他的注视时间突然增加，又达到了对第一刺激物前三次注视时间平均数的 50% 以上，这意味着去习惯化的出现，即能够分辨两个图形。

四、实验结果与整理

婴儿从出生开始，就具有对两个图形的视觉辨别能力，并且新生儿对在一个维度相异的两个图形辨别能力要强于两个维度相异的图形；新生儿具有一定的颜色分辨能力（如能分辨出灰圆与红圆），在视觉分辨能力上无显著的性别差异。

五、问题与讨论

1. 分析新生儿分辨图形能力的特点。

2. 分析习惯化—去习惯化范式的优点和缺点。

3. 除了习惯化—去习惯化范式，还能运用哪些方法考察尚处于前言语阶段婴儿的知觉能力？

实验三

视崖实验

一、实验原理

深度知觉是人判定自身与物体之间或物体与物体之间距离的一种能力,对理解环境的布局及引导运动型活动具有重要意义。美国心理学家吉布森和沃克(Gibson & Wolk,1960)首创的视觉悬崖(visual cliff,简称视崖)是测量婴儿深度知觉最常用的经典实验装置。

二、实验目的

使用视崖装置考察婴儿深度知觉发展的特点。

三、实验方法

(一)被试

2~3个月、6~14个月的婴儿,以及这些婴儿的母亲。

(二)实验仪器与材料

1. 视崖装置,如图2.3.1所示。

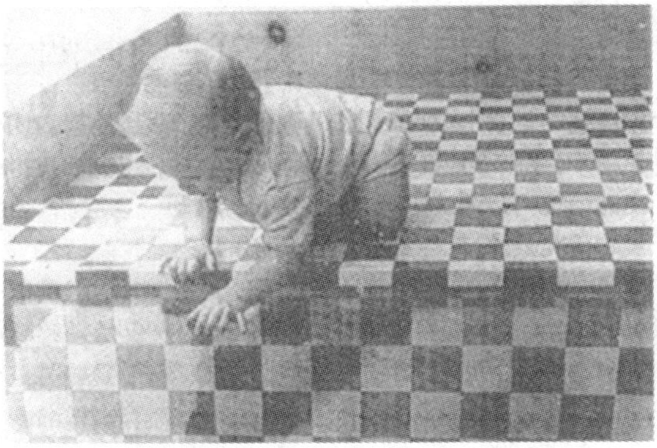

图2.3.1　视崖装置

(资料来源:孟昭兰.婴儿心理学.北京:北京大学出版社,1997,P176.)

视崖装置具体设计如下：

一张1.2米高类似桌子的装置，上面放一块透明的厚玻璃，中间一分为二。桌子的一半（浅滩）是用红白格图案组成的结实桌面。另一半是同样的图案，但它在桌面下面的地板上（深滩），高度差为十几厘米到几十厘米。在“深滩”边上，图案垂直降到地面，虽然从上面看是直落到地的，但实际上有玻璃贯穿整个桌面。在“浅滩”和“深滩”的中间是一块0.3米宽的中间板（沈德立，白学军，2004）。

2. 心率记录仪。

（三）实验程序

1. 将视崖的深度设置为25厘米。把婴儿放在中央板上，让孩子的母亲分别在“浅滩”和“深滩”两边招呼孩子，诱导其爬向母亲身边。当孩子爬行到“深滩”和“浅滩”的边界时，观察婴儿的行为。对于没有爬行能力的婴儿，记录其心率。

2. 将视崖的深度设置为1米。具体程序同上。

（四）实验结果测评标准

当婴儿爬行到“深滩”边界时，不朝母亲方向爬，而是朝离开母亲的方向爬或者哭叫，表明婴儿有了深度知觉。对没有爬行能力的婴儿，测量其心率变化。心率减慢，表明婴儿把视崖作为一种好奇的刺激；心率加快，表明婴儿产生害怕情绪；二者都表明了婴儿具有深度知觉。

四、实验结果与整理

吉布森和沃克的研究（Walk & Gibson，1961）以6～11个月的婴儿为被试，发现婴儿表现出对视崖“深滩”害怕的行为。具体的研究结果是，当母亲在“浅滩”时，所有的婴儿都会爬向自己的母亲；当“深滩”的深度为25厘米时，有38%的婴儿会爬越“深滩”找自己的母亲；当“深滩”的深度为1米时，只有8%的婴儿会爬向自己的母亲。

人们还发现了深度知觉发展的年龄差异（沈德立，白学军，2004）。当视崖深度为50厘米到1米时，被母亲引诱而越过“深滩”的婴儿数目没有差别。但是当视崖深度为25厘米时，65%的7～9个月婴儿被引诱越过视崖的深滩，而10～13个月的婴儿和大的婴儿两组之间的差异发生在25厘米这一“阈限”深度。这样，研究者推测年龄小的婴儿的运动视差的发展尚有一定的不足之处。

对于没有爬行能力的婴儿，研究者用一些生理指标（如心率、呼吸、脉搏等）来衡量他们是否具备了深度知觉。坎坡斯和兰格等人（Campos，Langer & Krowitz，1970）以心率为指标，研究了2～3个月婴儿的深度知觉，结果发现：将婴儿被放在视崖“深滩”一边时，心率变慢；而被放在“浅滩”一边时，心率并未减慢。心跳变慢，表明他们对“深滩”感兴趣，同时也说明他们已经意识到了视崖“深滩”和“浅滩”在深浅上是不一致的。

五、问题与讨论

1. 婴儿深度知觉出现的年龄是多大？
2. 婴儿的深度知觉能力有无显著的年龄差异？

实验四

新生儿嗅觉和味觉实验

一、实验原理

嗅觉是指辨别物体气味的感知觉。嗅觉器官早在胎儿 30 天时即在胎儿头部开始发育,称为鼻基板。7 周时嗅上皮即已固定在鼻腔上部。6 个月的胎儿鼻孔拓通,嗅细胞开始接受刺激,嗅觉结构在 7 ~8 个月形成(孟昭兰,1997)。味觉是个体辨别味道的感知觉。人的基本味觉有酸、甜、苦和咸四种,其他味觉都是这四种味觉混合而成的。3 个月的胎儿味感受器开始发育,4 个月时开始接受味觉刺激,6 个月时已经发育完全(孟昭兰,1997)。新生儿就具有嗅觉和味觉,能够躲避不好的气味和拒绝味道不好的事物,这可能有利于其保护自己。

二、实验目的

通过观察新生儿对不同气味和不同味道的表情反应,来测查新生儿的嗅觉和味觉。

三、实验方法

(一)被试

新生儿。

(二)实验仪器与材料

本实验分为嗅觉实验和味觉实验两个分实验。嗅觉实验的实验材料是香蕉、香精、臭鸡蛋、鱼四种不同气味的物体;味觉实验的实验材料是白水、甜水、酸水和苦水。

(三)实验程序

1. 嗅觉实验。让新生儿依次闻香蕉、香精、臭鸡蛋、鱼的气味,每种气味闻 30 秒钟,闻完一种气味之后间隔 5 分钟,再闻下一种气味。观察他们对各种气味的表情反应。

2. 味觉实验。让新生儿依次喝白水、甜水、酸水和苦水,每种味道的水让新生儿喝30秒,喝完一种水之后间隔5分钟,再喝下一种水。观察其表情反应。除白水之外,喝完其他三种味道的水之后,立刻给新生儿喝0.5毫升的白水,以避免各种味道之间有所混淆(Ari,Yoshikazu & Masaki,2004)。

四、实验结果与整理

新生儿能对各种气味作出不同的表情反应。斯坦纳(Steiner,1979)发现,婴儿对香蕉、香精做出正性表情,对鱼味、臭鸡蛋做出拒绝表情。

关于新生儿味觉的研究(Rosenstein & Oster,1988)发现,新生儿能够区分不同味道的水,并且伴有不同的表情反应。甜水会引起婴儿"满意"的表情,并经常由于吸吮动作导致伴有浅浅的似微笑面容;酸水会引起嘴唇撅起、纵鼻、眨眼;苦味引起厌恶和拒绝表情,并经常伴有吐出和类似呕吐的动作。

五、问题与讨论

1. 新生儿对不同气味的表情差异,说明其嗅觉有何特点?
2. 新生儿对不同味道的水的表情差异,说明其味觉有何特点?

实验五

婴儿长时记忆的实验

一、实验原理

记忆是人脑对过去经验的识记、保持和恢复的过程,是一个比较复杂的心理过程。从现代认知心理学的观点看,记忆包括信息的输入、存储和提取。婴儿是否具有记忆能力,是婴儿研究的基本问题之一。研究者对前语言时期儿童(即还不会说话的儿童)记忆进行研究时,一般采用习惯化、条件反射、重学记忆三种测量指标。帕波塞克(Papousek,1959,1967)以条件反射为指标,最早研究了新生儿的长时记忆,他训练新生儿建立事物—声音条件联系,每天训练10次。发现出生1个月时婴儿在10次刺激作用下有5次反应正确,表明一个月婴儿已有了长时记忆(孟昭兰,1997)。科利尔(Collier,1979)在研究中,对2~3个月的婴儿给予小汽车运动和踢腿的训练2次,每次9分钟。经过6~8天无训练间隔后,2个月的婴儿在同样情境下做出踢腿动作,但在间隔两个周后他们对小汽车和踢腿的情景已完全遗忘;而3个月的婴儿,在测试1天之前给他们一次提醒(晃动小汽车),他们的长时记忆可以保持一个月之久。

二、实验目的

考察2~6个月婴儿长时记忆的特点。

三、实验方法

(一)被试

2个月、3个月、4个月、5个月、6个月的婴儿。

(二)实验仪器与材料

响铃、十字型的架子、彩色玩具、滑轮和转轴,如图2.5.1所示。

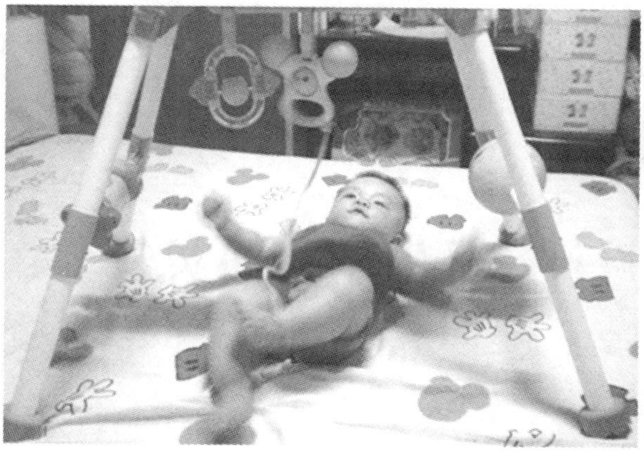

图 2.5.1　婴儿长时记忆的实验装置

(三)实验程序

本实验分为学习阶段和测试阶段。

学习阶段:让婴儿仰卧在床上。在婴儿小床的上方悬挂一个十字型的架子,挂上一些彩色玩具和响铃,再用一条绳子拴在婴儿腿上,这条绳子与架子上特殊的滑轮和转轴相连,只要婴儿做出踢腿的动作,架子就会转动起来,并会发出叮叮咚咚的响声。经过一段时间的学习,婴儿一见到悬挂的玩具就会马上踢腿,说明婴儿已建立了条件反射,即学会了通过踢腿引起玩具变化和响铃发声。

测试阶段:婴儿学会踢腿之后,过 2 个周测试。测试时再在婴儿上方悬挂十字型的架子,挂上一些彩色玩具和响铃,用一条绳子拴在婴儿腿上。观察婴儿是否能够马上踢腿。

四、实验结果与整理

2 ~6 个月的婴儿在学会用踢腿使木架转动之后,再相隔 2 个星期,在他们头上挂上这个架子,他们能马上开始踢腿,表明 2 ~6 个月的婴儿已经具有了长时记忆能力。

五、问题与讨论

1. 2 ~6 个月婴儿长时记忆有何特点?
2. 2 ~6 个月婴儿长时记忆有无显著的年龄差异?

实验六

双生子爬梯实验

一、实验原理

美国儿童心理学家格赛尔(Arnold Lucius Gesell)认为,支配儿童心理发展的因素有两个:一是成熟,二是学习。其中,成熟是由遗传决定的,学习是后天经验的获得和行为的变化。他认为,儿童生理上从不成熟到成熟的变化过程,是为学习做"准备"的过程。在生理上成熟之前训练儿童去学习和掌握某种技能,效果欠佳甚至是无效的;一旦"准备"好了,学习就会生效。学习依赖于成熟所提供的准备状态。

二、实验目的

探讨成熟和训练在儿童动作技能学习中的作用。

三、实验方法

(一)被试

出生48周的同卵双胞胎I和T。

(二)实验仪器与材料

楼梯模具,秒表。

(三)实验程序

在48周时开始训练I(还不具备爬楼梯的生理成熟条件)爬楼梯模具,在53周时(已经具备爬楼梯的生理成熟条件)才开始训练T。对I和T每次的训练时间相同,均为15分钟。训练均持续到55周结束,结束时测查I和T爬楼梯的成绩(见图2.6.1)。

四、实验结果与整理

结果发现,55周时,双生子I和T爬楼梯的成绩是一样的,这表明成熟前的训练不起多大作用。

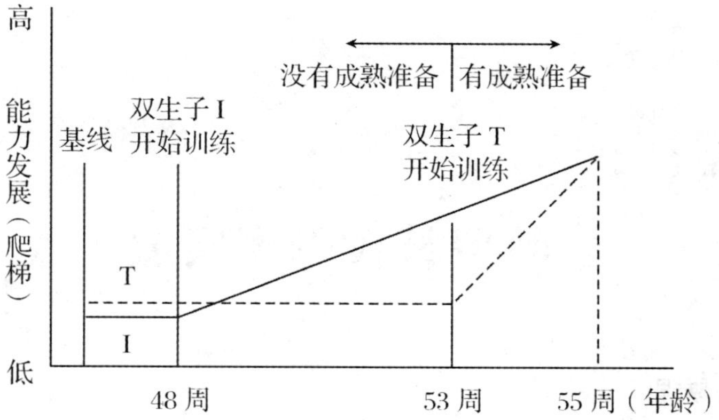

图 2.6.1　双生子爬梯实验

五、问题与讨论

1. 通过实验的结果，分析成熟在儿童动作技能中的作用。
2. 思考在儿童其他方面的发展比如认知发展中，成熟也具有同等的作用吗？
3. 结合本实验及所学的发展心理学知识，试说明双生子研究有哪些优点。

实验七

哈罗替代母亲实验

一、实验原理

依恋是指婴儿和他的照顾者(一般为母亲)之间存在的一种特殊的感情关系。它产生于婴儿与其照顾者的相互作用过程中,是一种感情上的联结和纽带(Papalia & Olds,1990)。

最早的依恋研究源于精神分析学派对婴儿的观察。该学派认为,儿童形成对母亲的依恋依赖于母亲满足儿童的生理需要和这个时期特殊的口唇区刺激的需要。依恋产生于母亲对婴儿的哺育行为,由于哺育满足了婴儿的生理需要,减轻了婴儿内驱力的强度,因而他们与母亲建立了依恋关系(方富熹,方格,2005)。但是,有研究者通过询问母亲的喂养安排和婴儿断奶的年龄发现,母亲的喂养是否充分并不能预测婴儿对她们的依恋质量。事实上,对于39%的婴儿来说,那些平时喂他们,给他们洗澡、换衣服的人并非是他们的基本依恋对象(D·R·谢弗著,邹泓等译,2005)。哈罗所做的"替代母亲实验"表明,饥饿的消除并非依恋发展的必要因素,在依恋形成的过程中,身体接触的舒适比食物供给起着更重要的作用。

二、实验目的

考察身体接触的舒适与食物供给在依恋形成中的作用。

三、实验方法

(一)被试

恒河猴幼猴。

(二)实验仪器与材料

制造两个假母猴以代替真母猴。一个是由金属丝构成的圆筒,称"金属母猴",另一个是在圆筒外面盖上一层柔软的绒布的"布母猴"。这两个"母猴"都装着一个奶瓶,可以为幼猴喂奶。

(三)实验程序

首先，将“金属母猴”和“布母猴”放置在同一个房间里。将幼猴随机分成两组，在进食时，一组从“金属母猴”那里得到奶吃，另一组则由“布母猴”代为哺乳。非进食时，所有幼猴均可以在房间里自由活动，研究者观察并记录幼猴与两个“母猴”接触的时间。

整个实验一共进行 165 天。

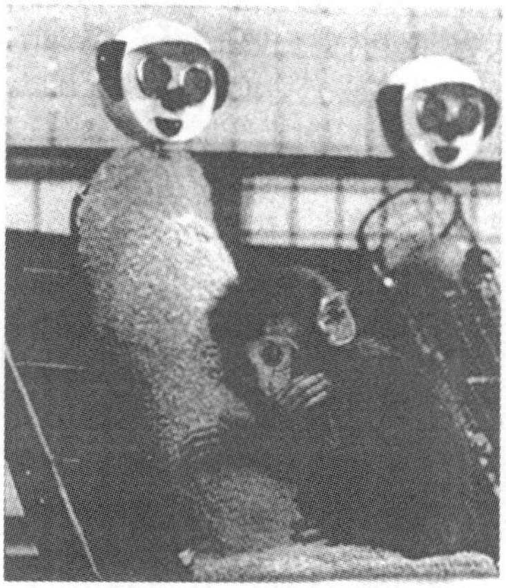

图 2.7.1　哈罗恒河猴实验

（资料来源：D·R·谢弗著，邹泓等译. 发展心理学—儿童与青少年. 北京：中国轻工业出版社，2005，P411.）

四、实验结果与整理

结果发现，不论哪个组的幼猴，同“金属母猴”和“布母猴”呆在一起的时间均有显著差异。幼猴在“布母猴”身旁的时间平均每天达到 16 小时以上，它总是设法呆在“布母猴”身旁，与其拥抱、亲昵或在“布母猴”的怀里睡觉。相反，幼猴每天在“金属母猴”身旁呆着的平均时间只有 1.5 个小时左右，这还包括吃奶的时间在内。

五、问题与讨论

1. 分析身体接触的舒适与食物供给在依恋形成中的作用。
2. 该实验对婴幼儿抚育实践有何启发？

实验八

陌生情境实验

一、实验原理

依恋是儿童早期生活中最重要的社会关系，也是儿童社会性发展重要的组成部分。在有关依恋的研究中，依恋的质量问题日益引起关注，仅靠概括的描述不能揭示儿童依恋的全貌，而且自然情境中通过跨时间的直接观察进行评价，费时、费力，难以实施。这在客观上需要采用综合多种测量于一体的方法，在儿童生活的典型环境中研究其人际关系（张文新，1999）。

安斯沃斯（Ainsworth）等人设计的实验室“陌生情境”法，就是在一系列标准事件的进程中实施的综合测量方法。它通过在实验室设置一种类似于儿童日常生活的典型情境——陌生情境，观察儿童在其中的反应。这一技术的研究逻辑是具有安全型依恋的婴儿应能利用母亲作为“安全基地”，从这一基地出发探究一个不熟悉的游戏场地；当母亲离开片刻，应表现出分离焦虑，这时如果有一个陌生人来安抚他，效果比较差（方富熹，方格，2005）。

二、实验目的

使用陌生情景法，探讨婴儿的依恋类型。

三、实验方法

（一）被试

2～8 个月的婴儿，母亲，陌生人。

（二）实验室设置

实验需要在一个经过特别布置的实验室中进行。对于参加实验的婴儿和母亲来说，实验室是一个全新的陌生环境。实验室的布置要让婴儿和母亲感到舒适和自在，地面上铺有地毯，在地毯上放许多供婴儿玩的玩具，还有一把供成人坐的椅子。实验室的墙壁上挂有鲜艳的图画。

（三）实验程序

参考相关研究(张文新,1999;沈德立,白学军,2004),安排实验程序。整个实验分为8个步骤,每个步骤历时3分钟,在整个研究过程中,研究者观察并记录婴儿与母亲在一起、与陌生人在一起、与母亲和陌生人在一起、独自一人时,母亲离开、回来时及陌生人出现、离开时的情绪和行为反应。具体的实验程序见表2.8.1。

表2.8.1　“陌生情境”实验步骤

情节	出现的人物	持续时间	事件和程序	观察的依恋行为
1	母亲、婴儿、观察者	3分钟	观察者将婴儿和母亲带入实验室,随即离开	—
2	母亲、婴儿	3分钟	母亲坐在椅子上,让孩子自己探索环境。如果必要,在2分钟后引导游戏	母亲作为安全基地
3	陌生人、母亲和婴儿	3分钟	陌生人进入实验室,第一分钟沉默,第二分钟与母亲交谈,第三分钟接近婴儿。3分钟后母亲悄悄离开实验室房间	对陌生的反应
4	陌生人、婴儿	3分钟	婴儿首次与母亲分离。陌生人试图引起婴儿的行为	分离焦虑
5	母亲、婴儿	3分钟	首次重聚,母亲迎向婴儿,陌生人悄悄离开,母亲先安慰婴儿,然后引导婴儿进行游戏	对团聚的反应
6	婴儿	3分钟	第二次分离。母亲离开房间,让婴儿独自呆在室内	分离焦虑
7	陌生人、婴儿	3分钟	陌生人进入实验室内,引导婴儿玩,必要时安抚儿童	陌生人安抚婴儿的能力
8	母亲、婴儿	3分钟	第二次重聚,母亲返回实验室内,陌生人悄悄离开,母亲安抚儿童,让儿童重新对玩具感兴趣	对团聚的反应

四、实验结果与整理

根据婴儿与母亲在一起、与陌生人在一起、与母亲和陌生人在一起、独自一人时,母亲离开、回来时及陌生人出现、离开时的情绪和行为反应,将婴儿划归为下面

4 种依恋类型：

安全型依恋：在陌生情境中，能在母亲附近愉快地游戏，自信地探索环境，但并不时刻注意母亲是否在场；能以母亲作为其自由探索环境的安全基地，并表现出中等程度的寻求亲近的愿望；对母亲的分离表示伤感，但没有强烈的分离焦虑；与母亲团聚时表现出很大的热情，停止游戏和探索，寻求与母亲的亲近和安慰，但很快就平静下来，重新进行探索和游戏活动。而且，他们对陌生人也表现出积极的兴趣。大约 65% 的婴儿属于这一类。

回避型依恋：在陌生情境中，相对忽视母亲的在场，表现出漠不关心的行为；自主地探索环境和进行游戏而不受母亲的影响，甚至回避母亲的接近；游戏显得不投入，浅显，缺少情绪性。该类型婴儿在母亲离开时并无特别的焦虑，母亲返回时也不力图接近，并拒绝母亲的安慰。他们能接受陌生人的关注，与陌生人在一起并不十分伤感。大约 10% 的婴儿表现出该类型的依恋。

拒绝型依恋：在陌生情境中显得困惑和谨慎，对陌生情境不能很好地适应。怯于探索环境，过分依附母亲，对母亲的离开表现出极大的伤感；与母亲团聚时，同时表现出寻求亲近与拒绝联系两种相互矛盾的行为，对母亲表示愤怒。他们并不对陌生人进行太多的关注。大约 20% 的婴儿属于这一类。

组织混乱/方向混乱型依恋：又称为矛盾型依恋。在陌生情境中便显出极度的压抑，这种类型可能是最不安全的。它奇怪地混合了抗拒型和回避型依恋的模式，他们似乎对于是要接近还是回避养护者犹豫不决，5% ~10% 的婴儿属于此类（D · R · 谢弗著，邹泓等译，2005）。

五、问题与讨论

1. 婴儿的依恋分为哪几种？各有何特点？
2. 婴儿不同类型的依恋形成的原因是什么？
3. 陌生情境法测量婴儿依恋的优势是什么？局限性是什么？
4. 你还知道测查依恋的其他方法吗？

实验九

攻击行为的观察学习实验

一、实验原理

攻击行为(aggressive behavior)是指“导致另一个体受到伤害的行为”,是动物和人类社会中普遍存在的一种现象,也是个体社会性发展的一个重要方面。长期以来,儿童的攻击行为及其发展一直是发展心理学的一个重要研究领域(张文新,1999)。其中,攻击产生的心理机制与影响因素是该领域研究中最为核心的问题,因而备受研究者关注。近年来的众多研究揭示,认知因素在攻击发生中具有非常重要的作用(Hoaken, Shaughnessy & Pihl,2003)。

从20世纪50年代开始,班杜拉(Albert Bandura)对攻击行为的心理机制进行了多年的研究,提出了社会学习的攻击理论。班杜拉认为,人类具有认知能力,是积极的信息加工者,人的一切行为方式都是后天学习的结果,攻击性行为也是社会学习的结果。儿童仅通过观察别人的行为就可迅速地学习到该行为,并且儿童行为的表现(行为操作)与行为的获得是不同的。具体地说,儿童通过观察习得的行为,可能会直接地表现出来,但也可能并不表现出来。儿童在观察学习后没有表现行为,并不意味着他们没有学习到行为。只要外部条件和内部动机相适应,习得而未表现的行为就会表现出来。班杜拉(1965)所做的“充气娃娃”实验是攻击行为观察学习的经典实验。

二、实验目的

考察观察学习对4~6岁儿童攻击行为的影响。

三、实验方法

(一)被试

4~6岁儿童,分成三组。

(二)实验仪器与材料

实验材料包括:

1. 实验选取成年人(榜样)打“充气洋娃娃”的三部简短影片。三部影片分别为以下三种条件类型：

(1)攻击—奖励型：影片中的成年主人公(榜样)向洋娃娃施加了一系列不同寻常的攻击，如用木棒击打洋娃娃的同时喊着“好，好”，朝娃娃扔橡皮球的同时喊着“打，打”等；然后，另一个成年人给了榜样人一些糖果和点心，奖励其“优异成绩”。

(2)攻击—惩罚型：影片中的成年主人公(榜样)向洋娃娃施加了一系列不同寻常的攻击，如用木棒击打洋娃娃的同时喊着“好，好”，朝娃娃扔橡皮球的同时喊着“打，打”等；然后，另外一个成人对榜样人攻击娃娃的行为给予批评和体罚。

(3)无结果型：影片中的成年主人公(榜样)向洋娃娃施加了一系列不同寻常的攻击，如用木棒击打洋娃娃的同时喊着“好，好”，朝娃娃扔橡皮球的同时喊着“打，打”等。

2. 充气洋娃娃、木棒、橡皮球。

(三)实验程序

随机将儿童分成三组，每组儿童观看一部打“充气娃娃”影片。然后依次进行两个测验。

1. 表现测验。让儿童单独留在实验室里，室内有充气娃娃，实验者透过单向玻璃观察并记录儿童的行为。

2. 学习测验。告诉每个儿童，如果他们像刚才影片中的大人一样，就给予他们小饰品或者果汁作为奖励，然后再让儿童单独留在实验室里，实验者透过单向玻璃观察并记录儿童的行为。

四、实验结果与整理

表现测验的结果表明：观看攻击—惩罚型电影的儿童，其攻击行为比其他两组少，或者几乎没有发生攻击行为；而观看攻击—奖励型和无结果型电影的儿童都发生攻击行为。说明了不同结果的攻击行为对儿童的影响是不同的。

学习测验的结果表明：三种条件下儿童都表现出了较多的攻击行为，他们对榜样的攻击行为有同样多的学习。这表明，观看攻击—惩罚型电影的儿童在最初的表现测验中，因为他们感到如果攻击充气娃娃也会受到惩罚，所以表现出较少的攻击行为；但是当给予奖励时，他们表现出了更多的攻击行为。这意味着，儿童观察学习到的行为与表现出来的行为是不同的，表现出的行为更多地受强化或惩罚结果的影响，而学习到的行为则不受结果的影响。

五、问题与讨论

1. 结合本实验及班杜拉的社会学习理论，分析通过观察学习的方式、儿童习得攻击行为的过程。

2. 根据观察学习的实验，分析讨论我国当前青少年暴力行为或暴力犯罪的社会原因。

实验十

儿童社会观点采择能力的跨文化实验

一、实验原理

观点采择(perspective - taking)能力是区分自己与他人的观点,并根据当前或先前的有关信息对他人的观点(或视角)作出准确判断的能力。依据他人观点所反映的客体性质,将观点采择分为空间观点采择和社会观点采择(Rubin,1978)。皮亚杰著名的"三山实验"是考察个体的空间观点采择能力的经典实验。社会观点采择能力,主要是对他人情感、态度和观念的判断。本实验所介绍的是方富熹等人(1990)以一个中国寓言图画故事(东郭先生和狼)为刺激材料,对中国和澳大利亚儿童社会观点采择能力的跨文化比较研究。

二、实验目的

比较中澳两种文化背景下儿童社会观点采择能力的发展特点。

三、实验方法

(一)被试

从北京某幼儿园和小学一年级儿童共选取120人作为被试,其中4岁组、5岁组、6岁组、7岁组各30人,男女基本各半。四个年龄组被试平均年龄为4.3、5.3、6.2和7.3岁。

选取澳大利亚纽卡索尔地区幼儿园和小学一二年级儿童共150人,其中4岁组、5岁组、6岁组、7岁组、8岁组各30人,男女基本各半。五个年龄组被试平均年龄为4.2、5.0、6.2、7.0和7.11岁。

两国被试随机取样的年龄范围为足岁前3个月至足岁后5个月。

(二)实验仪器与材料

儿童图画故事书《东郭先生和狼》(北京出版社,1981),由12张图画组成。

(三)实验程序

实验实行个别施测。

主试和被试一块儿看图画书，主试逐页向儿童叙述故事内容并穿插提出问题。故事内容和问题如下：

从前有一个人叫东郭先生。有一天，他骑着毛驴在路上走，毛驴上还驮着一口袋书。走着走着忽然从后面跑来一只狼。狼说："东郭先生，快救救我吧，一个猎人在后面追我呢。"东郭先生说："好吧，我救你吧。怎么救呢？"狼说："让我躲进你的口袋里吧"。东郭先生说："好吧"。他就把口袋里的书都倒了出来，让狼钻了进去。（问题1：狼为什么要躲进口袋里呢？）狼在口袋里缩成了一团，但还是露出了个大嘴巴。狼焦急地说："你快来帮我把嘴巴弄进口袋，再用一根绳子把口袋捆上吧。"（问题2：狼为什么要东郭先生用绳把口袋捆上呢？）东郭先生刚把口袋捆好装上了毛驴，骑着毛驴要走，猎人就赶上来了。[问题3：猎人知道口袋里藏着一只狼吗？（如回答说不知道）问题4：猎人为什么不知道呢？]猎人问："东郭先生，你看见了狼没有？"东郭先生说："没看见……"[问题5：东郭先生知道口袋里藏着狼吗？（如回答说知道）问题6：东郭先生为什么说没看见？]猎人以为狼在前面跑了，他就骑马追去了。东郭先生看见猎人走远以后就把狼放了出来。（问题7：东郭先生为什么等猎人走远以后才把狼放出来呢？）狼说："哎呀，我都快饿死了，东郭先生你救我就救到底吧，让我把你吃了吧。"东郭先生吓得往后退，说："这可不成啊！"幸好，有一个老农民扛着锄头从地里回来，东郭先生请他评评道理。东郭先生说："刚才我把它装在口袋里救了它的命，现在它还要吃我。"狼说："哼，他不是救我，他想在口袋里把我憋死。"[问题8：狼说的话是真的吗？（如回答说不是真的）问题9：狼为什么说假话呢？]老农民听了摇摇头说："你俩的话我都不信，狼的身子这么大，口袋这么小，它怎么能装得进去呢？要不你再做一遍让我看看。"（问题10：农民真的不相信他俩的话吗？问题11：农民为什么要他们再做一遍看看呢？）狼说："好吧，我再做一遍给你看吧。"东郭先生又照原样把狼装进了口袋。（问题12：狼为什么愿意钻进口袋再做一遍给农民看呢？）东郭先生刚把口袋系上，老农民立刻挥起锄头把狼打死在口袋里。（问题13：现在你该知道了吧？为什么农民要狼再做一遍看看？）老农把打死的狼从口袋里拿了出来，对东郭先生说："你要吸取这一教训。"东郭先生说："是的，我知道我错了。"

故事内容和问题由懂得中英文的研究人员各自先由中文译成英文，再由英文译成中文，核对两种文本，保证测查内容的一致性。

（四）实验结果计分方法

问题1～13探查观点采择能力的发展，其中第3、5、8、10题为判断题，判断正确得1分，错误得0分；其余为申述理由题，按0、1、2三级记分。

本实验，可以区分出四组不同的子任务：

* 子任务1由问题1、2组成，被试要懂得狼躲进口袋里的目的、意图；

* 子任务 2 由问题 5、6、7 和 13 组成，需要被试认识事件的前后因果关系；

* 子任务 3 由问题 3、4 组成，要求被试观点的脱中心化；

* 子任务 4 由问题 8、9、10、11、12 组成，要求被试具有复杂的观点采择能力。其特点是要求儿童能认知交际双方中的每一方，能重复地把对方的思维活动采择过来作为他自身思维活动的对象或客体。该思维过程带有“连环套”性质，从而认识别人更为隐蔽的思想意图。

中澳双方各自在本国预试，对初步结果进行讨论，制定统一的评分标准。在正式实验后根据评分标准由两名主试独立打分，如分数不一致，根据标准进行讨论，取得一致的意见。对实验前听过这一故事的中国被试予以排除。

四、实验结果与整理

本实验的结果表明，澳大利亚被试的观点采择能力表现出与中国被试大致相同的发展次序：儿童首先能理解别人行为的简单目的意图（子任务 1），然后能认识事件的明显的前因后果关系（子任务 2）以及被试观点的脱中心化（子任务 3）。前三种子任务测查的均属简单初级的观点采择能力，在儿童六七岁已达到较高水平。子任务 4 测查的是较为复杂、深刻的观点采择能力，这种认知能力十分差。但是与中国儿童相比，澳大利亚儿童从 5 岁开始，子任务 2 的成绩反而高于子任务 1 的成绩，子任务 3 的成绩较差，至七八岁仍处于停滞不前的状态。

五、问题与讨论

1. 根据本实验并结合所学理论，分析儿童社会观点采择能力分为哪几个阶段？各有何特点？

2. 试比较中澳两国儿童在社会观点采择能力发展特点。

3. 通过跨文化研究来考察儿童社会观点采择能力的优势是什么？

实验十一

心理理论的ERP实验

一、实验原理

随着心理学研究的深入,研究者对心理现象的研究从行为机制逐步向探讨其认知神经基础过渡。探讨心理现象神经机制的重要方法之一是事件相关电位(ERP)。ERP是一种特殊的脑诱发电位,是通过有意地赋予刺激以特殊的心理意义,利用多个或多样的刺激所引起的脑的电位。它反映了认知过程中大脑神经点的生理变化,也被称为认知电位,也就是指当人们对某课题进行认知加工时,从头颅表面记录到的脑电位。经典的ERP主要成分包括P1、N1、P2、N2、P3,其中前三种称为外源性成分,而后两种称为内源性成分。这几种成分的主要特点是:首先它们不仅仅是大脑单纯生理活动的体现,而且反映了心理活动的某些方面;其次,它们的引出必须要有特殊的刺激安排,而且是两个以上的刺激或者是刺激的变化。其中P3是ERP中最受关注的一种内源性成分,也是用于测谎的最主要指标。因此,在某种程度上,P3就成了ERP的代名词。

"心理理论"(theory - of - mind,TOM)是指理解自己和他人的愿望、信念、意图等心理状态,并据此推测他人的行为。理解他人心理并进行人际互动是人类交往的认知基础,人所持有的信念直接影响着个体的心理活动。错误信念(false belief)任务在心理理论的研究中被广泛使用。发展心理学家普遍认为儿童能够通过错误信念任务,就意味着个体理解了他人对世界的表征和解释(信念)会决定其行为。然而,需要注意的是,成人和儿童对他人心理的日常推理主要依赖于正确信念。这里要介绍的是我国学者王益文(2008)通过比较错误信念推理与正确信念推理所诱发ERP成分的差异,探讨心理理论脑机制的研究。

二、实验目的

本研究通过比较错误信念与正确信念推理所诱发ERP成分的差异,探索心理理论的认知神经机制,为心理理论脑机制研究积累神经电生理学证据。

三、实验方法

(一)被试

被试为14名大学生或研究生,男女各半,年龄在19~24岁之间。平均年龄为21岁8个月。被试均为右利手,身体健康,无精神系统疾病,没有脑部损伤史,视力正常或校正后正常。

(二)实验仪器与材料

采用数码相机拍摄的关于产品包装盒及其所盛物品的彩色照片共180张,其中未打开的产品包装盒照片60张,包装盒打开后盛有线索提示物品和意外物品的照片各60张。另外有9张照片用于正式实验之前的练习实验。用photoshop7.0对照片的像素、尺寸、背景、亮度、对比度和色彩饱和度做了统一处理,以确保刺激材料的一致性。照片像素为568×426,大小为11.0cm×14.6cm。照片拍摄时均采用银灰色电脑桌面为背景。实验过程中,照片和问题交替呈现在黑色屏幕的正中央,问题采用32号白色标准宋体的文本形式呈现。被试与显示器的水平视角为10°。

(三)实验程序

首先在电脑屏幕上呈现一个未打开的包装盒,被试要根据盒子上提供的线索预测包装盒内所盛的物品,并回答外表问题。

然后呈现打开后的包装盒,有两种情况。一种是一致序列:与线索提示符合;另一种不一致序列:与线索提示不符合,包装盒内所盛的物品不是包装盒外部线索所提示的,而是一个意外物品。

随后的3个问题依次是信念问题、真实问题和表征变化问题。其中,信念问题是:别人从没看到打开的盒子,他会认为盛的是"××物品"(问题随具体物品名称变化)吗?在一致序列中没有出现意外物品,故此时的信念问题为正确信念。不一致序列中因为有意外物品出现,所以信念问题为错误信念。每一问题下面都给被试列出"是"或"否"的答案供其按键选择,被试通过鼠标按键来完成反应。按键标准是:若选择的答案在屏幕的左侧,就按鼠标左键,若在右侧就按鼠标右键。为防止顺序效应,避免被试掌握规律,"是"或"否"在屏幕上的出现位置进行了问题间平衡,左右手指按键进行被试间平衡。刺激序列的呈现时间如图2.11.1所示:"+"呈现200ms,照片呈现1000ms,每一个问题都呈现2000ms,刺激结束到下一个刺激开始的间隔(ISI)为200ms,被试只有在问题出现的时候才作按键反应。整个实验共有120个序列,一致和不一致序列各半,trial间设置200~400ms内随机间隔。所有序列整体随机后,平均分为4段(每段约6分钟)执行正式实验开始前,被试先进行与正式实验程序相同的6个刺激序列的练习,以便学会实验操作。为了避免出现再认效应，练习的实验材料与正式实验不同。

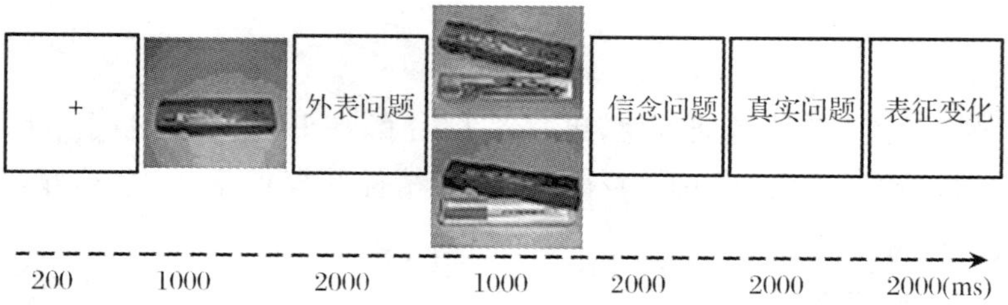

图 2.11.1　实验刺激序列的呈现时间与方式

脑电记录采用 NeuroScan ERP 记录与分析系统，按国际 10～20 系统扩展的 32 导电极帽记录 EEG。以双侧乳突连线为参考点，前额接地，双眼外侧安置电极记录水平眼电（HEOG），左眼上下安置电极记录垂直眼电（VEOG）。

四、实验结果与整理

（一）行为数据分析

T 检验发现，错误信念的反应时显著长于正确信念反应时。外表问题、真实问题和表征变化的反应时和正确率在一致序列与不一致序列之间均不存在显著差异。错误信念推理的反应时显著长于正确信念，这说明比起推理正确信念而言，错误信念的推理可能要更复杂一些，所以加工时间会更长。推理错误信念时自我与他人的认知不一致，被试则要整合他人基于外部线索预期的物品与实际物品之间的冲突，被试要把自己知道的事实抑制掉，才能做出正确反应。这意味着，错误信念推理过程中所包含的抑制加工，错误信念推理可能包括了抑制加工成分。

（二）ERP 分析

错误信念和正确信念推理均在头皮中前部，特别是前额叶和中央区，诱发出 N100、P200 和晚期负成分（LNC）。错误信念和正确信念推理的 N100 和 P200 不存在显著差异，这表明在信念问题呈现后 200ms 时个体还不能区分错误和正确信念。从 400ms 开始到 800ms，错误信念推理所诱发的 LNC 平均波幅一直持续显著小于正确信念。大脑对错误信念和正确信念的推理加工可能是从 400ms 起开始出现分离的。

五、问题与讨论

1. 错误信念推理和正确信念推理在所诱发的 ERP 时间进程上有什么差异？这种差异的心理含义是什么？

2. 试讨论使用 ERP 技术研究心理理论有哪些优点和缺点。

第三编

发展心理学操作性实验

实验一

婴儿的形状知觉实验

一、实验原理

形状知觉即人对物体各部分的排列组合的认识，是视觉、动觉和触觉协同活动的结果（彭聃龄，2001）。形状是物体所有属性中最重要的属性，儿童要认识世界，就必须分辨物体的形状。关于婴儿形状知觉的发展，美国心理学家范茨（Fantz，1961）以 2～3 个月的婴儿为被试用视觉偏爱的方法，记录婴儿注视人脸、报纸、靶心图、纯红色圆形、白色圆形和黄色圆形六种图形的时间，发现婴儿能够辨别不同的形状，并表现出对人脸和靶心图的偏爱。视觉偏爱方法的基本理论假设是：在婴儿面前同时呈现一对可以选择的刺激，在不考虑两个刺激的空间位置的情况下，如果他们更多地选择看其中的一个，则说明婴儿偏爱这个刺激，亦即表明婴儿能够对两个刺激进行区分，或知道两个刺激不同（沈德立，白学军，2004）。目前这种方法已成为婴儿研究中多种技术的基础（Bornstein & Lamb，1992）。

二、实验目的

通过本实验学习视觉偏爱的实验方法，考察婴儿形状知觉的特点，探索婴儿形状偏爱的规律。

三、实验方法

（一）被试

2～3 个月的婴儿 10 名，男女各半。

（二）实验仪器与材料

本实验在婴儿偏爱观察室进行。婴儿偏爱观察室如图 3.1.1 所示。实验材料为靶心图、棋盘图、交叉十字、条形图、人脸、红色圆盘、白色圆盘。

（三）实验程序

实验采用个别测查的方式进行。让婴儿躺在偏爱行为观察室内，眼睛可以看见挂在头顶上方的图形。两个图形相隔一定的距离，使婴儿的视线不能同时聚焦于两个刺激物上，而需要把头稍稍偏向某一侧，才能将目光直接投向某个图形。将7个图形两两组合（共21对），每次给婴儿呈现一对，每对呈现2分钟，呈现图形的先后顺序是随机的，每个图形出现的位置有一半的次数在左边，一半的次数在右边。婴儿每看完3对图形，让其休息2分钟，再继续实验。为了防止婴儿因疲劳而影响实验结果，整个实验分为两个时间段进行（如上午和下午，或者第一天和第二天），第一个时间段让婴儿看9对图形，第二个时间段看剩下的12对图形。观察者通过偏爱观察室顶部的窥测孔，记录婴儿注视每一图形所花的时间。

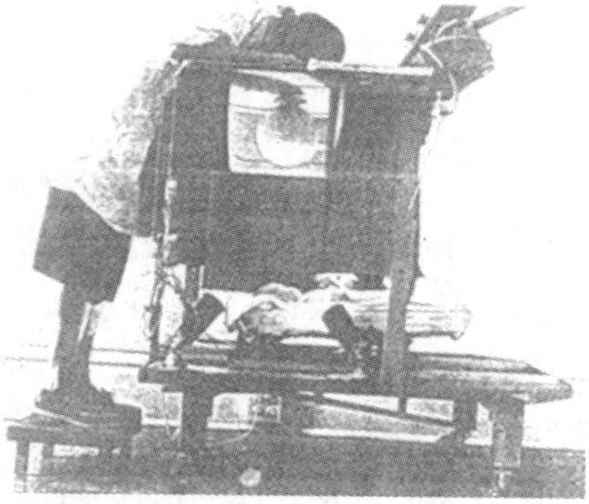

图3.1.1 婴儿偏爱行为观察室

（资料来源：沈德立，白学军.实验儿童心理学.合肥：安徽教育出版社，2004，P131.）

四、实验结果与整理

1. 统计出总体婴儿注视每个图形的平均时间，作出婴儿注视不同图形所用时间的柱状图。

2. 采用重复测量方差分析，分析图形类型、性别在婴儿注视时间上的主效应是否显著。

五、问题与讨论

1. 婴儿能否辨别不同形状，婴儿的形状知觉有无性别差异？
2. 婴儿对形状的偏爱有什么规律？
3. 婴儿的视觉偏爱对其心理发展有何作用？

附1：实验记录纸

被试姓名：__________ 被试性别：__________ 出生年月：__________

实验日期：__________ 实验地点：__________

表 3.1.1　　被试注视每张图片的时间记录表　　（时间单位：秒）

图形位置 / 出现次序 / 图形	左			右			合计时间
	第一次	第二次	第三次	第四次	第五次	第六次	
靶心图							
棋盘图							
交叉十字							
条形图							
人脸							
红色圆盘							
白圆盘							

附 2：分组汇总表

表 3.1.2　　男女婴儿注视不同图形的平均时间　　（时间单位：秒）

图形 / 被试	靶心图	棋盘图	交叉十字	条形图	人脸	红色圆盘	白色圆盘
男							
女							
总体							

实验二

婴儿的客体永久性实验

一、实验原理

客体永久性亦称“客体永恒性”，是瑞士儿童心理学家皮亚杰（J. Piaget）研究儿童心理发展时使用的一个概念。所谓客体永久性是指儿童脱离了对物体的感知而仍然相信该物体持续存在的意识。儿童“客体永久性”发展的研究是皮亚杰关于儿童认知发展的一个重要课题。基于对感知运动阶段儿童的观察，皮亚杰提出了关于儿童客体永久性发展的三个重要论点：(1)婴儿客体永久性概念不是先天的，而是通过后天经验获得的；(2)这一概念的获得经历一个相当漫长的过程，贯穿整个感知运动阶段；(3)这个过程的发展阶段有一个普遍而固定的顺序，在不同发展阶段，婴儿获得整个概念的各个不同方面或成分（J·H. 弗拉维尔等著，邓赐平等译，2002）。他采用临床观察法获得了儿童在客体永久性概念上的典型行为，即用手搜寻隐藏的物体或者改变自己的位置去寻找“消失”的物体，这种行为出现在婴儿8~9个月大的时候，即在8~9个月的婴儿获得了初步的客体永久性概念。

二、实验目的

通过本实验，学习测查“客体永久性”的方法，考察儿童“客体永久性”概念出现的年龄。

三、实验方法

（一）被试

6~7个月、8~10个月、11~12个月的婴儿各20名，男女各半。

（二）实验仪器与材料

具体实物玩具一个，不透明白色纸板一个。

（三）实验程序

先让婴儿坐好，把玩具放在婴儿面前，并让婴儿对玩具感兴趣；当婴儿注意玩具的时候，把白色纸板放在婴儿和玩具中间，使婴儿看不到玩具。详细记录婴儿的动作(见图3.2.1)。

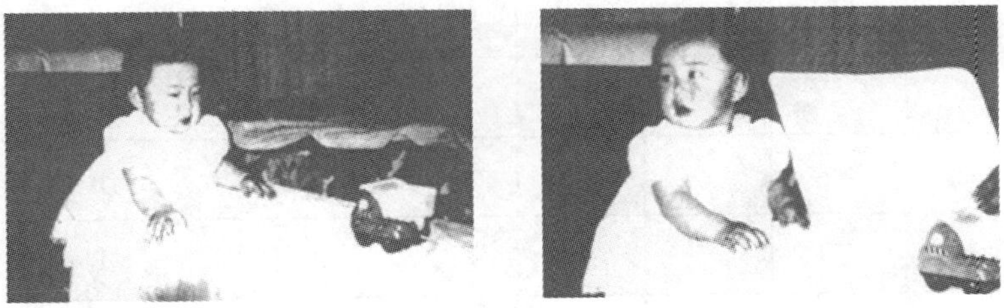

图3.2.1　3～6个月的婴儿对藏起来的物体不再感兴趣,而是张望别处

(资料来源:孟昭兰. 婴儿心理学. 北京:北京大学出版社,1997,P228.)

(四)实验结果测评标准

如果婴儿试图拿开白板或者改变自己身体的位置来寻找玩具,则认为该婴儿获得了“客体永久性”概念。

四、实验结果与整理

1. 统计出不同年龄段婴儿具有客体永久性概念的人数比例。
2. 以各年龄组的75%被试通过作为该年龄组通过了该项实验的指标。分析客体永久性观念的获得有无显著的年龄差异和性别差异。

五、问题与讨论

1. 婴儿在多大年龄时获得客体永久性?
2. 客体永久性的获得说明儿童认知发展具有什么特点?

附1:实验记录纸

实验地点:______________　　实验日期:______________

表3.2.1　婴儿“客体永久性”实验记录表

序号	被试姓名	性别	月龄	纸板遮挡玩具后,婴儿是否做出寻找的反应
1				A 是　　B 否
2				A 是　　B 否
3				A 是　　B 否
4				A 是　　B 否
5				A 是　　B 否

（续表）

序号	被试姓名	性别	月龄	纸板遮挡玩具后，婴儿是否做出寻找的反应
6				A 是　　B 否
7				A 是　　B 否
8				A 是　　B 否
9				A 是　　B 否
10				A 是　　B 否
⋮				
60				A 是　　B 否

附 2：分组汇总表

表 3.2.2　　不同年龄组婴儿获得“客体永久性”概念的人数

被试分组		做出寻找反应的人数	无寻找反应的人数
6～7 个月	男婴儿		
	女婴儿		
	总体		
8～10 个月	男婴儿		
	女婴儿		
	总体		
11～12 个月	男婴儿		
	女婴儿		
	总体		

实验三

婴儿的自我镜像实验

一、实验原理

个体的自我是一个由多种成分构成的动力系统,它具有两个基本特征:一是区别于他人的“分离感”,即意识到自己作为一个独立的个体,在身体和心理的各方面都具有自身的独特性;二是跨时间、跨空间的“稳定的同一感”,即一个人知道自己是长期地持续存在,不管外界环境如何变化,不管自己有了什么新的特点,都能够认识到自己是同一个人(张文新,1999)。在生命的前两年,自我的发展主要表现在对主体我和客体我的认识上。具体来说,在出生后的第一年,婴儿自我的发展主要集中在自我认识方面,即把自身和物体分开,把自己和他人分开,从而产生了主体我;1~2岁,儿童开始学会说“我”,标志着客体我的产生(张文新,1999)。自阿姆斯特丹(Amsterdam,1972)采用了“自我镜像”研究的方法以来,大量的研究者以婴儿在镜子面前是否产生和增加自我指向行为为指标,对婴儿自我的发展进行了观察和实验研究(孟昭兰,1997)。哈特(S. Harter,1983)总结了大量的相关研究,提出了一个婴儿主体我和客体我的发展体系,把婴儿自我认知的发展分为5个阶段(见表3.3.1),前3个阶段为主体我的发展,后2个阶段为客体我的发展(孟昭兰,1997)。

表3.3.1　　哈特的婴儿主体我和客体我的发展体系

阶段	表现	自我的发展
第1阶段(5~8个月)	婴儿显示出对镜像的兴趣,注视它、接近它、抚摸它、微笑并咿呀作语。但是对自己的镜像和其他婴儿的镜像的反应没有区别	未认识到镜像是自己的、自我和他人的区别以及自己是独立存在的个体。因而,此阶段婴儿还没有萌生自我认知
第2阶段(9~12个月)	主动引起自身动作与镜像动作相匹配,表明婴儿对自己作为活动的主体的认识	这一阶段,婴儿产生了初步的主体我

（续表）

阶段	表现	自我的发展
第3阶段（12～15个月）	能辨别自己的活动与他人的活动的区别，对自己镜像与自己活动之间的联系和关系有了清楚的觉知	已会把自己与他人分开，主体我得到明确地发展
第4阶段（15～18个月）	在客体特征（如红鼻子镜像）与主体特征的联系上，认识到客体特征来自主体特征，对主体某些特征有了稳定的认识	开始把自己作为客体来认识
第5阶段（18～24个月）	具有了用语言标示自我的能力，如使用代词“我”、“你”标示自我和他人，能意识到自己的独特特征，能从客体（如照片）中认识自己，用语言标定自己	已具有明确的客体我

二、实验目的

考察9～24个月婴儿自我意识的发展。

三、实验方法

（一）被试

9～12个月、13～16个月、17～20个月、21～24个月的婴儿各20名，男女各半。

（二）实验仪器与材料

镜子，红色颜料。

（三）实验程序

主试先与婴儿玩耍一段时间，以消除婴儿对陌生人的恐惧。婴儿与主试熟悉后，主试在婴儿毫无觉察的状态下在其鼻尖上涂上一个红点，然后在婴儿面前呈现一面镜子，让婴儿照镜子。观察婴儿看到镜像时的反应，记录其动作（刘金花，张文娴，唐人洁，1993）。

（四）实验结果测评标准

如果婴儿在照镜子后能立即发现鼻子上的红点，并用手去摸或指自己鼻子上的红点，表明婴儿已能够从镜中自己的影像中找到不属于自己面部特征的东西，这种行为就是自我意识出现的标志（见图3.3.1）。

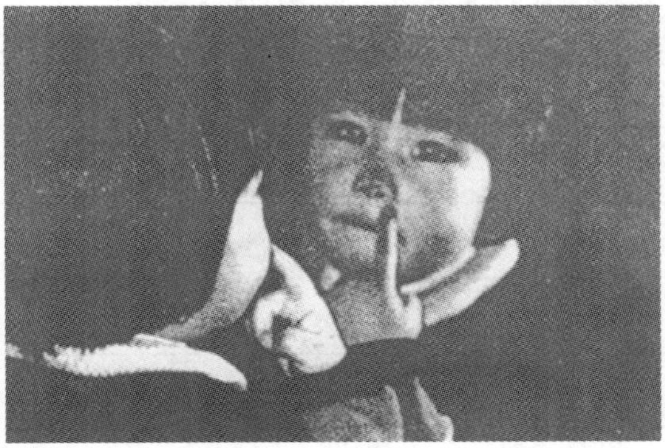

图 3.3.1　镜像自我

（资料来源：孟昭兰. 婴儿心理学. 北京：北京大学出版，1997，P390.）

四、实验结果与整理

1. 统计出不同年龄的婴儿摸或者指自己鼻子上红点的人数。
2. 采用 χ^2 检验分析婴儿自我意识发展有无显著的年龄差异和性别差异。

五、问题与讨论

1. 婴儿多大年龄时出现自我意识？
2. 随年龄的增长，婴儿自我意识发展有何表现和规律？

附 1：实验记录纸

实验地点：＿＿＿＿＿＿＿＿＿＿　　实验日期：＿＿＿＿＿＿＿＿＿＿

表 3.3.1　　婴儿自我镜像实验记表

序号	被试姓名	性别	月龄	照镜子时，是否摸或指自己的鼻子上的红点
1				A 是　　B 否
2				A 是　　B 否
3				A 是　　B 否
4				A 是　　B 否
5				A 是　　B 否
6				A 是　　B 否
7				A 是　　B 否

（续表）

序号	被试姓名	性别	月龄	照镜子时，是否摸或指自己的鼻子上的红点
8				A 是　　B 否
9				A 是　　B 否
10				A 是　　B 否
⋮				
80				A 是　　B 否

附 2：分组汇总表

表 3.3.2　不同年龄组婴儿自我镜像实验反应的人数统计表

被试分组		摸或指自己的鼻子上的红点	未摸或指自己鼻子上的红点
9～12 个月	男		
	女		
	总体		
13～16 个月	男		
	女		
	总体		
17～20 个月	男		
	女		
	总体		
21～24 个月	男		
	女		
	总体		

实验四

三山实验

一、实验原理

皮亚杰认为,前运算思维的基本特征是思维的自我中心性,即只能从自我的角度去解释世界,很难从别人的观点看事物,也不能将自己的观点与他人的观点相协调。婴幼儿时期思维从“我向思维”(autistic thinking)逐步向“现实性思维”(realistic thinking)转化,从“自我中心”向“社会化思维”转化,这一过程称为自我中心化现象的下降(孟昭兰,1997)。然而,自我中心化现象在婴幼儿时期始终存在着。皮亚杰用“三山实验”来测查儿童是否能够采择他人的观点或视角,发现6岁之前的儿童会说他人将和他们看到一样的山,即不能对他人的空间观点进行采择,从而证明了处于前运算阶段的儿童思维的自我中心倾向。

二、实验目的

考察处于前运算阶段儿童的观点采择能力的特点,即思维的自我中心性。

三、实验方法

(一)被试

3岁、4岁、5岁、6岁、7岁儿童各20名,男女各半。

(二)实验仪器与材料

橡皮泥制成的三座高低、大小和颜色不同的假山模型,一个洋娃娃。

(三)实验程序

把大小不同的三座山摆放在桌子中央,四周各放一把椅子;带着儿童围绕三座山的模型走,使儿童可以从不同角度观察三座山的形状;走完一圈后,让儿童坐在其中的一把椅子上,洋娃娃依次放在桌边其他椅子上;问被试:“娃娃看到了什么?”然后向儿童出示从不同的角度拍摄的“三座山”的照片(见图3.4.1),让儿童挑出娃娃所看到的那张照片。

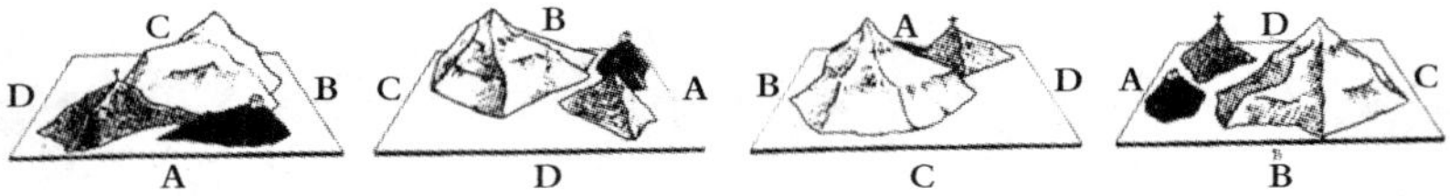

图 3.4.1 “三座山”模型的 4 个侧面景象

（资料来源：孟昭兰．婴儿心理学．北京：北京大学出版社，1997，P226.）

（四）实验结果测评标准

让儿童辨别在三个不同位置上，洋娃娃看到的“三座山”的照片。如果儿童拿出从自己的角度而不是从洋娃娃的观察角度看到的“三座山”的照片，即不能成功完成任务。这说明儿童在对事物进行判断时是以自我为中心的，还不能采择别人的观点。如果儿童拿出从娃娃的观察角度看到的“三座山”的照片，则说明他已经具有了观点采择的能力。

四、实验结果与整理

1. 按性别和年龄整理出能够和不能够进行观点采择的人次及其占总人次的比例。

2. 采用 χ^2 检验，考察儿童观点采择能力是否具有年龄差异和性别差异。

五、问题与讨论

1. 儿童多大年龄时能够进行观点采择？

2. 随年龄增长，儿童观点采择能力发展有何特点？

3. 采用三山实验考察儿童的观点采择能力有何局限性？

附 1：实验记录纸

实验地点：______________ 实验日期：______________

表 3.4.1 三山实验记录表

序号	姓名	性别	年龄	被试回答情况			
				第一个角度	第二个角度	第三个角度	回答正确的总次数
1							
2							
3							
4							
5							

（续表）

序号	姓名	性别	年龄	被试回答情况			
				第一个角度	第二个角度	第三个角度	回答正确的总次数
6							
7							
8							
9							
10							
……							
100							

注："第一个角度"、"第二个角度""第三个角度"栏填写说明：若儿童能够进行观点采择则在相应格里打"√"，不能进行观点采择则在相应格里打"×"。

附2：分组汇总表

表3.4.2　　不同年龄组儿童能够进行观点采择的人次统计表

被试分组		能够观点采择的人次	不能观点采择的人次
3岁	男		
	女		
	总体		
4岁	男		
	女		
	总体		
5岁	男		
	女		
	总体		
6岁	男		
	女		
	总体		
7岁	男		
	女		
	总体		

实验五

守恒实验

一、实验原理

守恒(conservation)是指即使在物体外观改变的情况下,它特定的自然特征(如数量、质量、长度、重量、面积、容积或体积等)仍然保持相同。守恒实验是由瑞士著名儿童心理学家皮亚杰创设的,用来考察前运算阶段儿童(2~7岁)的思维特征。皮亚杰发现,处于前运算阶段的儿童往往不能达到守恒,他们的思维具有两个特征:第一,片面性,即考虑问题只将注意力集中在事物的一个方面,而忽略其他方面,顾此失彼,造成对问题的错误的解释;第二,缺乏可逆性,集中注意事物的状态而忽视事物的转化过程。儿童大概到7岁进入具体运算阶段,就能够运用三种形式的论断达到守恒:第一,同一性论断(如液体守恒实验中,儿童认为既没增加水,又没拿走水,因此它们是相等的);第二,互补性论断(如液体守恒实验中,儿童认为宽度的增加补偿了高度的下降);第三,可逆性论断(如液体守恒实验中,儿童认为可将C杯中的水倒回原来的B杯中,因此是相同的)。

二、实验目的

测查儿童守恒能力的发展情况,了解前运算阶段儿童的思维特征。

三、实验方法

(一)被试

5岁、6岁、7岁、8岁儿童各20人,男女各半。

(二)实验仪器与材料

棋子,铅笔,两个大小一样的杯子,一个较高较细的杯子,泥球,长方形纸板。

(三)实验程序

1. 数量守恒。先向儿童呈现两排一模一样的棋子,在儿童确认两排棋子的数量是一样的之后,将其中的一排棋子间的距离拉大,问被试两排的棋子数是否相同(图3.5.1)。

A 向儿童显示同样多的两排棋子　　B 主试拉大其中一排棋子间的距离

图 3.5.1　数量守恒

2. 长度守恒。在儿童面前并排呈现两支同样的铅笔,在儿童确认两支铅笔长度相等后,把其中一支铅笔向右(或向左)移动一段距离,问儿童两支铅笔的长度是否相等(图 3.5.2)。

A 并排两根同样的铅笔　　B 其中一根铅笔向右移

图 3.5.2　长度守恒

3. 液体守恒。向儿童呈现两个一模一样的杯子,把两个杯子装入相同数量的液体。在儿童认为两个杯子装有相同数量的液体后,将一个杯子中的液体倒入一个较高较细的杯子里(见图 3.5.3),并问儿童“这个杯子(较高的杯子)里的水与这个杯子(较矮的杯子)里的水是否一样多。

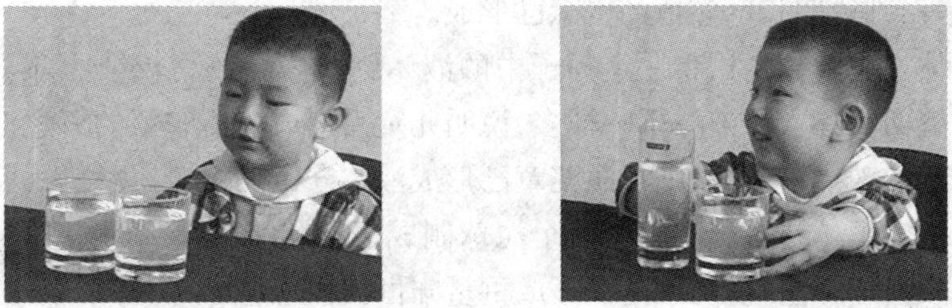

A 同样两个的杯子装有等量的水　　B 将其中一个杯子中的水完全倒入到较高较细的杯子中

图 3.5.3　液体守恒

4. 重量守恒。先把两个大小、形状、重量相同的泥球给儿童看,在儿童认为两个泥球一样重后,把其中一个做成薄饼状(见图 3.5.4),问儿童重量是否相同?

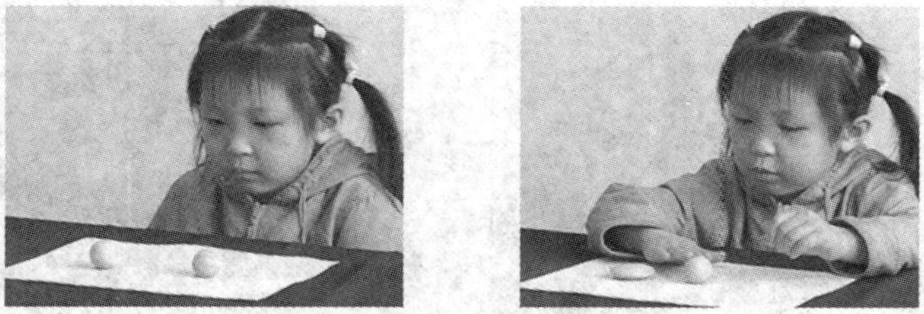

A 向儿童呈现两个相同的泥球　　B 将其中一个变成薄饼状

图 3.5.4　重量守恒

5. 面积守恒。向儿童呈现两张相同的长方形纸板，待儿童确认两个纸板一样大后，实验者把其中一个纸板的一角剪下来，放在另一边组成一个平行四边形（见图 3.5.5），再问儿童现在两个纸板是否一样大。

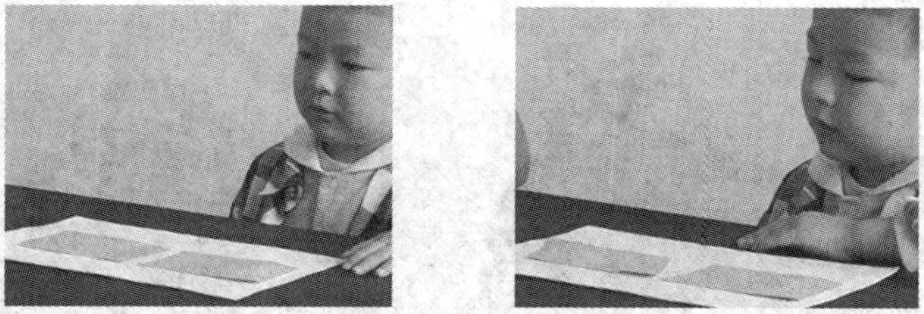

A 向儿童呈现两个同样的长方形纸板　　B 把其中一个纸板剪切组合成为一个平行四边形

图 3.5.5　面积守恒

（四）实验结果测评标准

1. 数量守恒。在主试将其中的一排棋子间的距离拉大后，如儿童回答两排的棋子数不相同，说明儿童还没有形成数量守恒的概念；如果回答相同，则说明已形成数量守恒的概念。

2. 长度守恒。在主试把其中一支铅笔向右（或向左）移动一段距离后，如儿童回答两支铅笔的长度不相等，说明儿童还没形成长度守恒的概念；如果回答两支铅笔长度相等，则说明长度守恒的概念已形成。

3. 液体守恒。在主试将一个杯子中的液体倒入一个较高较细的杯子里后，儿童如果回答两个杯子的液体不一样多，说明儿童没形成液体守恒的概念；如果回答两个杯子里的液体一样多，则说明儿童已形成液体守恒的概念。

4. 重量守恒。在主试把其中一个泥球制成薄饼状后，如果儿童回答两个泥球不一样大或不一样重，说明儿童没形成重量守恒的概念；如果回答两个泥球一样大或一样重，则说明儿童形成了重量守恒的概念。

5. 面积守恒。如果儿童回答两个纸板的面积不相等（不一样大），说明儿童没有形成面积守恒；如果回答两个纸板面积相等（一样大），则说明儿童已形成面积守恒的概念。

四、实验结果与整理

1. 计算出各年龄组儿童通过各项守恒实验的比率。以各年龄组被试的75%通过,作为该年龄组通过了该项实验的指标。

2. 采用 χ^2 检验考察儿童理解守恒概念的能力是否存在显著的年龄差异、性别差异。

五、问题与讨论

1. 儿童在多大时获得守恒概念?分析实验结果与皮亚杰的实验结果有何异同。
2. 儿童理解守恒概念的能力是否存在性别差异?
3. 从守恒实验的结果分析5~8岁儿童思维发展有何特点?

附1:实验记录纸

实验地点:__________ 实验日期:__________

表3.5.1 守恒实验记录表

序号	姓名	性别	年龄	数量守恒	长度守恒	液体守恒	重量守恒	面积守恒
1								
2								
3								
4								
5								
6								
7								
8								
9								
10								
⋮								
80								

注:若儿童能够达到守恒,即在相应的格中打“√”,若不能达到守恒就在相应的格中打

“×”。

附 2:分组汇总表

表 3.5.2　　不同年龄组被试通过守恒实验的人数统计表

被试		守恒任务				
		数量守恒	长度守恒	液体守恒	重量守恒	面积守恒
5 岁	男孩					
	女孩					
	总体					
6 岁	男孩					
	女孩					
	总体					
7 岁	男孩					
	女孩					
	总体					
8 岁	男孩					
	女孩					
	总体					

实验六

儿童心理理论实验

一、实验原理

心理理论(Theory of Mind,TOM)是指个体对自己或他人的心理状态,如意图、愿望、信念等的认识和理解,并以此对他人的心理和行为进行解释和推理的能力。心理理论问题自 Premack 和 Woodruff(1978)提出以来,对它的研究已成为继皮亚杰关于儿童认知发展的研究和元认知的研究之后,又一个探讨儿童心理表征和心理理解的崭新视角和范式。儿童心理理论是何时产生的？发展情况如何？这些都是研究者着力探讨的问题。心理理论的研究方法主要是基于 Wimmer 和 Perner 设计的经典错误信念(false belief)任务(Wimmer & Perner,1983),如位置转移任务和意外内容任务等。已有的大量研究表明,儿童的心理理论能力约出现在 4 岁左右,主要标志是获得对"错误信念"的认知(Wimmer & Perner,1983；Roth & Leslie,1998；桑标,缪小春,陈美珍,1994；邓赐平,桑标,2003)。

二、实验目的

考察 3 ~6 岁儿童心理理论发展的特点。

三、实验方法

(一)被试

3 岁、4 岁、5 岁、6 岁儿童各 20 名,男女各半。

(二)实验仪器与材料

两个不同的玩具娃娃,手帕两块,小篮子、盒子、小球、牙膏盒各一个,铅笔若干支。

(三)实验程序

本实验分为两个分实验,实验 A 采用位置转移任务考察儿童的心理理论能力,实验 B 采用意外内容任务考察儿童的心理理论能力。

实验 A:位置转移任务。

首先，将两个娃娃、小篮子、盒子、小球以及小手帕提前准备好。然后，将儿童领进观察室的桌子旁边。告诉儿童："小朋友，你看这是小丽，这是小梅，小丽身边有一个篮子，小梅身边有一个盒子。"边给儿童讲，边配合实验材料进行演示。"小丽把一个小球放到了篮子里，然后把一块布盖在她的篮子上面就离开了。当小丽不在的时候，小梅把小球从篮子里拿出来放到了盒子里。过了一会儿小丽回来了，那小丽会到哪里去找她的小球呢？"注意在讲的过程中，主试一定要配合实验材料给儿童演示（图 3.6.1）。

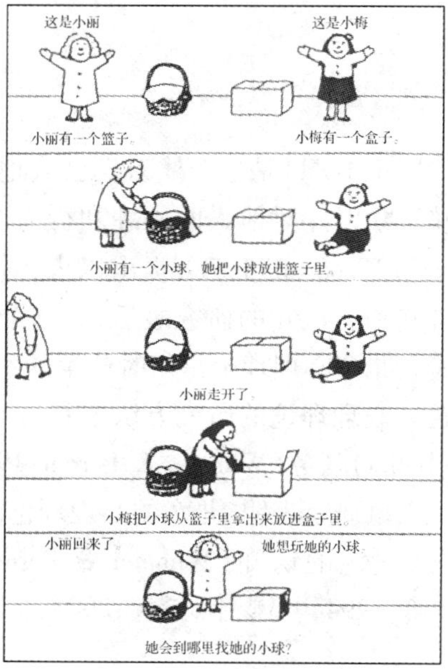

图 3.6.1　位置转移任务

（资料来源：张文新. 儿童社会性发展. 北京：北京师范大学出版社，1999，P260.）

实验 B：意外内容任务。

首先向儿童出示一个常见的牙膏盒，并问盒子里装着什么。在儿童回答为"牙膏"后，实验者打开牙膏盒拿出铅笔，让儿童看到里面装的是铅笔；然后将铅笔放回盒子，并问儿童："其他小朋友在打开牙膏盒之前，认为牙膏盒里装的是什么？"（图 3.6.2）

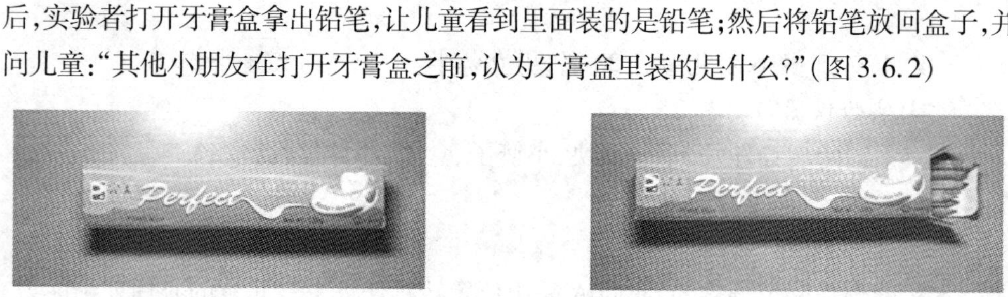

A 给儿童出示一个常见的牙膏盒　　B 打开牙膏盒，让儿童看到里面装的是铅笔

图 3.6.2　意外内容任务

(四)实验结果测评标准

根据儿童对实验者提出问题的回答情况,来判断儿童能否理解错误信念。如果儿童能正确回答任务故事后提出的问题,说明儿童能够理解他人的错误信念,即拥有了心理理论。如果儿童不能正确回答任务故事后提出的问题,则说明儿童还不能理解他人的错误信念,即还没有拥有心理理论。

四、实验结果与整理

1. 按年龄和性别分别统计通过两个任务的人数。
2. 用卡方检验,分析儿童心理理论的年龄和性别差异。

五、问题与讨论

1. 多大年龄的儿童拥有心理理论?
2. 随着年龄增长,儿童心理理论能力发展有何趋势?
3. 儿童心理理论能力是否存在性别差异?

附1:实验记录纸

实验地点:____________________ 实验日期:____________________

表3.6.1 儿童心理理论实验记录表

序号	姓名	性别	年龄	位置转移任务	意外内容任务
1					
2					
3					
4					
5					
6					
7					
8					

（续表）

序号	姓名	性别	年龄	位置转移任务	意外内容任务
9					
10					
……					
80					

注:若被试能够正确回答位置转移任务和意外内容任务的问题,就在相应的格中打“√”,若回答错误,就在相应格中打“×”。

附2:分组汇总表

表3.6.2　　不同年龄组儿童通过心理理论任务的人数统计表

被试		位置转移任务正确人数	意外内容任务正确人数
3岁	男孩		
	女孩		
	总体		
4岁	男孩		
	女孩		
	总体		
5岁	男孩		
	女孩		
	总体		
6岁	男孩		
	女孩		
	总体		

实验七

儿童的性别恒常性实验

一、实验原理

第一位提出性别恒常性概念的心理学家是柯尔伯格(Lawrence Kohlberg),他把皮亚杰的观点运用于社会认知领域,提出了性别的认知发展理论。柯尔伯格把性别恒常性定义为“对性别基于生物特性的永恒特征的认识,它不依赖于事物的表面特征,不会随着人的发式、衣着、活动的变化而变化”(Kay & Albert,1999)。柯尔伯格认为,性别恒常性是儿童性别认知发展中的一个重要的里程碑,儿童性别恒常性的发展与物理守恒概念的发展是一致的,只有当儿童达到具体运算思维阶段(6~7岁)、获得了守恒的概念之后,他们才获得性别恒常性。近几十年来,这一观点得到了越来越多研究者的认同(Schaffer,1996)。该领域开创性的研究是艾莫勒西等人(Emmerich 等,1976)对几千名4~7岁的社会处境不利儿童的性别恒常性进行的系统研究,结果发现只有约24%的被试达到了性别恒常性,这一结果与后人的研究结果的不一致很可能与特定的样本有关(张文新,1999)。

二、实验目的

考察4~7岁儿童性别恒常性的发展情况。

三、实验方法

(一)被试

4岁、5岁、6岁、7岁儿童各20名,男女各半。

(二)实验仪器与材料

女孩和男孩的图片各2张,把这些图片在颈部切开,通过把身体部位和头部图片进行组合,可以向被试呈现不同的图片形象,如男孩的头部和女孩的身体组合在一起的图片,或者相反(图3.7.11)。

图 3.7.1 性别恒常性测验中用的样本图片

（资料来源：张文新. 儿童社会性发展. 北京：北京师范大学出版社，1999，P432.）

（三）实验程序

实验者首先向被试呈现一个完整的女孩图片，告诉被试“这个女孩叫小红”。然后依次指着图片问被试如下问题（张文新，1999）：

1. 如果小红想成为一个男孩，她能吗？为什么呢？

2. 如果小红玩了卡车和男孩的东西，她会怎么样？她会是男孩还是女孩？为什么呢？

3. 如果小红穿上男孩的衣服（像图片上的样子），她会怎样？她会是一个男孩还是女孩？为什么呢？

4. 如果小红把头发剪短了（像图片上的样子），她会是什么？她会是一个男孩还是女孩？

5. 如果小红把头发剪短了（像图片上的样子），并且穿上男孩的衣服（像图片上这样），她会是什么？她会是一个男孩还是女孩？为什么呢？

完成上述测验后，再用一个男孩图片为材料重复上述程序。每一问题之后都要求被试解释为什么他们认为图片中的人物仍然是男孩或女孩，或者为什么不再是男孩或女孩了，以便判断儿童是否真正达到了性别恒常性。

（四）实验结果测评标准

以儿童对实验者提问的回答正确并给出正确的理由解释作为被试通过该项实验的指标。根据以往研究的结果，大致将儿童对性别恒常性问题的理由解释划分为 3 种水平，儿童给出水平 2 的理由解释即确定为达到性别恒常性（范珍桃，方富熹，2006）。具体水平划分如下：

水平 0：无关解释，儿童作一些毫不相关的回答或回答不知道；

水平1:有关性别的外部特征理由,儿童根据性别的外部特征来判断,如:"因为她有长头发,所以她是女孩"、"因为她穿裙子"等;

水平2:有关性别本质属性理由,儿童从性别本质特征的角度来回答,如:"她本来就是女孩"、"因为他有小鸡鸡"。

四、实验结果与整理

1. 统计各年龄组儿童性别恒常性的理由解释正确的人数。
2. 分析性别恒常性发展是否存在显著的年龄和性别差异。
3. 分析儿童性别恒常性的理由解释发展有无年龄差异。

五、问题与讨论

1. 多大年龄的儿童能够达到性别恒常性?
2. 4~7岁儿童的性别恒常性发展有无性别差异?
3. 儿童性别恒常性的理由解释有何年龄发展趋势?

附1:实验记录纸

被试姓名:________ 被试性别:________ 被试年龄:________

实验地点:________ 实验日期:________

表3.7.1 **幼儿性别恒常性实验记录表**

题目 \ 作答情况		作答情况		
		儿童回答	理由解释	理由解释水平
第一组题目	(1)			
	(2)			
	(3)			
	(4)			
	(5)			
第二组题目	(1)			
	(2)			
	(3)			
	(4)			
	(5)			

附2:分组汇总表

表 3.7.2　　不同年龄组儿童达到性别恒常性的人数统计表

被试		达到性别恒常性的人数	未达到性别恒常性的人数
4岁	男孩		
	女孩		
	总体		
5岁	男孩		
	女孩		
	总体		
6岁	男孩		
	女孩		
	总体		
7岁	男孩		
	女孩		
	总体		

表 3.7.3　　不同年龄组儿童性别恒常性的理由解释人次百分比

理由解释 / 被试		理由解释水平		
		水平 0	水平 1	水平 2
4岁	男孩			
	女孩			
	总体			
5岁	男孩			
	女孩			
	总体			
6岁	男孩			
	女孩			
	总体			
7岁	男孩			
	女孩			
	总体			

实验八

儿童的类包含实验

一、实验原理

类包含,即一类物体及其子类的关系。属性相同的许多事物共同组成的一个群集称为类。例如,麻雀、燕子、乌鸦等可统称为鸟,鸟就代表事物的一个类别。同一群集的事物按照它们的类别隶属关系就形成一种金字塔式的层次关系。这样总类中物体的数量必然大于任一子类中物体的数量(林崇德,1994)。因此,类别关系是一种包含关系,对这种关系的认知是儿童分类的基础。皮亚杰采用类包含任务,考察儿童对类包含的认识情况。他的测验任务是给儿童诸如四朵红花和两朵白花等一些物体,问儿童"红花多还是花多"。前运算阶段的儿童经常回答红花多,常常认为"许多"要多于"全部",由此皮亚杰认为他们不能去中心化,无法考虑一个子类和一个类属(桑标,2003)。

二、实验目的

考察4~8岁儿童对类包含关系的理解能力。

三、实验方法

(一)被试

4岁、5岁、6岁、7岁、8岁儿童各20名,男女各半。

(二)实验仪器与材料

16颗星星,其中4颗是蓝色的,12颗是黄色的;10颗珠子,其中7颗红色珠子,3颗白色珠子;12块糖果,其中8块巧克力糖,4块牛奶糖。

(三)实验程序

1. 实验者向儿童呈现4颗蓝色星星和12颗黄色星星,问:"黄星星多还是星星多?"
2. 实验者向儿童呈现7颗红色珠子和3颗白色珠子,问:"珠子多还是红珠子多?"
3. 实验者向儿童呈现8块巧克力和4块牛奶糖果,问:"巧克力糖多还是糖果多?"

(四)实验结果测评标准

以儿童回答是否正确作为儿童是否正确理解类包含的指标。例如,如果儿童回答“黄星星更多”,说明他们还没有意识到蓝星星和黄星星是包含在星星这个类别里面的,也就是儿童还不能正确认识类包含;如果儿童回答“星星多”,则说明他们已经正确认识了类包含。

四、实验结果与整理

1. 统计出各年龄段儿童能够正确认识类包含的人次。

2. 用 χ^2 检验,分析儿童正确认识类包含的年龄差异和性别差异。

五、问题与讨论

1. 儿童多大时能够正确认识类包含?儿童认识类包含的能力是否存在显著的年龄差异?

2. 儿童认识类包含的能力是否存在性别差异?

附1:实验记录纸

实验地点:__________ 实验日期:__________

表3.8.1　　儿童类包含实验记录表

序号	姓名	性别	年龄	类包含任务			合计（回答正确的次数）
				1	2	3	
1							
2							
3							
4							
5							
6							
7							
8							
9							
10							

（续表）

序号	姓名	性别	年龄	类包含任务			合计（回答正确的次数）
				1	2	3	
⋮							
100							

注：儿童答对类包含任务就在相应的格中打“√”，答错就在相应的格中打“×”。

附2：分组汇总表

表3.8.2　不同年龄组儿童通过类包含实验的人次统计

被试分组		正确认识类包含	错误认识类包含
4岁	男孩		
	女孩		
	总体		
5岁	男孩		
	女孩		
	总体		
6岁	男孩		
	女孩		
	总体		
7岁	男孩		
	女孩		
	总体		
8岁	男孩		
	女孩		
	总体		

实验九

幼儿演绎推理实验

一、实验原理

在幼儿期，儿童的思维处于从具体形象思维向抽象逻辑思维过渡的时期，具体形象思维是幼儿期最主要的思维形式，但是随着经验的积累，特别是由于第二信号系统的发展，到幼儿晚期，在其经验所及的事物的范围之内，开始能够进行初步的抽象逻辑思维。抽象逻辑推理是在感性认识的基础上，通过概念、判断、推理来揭示事物的内在联系、本质联系的过程。演绎推理是抽象逻辑思维的一种，是从一般到个别的推理。最简单而又典型的演绎推理形式是三段式推理。

二、实验目的

利用三段式推理测验测查幼儿按逻辑规则进行演绎推理的能力。

三、实验方法

(一)被试

3岁、4岁、5岁、6岁、7岁儿童各20名，男女各半。

(二)实验仪器与材料

盆，水，不同大小、形状、用途的积木，小罐和其他物品。

(三)实验程序

在儿童面前放一盆水，同时放着许多不同大小、形状、用途的积木和其他物品，有的放在水里可以浮起，有的不能浮起。通过"猜测"游戏进行实验，向儿童讲述三套实验作业(林崇德，1994)：

第一套实验作业让儿童把能浮起的东西都挑出来。如果要做出正确的猜测，就需要按第一格的三段论式来进行推理：

第一格　M—P　一切木制物品都会漂浮；
　　　　S—M　这些物品是木制的；
　　　　S—P　所以，这些物品都会漂浮。

第二套是让儿童挑出不是木制的物品。儿童如果能完成作业,就需要按第二格三段论式来进行推理:

第二格　　P—M　一切木制物品都会漂浮;

　　　　　S—M　这件物品不漂浮;

　　　　　S—P　所以,这件物品不是木制的。

第三套让儿童挑出会漂浮的铁制的物品。儿童如果能完成作业,就需要按第三格三段论式来进行推理:

第三格　　M—P　小罐会漂浮;

　　　　　M—S　小罐是铁制的;

　　　　　S—P　所以,某些铁制的东西也会漂浮。

四、实验结果与整理

1. 统计出各年龄组儿童正确推理的人数。
2. 采用 χ^2 检验,分析演绎推理有无显著的年龄差异和性别差异。

五、问题与讨论

1. 儿童多大时能够正确进行演绎推理?
2. 随年龄的增长,儿童演绎推理能力有何发展趋势?

附 1:实验记录纸

被试姓名:________　被试性别:________　被试出生年月:________

实验日期:________　实验地点:________

表 3.9.1　幼儿演绎推理的实验记录

实验作业	题目	被试的表现	是否正确
第一套实验	把能浮起的东西都挑出来		
	第一格推理		
第二套实验	挑出不是木制的物品		
	第二格推理		

（续表）

实验作业	题目	被试的表现	是否正确
第三套实验	挑出会漂浮的铁制的物品		
	第三格推理		

注:被试的表现正确就在“是否正确”一栏打“√”,被试的表现错误就在“是否正确”一栏打“×”。

附2:分组汇总表

表3.9.2　　不同年龄组儿童正确推理的百分比

实验任务	3岁	4岁	5岁	6岁	7岁
第一格三段论式					
第二格三段论式					
第三格三段论式					

实验十

幼儿自我延迟满足实验

一、实验原理

自我延迟满足是个体为了获得更有价值的长远结果，而主动放弃即时满足的选择取向，以及在等待过程中展示的自我控制能力。它的发展是个体完成各种任务、协调人际关系、成功适应社会的必要条件（杨丽珠，于松梅，2002）。自 20 世纪 50 年代末开始，Mischel 进行了大量的自我延迟满足的实证研究，他所设计的精巧的选择等待实验情境为后来的研究者提供了研究自我延迟满足的基本范式。Cournoyer 和 Trudel 的研究（1991）表明，儿童到 4 岁左右，自我延迟满足能力开始出现明显的个体差异，并能预测他们儿童期、青春期、大学时期的认知和社交能力。我国研究者杨丽珠等人（2005）的研究表明，我国 3 ~5 岁幼儿自我延迟满足平均延迟时间随年龄增长而延长。

二、实验目的

考察 3 ~5 岁幼儿自我延迟满足发展的年龄特点。

三、实验方法

（一）被试

3 岁、4 岁、5 岁的幼儿各 20 名，男女各半。

（二）实验仪器与材料

具体实验工具与材料（杨丽珠，王江洋，刘文，2005）如下：

一套幼儿用的方桌和小凳子，一个直径长 20cm 具有儿童化性质的钟表，一个门铃，一辆玩具大救火车（延迟奖励物），一辆玩具小卡车（即时奖励物），一块计时秒表，一把成人坐椅，录像机及录像带。

（三）实验程序

1. 实验前准备。主试带领幼儿进入实验室，使之适应环境。

2. 正式实验（杨丽珠，王江洋，刘文，2005）。首先，主试给被试拿来一辆玩具大救火车和一辆玩具小卡车，在地上演示玩法。然后，将玩具放在桌子上，询问被试喜欢哪辆车，如果被试选择大救火车，主试便说："一会儿我必须到隔壁房间工作，等我工作完从房间里出来后你就可以玩这辆大救火车。如果你不想等，你可在任何时候按铃把我叫出来；如果你按铃把我叫出来，你就只能玩这辆小卡车。我不在时你不能玩车，如果你玩了，我回来后你也不能玩这辆大救火车。"指导语重复两遍。最后，为确定幼儿是否理解等待与奖励物的因果关系，要向幼儿提出以下3个问题：(1)"等我工作完自己从房间里出来，你可以玩哪辆车？"(2)"如果你不想等了，该怎么办？"(3)"你按铃把我从房间里叫出来，可以玩哪辆车？"幼儿正确回答后，主试说"我走了"，到隔壁房间去，开始计时。

(四)实验结果测评标准

将主试转身离开房间的那一瞬间作为计时起点，延迟行为的终止可能出现以下三种情形：幼儿一直等到15分钟主试从房间里出来，完成等待，获得延迟奖励物，记15分钟；幼儿中途按铃终止延迟，得到即时奖励物；幼儿中途因违规玩车而终止延迟。幼儿的延迟时间为计时起点和终止点间隔的时间，以秒为单位。

四、实验结果与整理

采用双因素方差分析，考察幼儿延迟满足时间是否存在显著的年龄、性别主效应及其交互作用。

五、问题与讨论

1. 根据实验结果，可以得出幼儿自我延迟满足有何特点？
2. 幼儿自我延迟满足的能力随年龄增长有什么变化趋势？
3. 导致幼儿自我延迟满足存在个体差异的原因有哪些？

附1：实验记录纸

实验地点：____________　　实验日期：____________

表3.10.1　　幼儿延迟满足实验记录表

被试序号	姓名	性别	年龄	延迟时间		
				完成等待	中途按铃	违规玩车
1						
2						
3						

（续表）

被试序号	姓名	性别	年龄	延迟时间		
				完成等待	中途按铃	违规玩车
4						
5						
6						
7						
8						
9						
10						
……						
60						

附2:分组汇总表

表3.10.2　不同年龄幼儿延迟满足的平均时间统计表

年龄组	性别	完成等待		中途按铃		违规玩车	
		人数	平均时间	人数	平均时间	人数	平均时间
3岁组	男						
	女						
	总体						
4岁组	男						
	女						
	总体						
5岁组	男						
	女						
	总体						

实验十一

儿童类概念的发展实验

一、实验原理

自然界中的事物是按照等级存在着的，一种类别往往包含着更为特殊的类别，但同时又属于更为高级的类别。能将事物分类是儿童类概念发展的主要标志。由于类别是多层次的，因而儿童对不同事物的分类常表现出多种水平，这种分类水平的不同，反映了儿童不同的思维水平（沈德立，白学军，2004）。刘静和等人（1963）对4～9岁儿童类概念的发展进行了研究。实验材料为28张图片，每张图片上印有一种物体，如白鸽、麻雀、乌鸦、虎、狮等，可归纳为8个第一层次概念（如鸟、野兽等）和4个第二层次概念（如动物）。结果发现：4岁儿童基本不能进行第一层次概念的独立分类，6岁以后儿童能够进行第一层次概念独立分类的人数超过一半，9岁时第一层次概念的独立分类正确率达到90.6%，基本掌握了第一层次概念的独立分类；对于第二层次概念的独立分类，要到8岁以后才超过半数，9岁的正确率只达到了58.3%。

二、实验目的

考察4～9岁儿童掌握不同层次类概念的水平。

三、实验方法

（一）被试

4岁、5岁、6岁、7岁、8岁、9岁儿童各20名，男女各半。

（二）实验仪器与材料

有格的木盘一个。1.5寸×2寸的长方形图片28张，每张图片上绘有彩色单一图画，这些图画都是这一年龄阶段儿童比较熟悉、能够辨认的物体。这28种物体可以归纳为8个属于第一层次的类概念（简称“一级概念”）及4个属于第二层次的类概念（简称“二级概念”），具体内容见表3.11.1。

表 3.11.1　　分类图片列表

图片的具体内容	一级概念	二级概念
白鸽、麻雀、乌鸦	鸟	动物
虎、狮、象、熊	野兽	
香蕉、苹果、梨、葡萄	水果	植物
萝卜、茄子、白菜	蔬菜	
电车、汽车、三轮车、自行车	车	交通工具
轮船、帆船、舢板	船	
书桌、方桌、圆桌、长桌	桌	家具
小背椅、扶手椅、沙发	椅	

（资料来源：刘静和，王宪钿，张梅玲．4～9 岁儿童类概念的发展的实验研究（1）：分类与分类命名的实验研究．心理学报，1963，4：287～295．）

（三）实验程序

实验采用个别测查的方式进行。把 28 张图片随机排列。在实验开始前，主试先请儿童逐一指认图片上的物体，待他对全部物体的认识无误后，再进行实验。实验分两个步骤：

1．要求儿童自己分类（以下称"独立分类"）。主试对被试说："小朋友，你看这里有许多图片，上面画着许多东西，你刚才已经都认识了。这些东西，它们有的有相同的地方，可以合成一家，放在一个格子里；有的是另一家的，可以合起来放在另一个格子里。现在请你看看这些图片，开始一家一家地分开，放在这个木盘里，一个格里放一家。"待被试将图片分好后，主试询问其分类标准并要求被试说出所分出的图片内容的总名称，即标志类概念的词（下面简称"词的概括"）。主试问被试："你为什么这样分？它们都是什么？"如果儿童分为 8 类或更多时，就问："你还能用别的办法分吗？""你还能分得更少一点吗？""分成 4 家行不行？"

2．主试说出标志类概念的词，要求儿童按词拿出某一类物体的图片（以下简称"按词拿取"）。这时的指导语为："现在，请你把所有的××（例如野兽）都拿出来给我。"最后要求儿童说明所拿出的图片内容的总名称，即按词拿取后，进行词的概括。这时主试对被试说："这些都是什么，都叫什么？"

实验时，根据指导语和问话，记录儿童分类结果及其在分类过程中的表现和言语。

（四）实验结果测评标准

以儿童是否正确完成"独立分类"、"词的概括"、"按词拿取"、"按词拿取后的词的概括"各项任务作为儿童是否通过实验的指标。计算 4～9 岁各年龄组儿童能够正确进行独立分类、词的概括、按词拿取和按词拿取后的词的概括的人次。一级概念有

8类图片，每一儿童可能分对这一类，而未能分对另一类。如分对一类，其正确分类为1人次，如8类全分对，即为8人次。每一年龄组有20个儿童，故其正确分类的总人次是160人次。二级概念的图片有4类，其正确分类的总人次则为80人次。词的概括、按词拿取、按词拿取后的词的概括的正确反应也按同样的方法计人次。

四、实验结果与整理

1. 统计不同年龄组儿童对第一层次概念和第二层次概念的独立分类、词的概括、按词拿取和按词拿取后的词的概括的正确反应的人次与百分比。将结果填入表3.11.5。

2. 采用 χ^2 检验，分别考察儿童在独立分类、词的概括、按词拿取和按词拿取后的词的概括四项任务上的正确反应，是否存在显著的年龄差异。

3. 采用 χ^2 检验，分别考察不同年龄儿童在独立分类、词的概括、按词拿取和按词拿取后词的概括四项任务上的正确反应，是否因概念层次的不同而存在显著差异。

五、问题与讨论

4～9岁儿童掌握不同层次类概念有何特点？

附1：实验记录纸

被试姓名：________ 被试性别：________出生年月：________

实验日期：________ 实验地点：________

表3.11.2 儿童独立分类情况记录表

独立分类结果	词的概括	分类的原因

注："独立分类结果"一栏，每行填写儿童放在一个格中的图片名称。

表 3.11.3　　儿童按词拿取记录表

主试提供的词	被试拿取图片	按词拿取后词的概括
鸟		
野兽		
水果		
蔬菜		
车		
船		
桌		
椅		

附 2:分组汇总表

表 3.11.4　　儿童独立分类、按词拿取和词的概括的正确反应

概念 项目 年龄	一级概念								二级概念							
	独立分类		独立分类后的词的概括		按词拿取		按词拿取后的词的概括		独立分类		独立分类后的词的概括		按词拿取		按词拿取后的词的概括、	
	人次	%	人次	%	人次	%	人次	%	人次	%	人次	%	人次	%	人次	%
4 岁																
5 岁																
6 岁																
7 岁																
8 岁																
9 岁																

实验十二

儿童概括能力的发展实验

一、实验原理

概括能力的发展是思维能力发展的一个重要标志。分类实验是研究儿童概括能力的一种有效方式。因为在分类实验中,儿童只有通过分析、综合、抽象、概括的过程,才能区分同一类物体的本质和共同的特征与非本质特征,将同类物体从不同类的物体中区分出来(吕静,庞虹等,1987)。客观世界中的事物各自有着多种特性,如形状、颜色、位置、功用等等,并且不同事物之间有着广泛的联系。那么在分类过程中,儿童是从何时摆脱了非本质属性、非本质联系的束缚,而概括出事物的本质属性,从而把同一概念体系的物体分为一类的呢?20世纪80年代初期,众多研究者都认为,学龄阶段的一个重要认知发展成绩就是能够按照概念水平来对物体进行分类,而幼儿阶段儿童则不具备这种能力(王文忠,方富熹,2001)。有研究(Elkman, Tversky & Baratz,1981; Arkman & Hutchinson,1984)发现幼儿期儿童经常倾向于按照事物的具体特性进行分类,把具有同样颜色或形状的物体放在一起而不是把属于同一类别的物体分成一堆。另外,幼儿在分类过程中,与将概念作为分类的标准相比,会更多地将情境和功用作为分类标准(王宪钿,刘静和,范存仁,1964)。学龄期儿童,在教学的影响下,其概括能力有了很快地发展,逐渐从对事物外部的感性特点的概括转变为对事物本质属性的概括。但是由于知识经验和智力水平的限制,学龄期儿童的概括更多地属于形象概括和初步的本质抽象概括(林崇德,1995)。

二、实验目的

考察4~9岁儿童在由感知到概念、由具体到抽象的分类活动中经历哪几个发展阶段,以及在这些发展阶段中儿童的概括能力有何特点。

三、实验方法

(一)被试

4 岁、5 岁、6 岁、7 岁、8 岁、9 岁儿童各 20 名,男女各半。

(二)实验仪器与材料

有格的木盘一个。1.5 寸×2 寸的白色长方形图片 37 张,每张绘有单一的彩色物体图画,具体内容见表 3.12.1。

表 3.12.1　　分类图片列表

图片的具体内容	概念
电车、火车、摩托车、汽车、自行车、三轮车、轮船、飞机	交通工具
筷子、碗、汤匙、盘、白色杯、红色杯、玻璃杯、蓝色杯	餐具
锄、铲、叉、锯、斧、剪刀、耙、钳	工具
长桌、圆桌、方桌、写字台、床、小背椅、大背椅、长凳	家具
铅笔、钢笔、毛笔、墨水瓶、书包	文具

(资料来源:王宪钿,刘静和,范存仁.4~9 岁儿童类概念发展的实验Ⅱ:儿童分类中的概括特点的实验研究.心理学报,1964,4:352~360.)

(三)实验程序

实验采用个别测查的方式进行。把绘有单一彩色物体的卡片按顺序排列,但各类物体是交叉搭配的。实验前先让儿童逐一指认图片上的物体,要在他们对全部物体认识无误后再开始实验。实验时要求儿童按照指导语自己分类,然后主试根据儿童的分类结果询问他(她)的分类标准,并要求他(她)对各类物体加以命名。

实验开始时的指导语:"小朋友,你看这里有许多图片,上面画着许多东西,你刚才已经都认识了。这些东西,它们有的有相同的地方,可以合成一家放在一个格子里;有的是另一家的,可以合起来放在另一个格子里。现在请你看看这些图片,开始一家一家地分开,放在这个木盘里,一个格里放一家。"

分类完毕后,主试问儿童:"你为什么这样分?它们都是什么?"实验过程中记录儿童分类的情况和对问题的回答。

(四)实验结果测评标准

根据儿童分类的特点,将儿童分类分为以下几种水平:

1. 不能分类:把性质上毫无联系的一些图片,按原排列顺序或按数量平均地放入各个木格中,不能说明分类的原因;或任意把图片分成若干类,也不能说明原因。

2. 依感知特点分类:依颜色、形状、大小或其他特点分类,例如把桌子和椅子归为一类,因为都有四条腿等。

3. 依生活情境分类：把日常生活情境中经常在一起的东西归为一类。例如书包是放在桌上的，就把书包和桌子归为一类等。

4. 依功用分类：如桌、椅是写字用的，碗、筷是吃饭用的，车、船是运人用的等等。儿童只能说出物体的个别功能，而不能加以概括。

5. 依概念分类：如按桌、椅、纸本、笔以及交通工具、玩具、家具等分类。并能给这些概念下定义，说明分类的原因，如说车、船等都是载人、运东西的交通工具等。

因为同一儿童对不同物体可以按不同标准分类，因此不能以人数作为分类的单位，而是以分类的张次作为分类的单位。本实验材料为 37 张图片，每个年龄组有 20 个儿童，因而每个年龄组儿童分类总的张次为 740。

四、实验结果与整理

统计出不同年龄组儿童在不同分类水平上的分类张次及百分比，填入表 3.12.3。

五、问题与讨论

1. 4 ~9 岁儿童在由感知到概念、由具体到抽象的分类活动中经历哪几个发展阶段？

2. 随年龄增长，儿童概括能力有何发展趋势？

附 1：实验记录纸

被试姓名：________　被试性别：________　出生年月：________

实验日期：________　实验地点：________

表 3.12.2　儿童分类情况记录表

分类结果	儿童对“这些都是什么”的回答

注：“分类结果”一栏，每行填写儿童放在一个格中的图片名称。

附2:分组汇总表

表3.12.3　　各年龄组儿童分类情况统计表　　(单位:张次)

分类标准 / 正确分数 / 年龄	不能分		按感知特点分		按情境分		按功用分		按概念分	
	张次	%	张次	%	张次	%	张次	%	张次	%
4										
5										
6										
7										
8										
9										

实验十三

幼儿观察力的发展实验

一、实验原理

观察是一种有目的、有计划、比较持久的知觉过程，是知觉的高级形态。人在观察过程中表现出的稳定的品质和能力被称为观察力。幼儿期知觉发展的最重要变化是开始形成有意观察，即知觉逐渐由无意的、无序的知觉，发展为独立的、有相对稳定方向性的知觉。观察力的发展，对于幼儿适应生活有重要意义。特别是观察图画和文字能力的发展，对于入学准备更是十分重要。

姚平子等人(1985)的研究表明，3～6岁幼儿观察力的发展随年龄的增长不断提高，主要表现在有意性和精确性两个方面：对有意性而言，3岁组幼儿根据成人的要求支配自己的知觉的能力还很差，4岁组、5岁组的幼儿有意性已有很大提高，典型表现是幼儿能用出声言语组织自己的感知，有不少6岁组幼儿能用内部言语来支配调节自己的知觉活动，并且能坚持完成任务；对精确性而言，随着年龄增长，幼儿观察的精确性不断提高，表现出由笼统到精确、由主观到客观地反映事物的发展趋势，50%以上的6岁组幼儿各项测试成绩可以达到或接近满分。

二、实验目的

本实验的目的在于探讨3～6岁幼儿在观察图片过程中所表现出来的有意性及观察结果的精确性的发展特点及规律。

三、实验方法

(一)被试

3岁、4岁、5岁、6岁幼儿各20名，男女各半。

(二)实验仪器与材料

本实验分为4个测试项目，相应的材料如下(陈帼眉，冯晓霞，1991)：

测试1：单色图片6张，每张有6个图形，其中有2个图形相同。排列顺序由简单到复杂。第一张为例图。

测试2:单色图片6张,每张图片上的图形缺少一部分。兔子(缺耳朵)、小汽车(缺轱辘)、手(缺指甲)、盆花(缺叶子)、猫(缺胡子)、照镜子(缺娃娃)。

测试3:2张小猫钓鱼彩色图片,所绘情景大致相同,有10处细微的不同,鱼漂(颜色)、鱼(形状大小)、花(有无)、猫尾巴(形状)、猫腿(颜色)、猫领结(形状)、树(形状)、窗(有无窗格子)、桶(形状)、小河(形状)。

测试4:动物乐队彩色图片,右上方画有幼儿十分熟悉的20个日常生活物品图形。

(三)实验程序

实验采用个别方式进行,每个被试依次完成下列4个测试项目:

测试1:找相同图形。正确找出得1分,否则不得分。

测试2:找图形中缺少部分。找对一部分得1分,该项测试得分范围为0~6分。

测试3:找出两张图片不同处。找出一处得1分,该项测试得分范围为0~10分。

测试4:让幼儿观察图片右上方图形,找出图片中的鼓槌儿。找出得1分,否则不得分。

(四)实验结果测评标准

根据幼儿的回答给幼儿的各项测试评分,以此作为幼儿观察精确性指标。

幼儿观察有意性水平的具体指标如下:(1)一级:根据观察任务,有目的地克服困难和干扰,坚持仔细观察;(2)二级:根据观察任务,能有目的地观察,但遇到困难或干扰不能克服,不愿坚持仔细观察;(3)三级:不能接受主试给予的任务有目的地观察,而是东张西望,或只看一处,或任意胡指。

四、实验结果与整理

1. 算出各年龄组幼儿观察力精确性测试得分的平均分,采用方差分析比较幼儿观察力精确性有无显著的年龄差异。

2. 根据观察的有意性水平的具体指标,判断每位幼儿观察的有意性等级,统计出各年龄组幼儿在各个观察力有意性等级上的百分比,填入表3.13.3。采用χ^2检验,分析不同有意性水平上各年龄间的差异。

五、问题与讨论

1. 幼儿观察力精确性的发展有何特点?

2. 随年龄增长,幼儿观察力有意性发展有何趋势?

附1:实验记录纸

被试姓名:________　　被试性别:________　　被试出生年月:________

实验日期:________　　实验地点:________

表 3.13.1　　幼儿观察力实验记录表

<table>
<tr><td>测试</td><td colspan="30">测试任务表现</td><td>言行表现</td></tr>
<tr><td>测试 1</td><td colspan="30"></td><td></td></tr>
<tr><td rowspan="2">测试 2
（在幼儿找出的格中打“√”）</td><td colspan="5">兔子
（缺耳朵）</td><td colspan="5">小汽车
（缺轱辘）</td><td colspan="5">手
（缺指甲）</td><td colspan="5">盆花
（缺叶子）</td><td colspan="5">猫
（缺胡子）</td><td colspan="5">照镜子
（缺娃娃）</td><td rowspan="2"></td></tr>
<tr><td colspan="5"></td><td colspan="5"></td><td colspan="5"></td><td colspan="5"></td><td colspan="5"></td><td colspan="5"></td></tr>
<tr><td rowspan="2">测试 3
（在幼儿找出的不同之处的格中打“√”）</td><td colspan="3">鱼漂（颜色）</td><td colspan="3">鱼（形状大小）</td><td colspan="3">花（有无）</td><td colspan="3">猫尾巴（形状）</td><td colspan="3">猫腿（颜色）</td><td colspan="3">猫领结（形状）</td><td colspan="3">树（形状）</td><td colspan="3">窗（有无窗格子）</td><td colspan="3">桶（形状）</td><td colspan="3">小河（形状）</td><td rowspan="3"></td></tr>
<tr><td colspan="3"></td><td colspan="3"></td><td colspan="3"></td><td colspan="3"></td><td colspan="3"></td><td colspan="3"></td><td colspan="3"></td><td colspan="3"></td><td colspan="3"></td><td colspan="3"></td></tr>
<tr><td>测试 4</td><td colspan="30"></td></tr>
</table>

注：在测试 1 和测试 4 中，若被试通过测试就在“任务表现”一栏打“√”；测试 2 和测试 3 中，在被试完成的项目下打“√”。

附 2：分组汇总表

表 3.13.2　　不同年龄组幼儿观察力精确性测试平均分和标准差

测试项目 / 统计值 / 年龄	测试 1		测试 2		测试 3		测试 4	
	M	SD	M	SD	M	SD	M	SD
3 岁组								
4 岁组								
5 岁组								
6 岁组								

表 3.13.3　各年龄组幼儿在各测试中在不同观察有意性水平上的人数比较

测试/年龄	测试 1			测试 2			测试 3			测试 4		
	1 级	2 级	3 级	1 级	2 级	3 级	1 级	2 级	3 级	1 级	2 级	3 级
3 岁组												
4 岁组												
5 岁组												
6 岁组												

实验十四

小学儿童机械记忆和意义记忆的发展实验

一、实验原理

按识记是否建立在理解的基础上,可把记忆分为机械记忆和意义记忆。机械记忆是指对识记材料在没有理解的情况下,依靠事物的外部联系、先后顺序机械重复地进行识记。而意义记忆是指理解材料,根据其内在联系运用有关经验进行的识记。随着年龄的增长,在正确的教育下,小学生的意义记忆在不断地增加,机械记忆相对减少。然而,由于经验不足、理解不够和思维发展水平不高,还有相当一部分小学低年级学生更多地运用机械记忆的方法。就记忆的效果而言,大量的研究表明,无论成人还是儿童,意义记忆的效果都好于机械记忆的效果。例如,我国研究者沈德立和林镜秋等(1985)对词(每个词由两个汉字组成,意义记忆)和数(每个数由三个阿拉伯数字随机组成,属机械记忆)的识记效果进行的比较研究、丁祖荫等对小学生在识记有联系材料(意义识记)和无联系材料(机械记忆)的效果的比较研究,均证明了意义记忆的效果优于机械记忆的效果(朱智贤,1982)。

二、实验目的

考察小学儿童机械记忆和意义记忆的发展情况,并比较机械记忆和意义记忆的效果。

三、实验方法

(一)被试

小学1~6年级儿童各20人,男女各半。

(二)实验仪器与材料

本实验所用材料包括单字、数目和图画三类,每类分为“有联系”和“无联系”两种,各20对(朱智贤,1982)。

1. 有联系与无联系的单字、数目及图画各20对。

(1)单字:从小学语文教材中选出80个单字。先进行预测,保证选择的字儿童都能认识。然后由选出的80个单字,共组成20对"有联系"的词和20对"无联系"的词。"无联系"的各对单字,是在普通生活经验中没有直接联系的。如"们—多"、"笑—室"等。"有联系"的各对单字,是在多种联想的基础上构成的:如基于类似联想的有"稻—豆"、"蓝—红"等;基于对比联想的有"个—万"、"里—外"等;基于接近联想的有"星—天""校—课"等;基于因果联想的有"夜—黑"、"照—亮"等。

(2)数目:80个数目,都是两位数。"无联系"的各对数目,在外表形式或数量内容上都没有直接联系,如"95～87"、"61～20"等。"有联系"的各对数目,具有各种不同的关系联系,如"19～9"是形式上对比;"88～44"是形式上成对、数量上减半,"99～98"是连续数递减。

(3)图画:共80张图,在预测中要求儿童逐一说出各图意义,凡儿童不能一致肯定意义的图都不采用。各图内容和单字材料避免重复,如单字中有"眼"字,图就不能用"眼睛",以免识记时混淆。"无联系"的各对图画相互间没有直接联系;"有联系"的各对图画是在各种联想的基础上构成。

2. 各类材料另有举例用的材料5对,用以说明方法。

(三)实验程序

本实验采取个别实验方式,每类材料识记时先用举例用的材料说明方法。指导语如下:"现在我给你看一对一对的单字(或数目、图画),你要把它们一对一对记住,看一会儿后,我给你看每一对中的前面一个,你要告诉我那一对中的后面一个是什么,看看你能记住多少。"当儿童明白方法后,就要他识记"无联系"材料5分钟,然后进行立即再现,回答完毕后休息5分钟,再实验"有联系"材料。在延缓再现时主试向被试出示各对的前面一个后,指导语如下:"上次你看了许多对单字(或数目、图画),现在再把各对中后面一个告诉我。"

在每种材料识记和立即再现后,问儿童:"哪一种材料容易记?为什么?"以了解儿童能否意识到"无联系"和"有联系"材料的区别。每次再现后,主试就"有联系"材料答出的答案询问儿童:"怎样记住的?"了解儿童如何从意义联系上识记材料,同时观察儿童识记和再现时所使用的方法及其表现的行为和态度等。

进行实验时,不论识记或再现,三类材料都先用"无联系"的,后用"有联系"的,以防儿童先识记"有联系"材料,学会从意义上识记"无联系"材料。三类材料分别进行,但都是先识记和立即再现,以后再每隔一周进行一次延缓再现,延缓再现共进行三次。

(四)实验结果测评标准

计算有联系材料和无联系材料保持的百分数(正确保持题数/总题数×100%)。将有联系材料保持的分数作为儿童有意义记忆的成绩,将对无联系材料保持的分数作为儿童机械记忆的成绩(朱智贤,1982)。

四、实验结果与整理

1. 分析小学生的意义记忆和机械记忆有无显著的年龄差异。

2. 比较小学生对单字、数目和图画材料的识记效果有无显著差异。

3. 比较小学生对有联系和无联系的单字、数目和图画材料的识记效果有无显著差异。

五、问题与讨论

1. 小学生的意义记忆和机械记忆发展有何趋势?

2. 小学生的意义记忆和机械记忆哪个效果更好?

附1:实验记录纸

被试姓名:________ 被试性别:________ 出生年月:________

实验日期:________ 实验地点:________

表3.14.1 对单字、数目、图画材料的保持量统计表

材料	统计量	无联系				有联系			
		立即再现	第一次延缓再现	第二次延缓再现	第三次延缓再现	立即再现	第一次延缓再现	第二次延缓再现	第三次延缓再现
单字	保持题数								
	保持百分数								
数目	保持题数								
	保持百分数								
图画	保持题数								
	保持百分数								

附 2:分组汇总表

表 3.14.2　不同年级小学生对单字、数目、图片材料的保持百分数

材料	年级	无联系				有联系			
		立即再现	第一次延缓再现	第二次延缓再现	第三次延缓再现	立即再现	第一次延缓再现	第二次延缓再现	第三次延缓再现
单字	一								
	二								
	三								
	四								
	五								
	六								
数目	一								
	二								
	三								
	四								
	五								
	六								
图画	一								
	二								
	三								
	四								
	五								
	六								

实验十五

小学儿童形象记忆和词语记忆的发展实验

一、实验原理

根据记忆的内容不同，可以将记忆分为形象记忆和语词记忆。形象记忆是以事物的形象或表象为对象的记忆。形象记忆使人有直观、鲜明、稳定的整体感，记忆效果好。语词记忆以语词或文字符号为记忆对象，概括性、条理性、逻辑性强。形象的、语词的材料，不仅是人的记忆的主要内容，而且从个体记忆的发展看，形象记忆与语词记忆相互联系。小学儿童由于知识经验水平、两种信号系统协同活动发展水平的限制，其记忆以形象记忆为主，对于语词，尤其是抽象语词的记忆比较困难。但是在教育的影响下，随着儿童知识经验的增长以及第二信号系统活动逐渐占优势，儿童抽象的语词记忆越来越占优势。我国心理学工作者对小学生形象记忆和语词记忆的特点进行了研究，结果表明：对形象、具体语词和抽象语词的记忆均随年龄增长而提高；无论哪个年级，都表现出形象记忆最容易，具体词次之，抽象词最难；从增长速度看，形象记忆增长速度慢，抽象语词记忆增长速度快；从差异看，小学低年级形象记忆和语词记忆之间差异大，到小学高年级这种差异缩小（朱智贤，2003）。

二、实验目的

考察小学儿童形象记忆和语词记忆的发展特点和趋势，并比较形象记忆和语词记忆效果。

三、实验方法

（一）被试

小学一年级、三年级、五年级儿童各 20 人，男女各半。

（二）实验仪器与材料

1. 绘有各种形象的卡片 20 张（关于自然界事物的 10 张，如河流、花朵、山川等图片；关于社会生活事物的 10 张，如文具、公交车等图片）。

2. 词语卡片 20 张（具体词语 10 个，如面包、铅笔、苹果等；较抽象的词语 10

个,如勤劳、神秘、痛苦等)。

3. 20 张干扰图片和 20 张干扰词语卡片用于儿童的再认测验中。

(三)实验程序

以个别实验的方法进行研究。同时也辅以观察与谈话的方法。实验分两部分(朱智贤,1982):

第一部分:形象记忆实验。

将绘有各种形象的卡片 20 张(关于自然界事物的 10 张,社会生活事物的 10 张,这些形象都是各年级儿童熟悉的),按一定的顺序排列,同时呈现 5 分钟,要求儿童全部识记。呈现图片时的指导语是:"这里有一些图片,请你仔细看看每张图片,想办法把它们都记住。"在儿童识记过程中,主试进行观察,详细记录儿童识记的方式、方法以及动作、言语等反应。识记活动结束后,对识记结果以两种方式进行检查:

1. 直接检查。记忆材料后,休息 5 分钟进行,有两种方式:

(1)再现:要求儿童将记住的形象,逐一说出来,由主试记下。每个被试再现的时间,都控制在 5 分钟以内。记录儿童单位时间内再现的数量。

(2)再认:在再现结束后,休息 3 分钟进行。主试在 20 张实验图片中,掺入 20 张干扰图片,由儿童进行选择。主试记录再认正确数与错误数以及全部再认过程的时间。

在直接检查后,主试与被试进行一次简单的谈话,以了解被试记忆的方式、方法,以及他们对应用某种方法的自觉性。向被试提出的问题是:"你是用什么方法来记住这些图片的?""你是用什么方法想起这些图片的?"

2. 延缓检查。在直接检查 5 天后进行。检查的内容、方法和步骤以及各种条件的控制,均与直接检查相同,只是在此检查后不进行谈话。

第二部分:词语记忆实验。

这部分实验进行的步骤、方式、方法和条件控制等,与形象记忆实验完全相同。在 20 张词语卡片中,具体词语 10 个,较抽象的词语 10 个。再认检查时也运用 20 张干扰词语卡片。

上述两部分实验,时间上是在错后一天的情况下进行的,即第一天儿童识记形象材料,并且进行直接检查,同样是前一天检查形象记忆结果,后一天检查词语记忆结果。

在两部分实验全部结束时,主试与被试进行一次谈话,以了解各年级儿童对形象记忆和语词记忆难易的反应,以便与整个实验结果对照。向被试提出的问题是:"你觉得图形和词语哪种好记些?""为什么图形(或词语)容易记呢?为什么词语(或图形)不好记呢?"(这个问题根据第一个问题的回答结果适当提问)

(四)实验结果测评标准

计算形象记忆和语词记忆再现和再认的正确率。

四、实验结果与整理

1. 比较小学儿童的形象记忆和语词记忆效果有无显著差异。
2. 比较小学儿童的形象记忆和语词记忆有无显著的年级差异。

五、问题与讨论

1. 小学儿童的形象记忆和语词记忆效果哪个更好?
2. 随年龄增长,小学儿童的形象记忆和语词记忆发展有何趋势?

附1:实验记录纸

被试姓名:________　　被试性别:________　　出生年月:________
实验日期:________　　实验地点:________

表 3.15.1　　形象记忆保持量记录表

图片/测试	1	2	3	4	5	6	7	8	9	10	11	12	13	14	15	16	17	18	19	20
直接再现																				
直接再认																				
延缓再现																				
延缓再认																				

注:请在儿童能够再认的图片下面划"√"。

表 3.15.2　　形象记忆时间记录表

测试		时间总长度	单位时间内再现/再认数量	备注
直接再现				
直接再认	前两分钟			
	后三分钟			
延缓再现				
延缓再认	前三分钟			
	后三分钟			

表 3.15.3　　语词记忆保持量记录表

语词/测试	1	2	3	4	5	6	7	8	9	10	11	12	13	14	15	16	17	18	19	20
直接再现																				

（续表）

语词 测试	1	2	3	4	5	6	7	8	9	10	11	12	13	14	15	16	17	18	19	20
直接再认																				
延缓再现																				
延缓再认																				

注：请在儿童能够再认的图片下面划"√"。

表 3.15.4　　语词记忆时间记录表

测试		时间总长度	单位时间内再现/再认数量	备注
直接再现				
直接再认	前两分钟			
	后三分钟			
延缓再现				
延缓再认	前三分钟			
	后三分钟			

问题一："你是用什么方法来记住这些图片的？"

回答：____

问题二："你是用什么方法想起这些图片的？"

回答：____

问题三："你觉得图形和词语哪种好记些？"

回答：____

问题四："为什么图形（或词语）容易记呢？为什么词语（或图形）不好记呢？"（这个问题根据第一个问题的回答结果适当提问）

回答：____

附 2：分组汇总表

表 3.15.5　　不同年级儿童形象记忆和语词记忆的平均保持量

年级	形象记忆				抽象记忆			
	再现		再认		再现		再认	
	直接	延缓	直接	延缓	直接	延缓	直接	延缓
一								
三								
五								

实验十六

儿童记忆的复述策略实验

一、实验原理

记忆策略指的是自觉运用的、有助于完成记忆任务或提高记忆效果的措施和方法。儿童最先学会的记忆策略是复述策略，即对所要识记的信息不断进行重复以便能更准确、更牢固地记住这些信息。学前儿童一般是不会采用复述策略的，进入小学以后，儿童才逐渐有效地使用复述策略，而且在此方面有了非常明显的进步。

弗拉维尔等人(Flavell，Beach & Chinsky，1966)曾进行了一项研究，给幼儿园的儿童和小学二年级、五年级的小学生呈现一组图片，并要求他们在15秒钟之后对所呈现的图片进行回忆。主试观察并记录了被试在这5秒钟的准备时间里的唇动次数，以此作为被试复述量的指标。结果发现，随年龄的增长，被试的复述量及回忆量均有所增加。85%的五年级小学生具有自觉的复述行为，60%的三年级小学生表现出复述行为，仅有10%的幼儿园的儿童有复述行为。因此研究者认为，7岁左右是儿童由不进行复述向自觉进行复述的过渡期。该研究还发现，在同一年龄组内，复述次数较多的被试的信息回忆量也相应较大。这个结果说明，使用复述策略的能力随儿童年龄的增长而提高，主体对刺激信息的回忆量与其对信息复述的频率成正比。

二、实验目的

考察儿童记忆时使用复述策略的情况以及儿童记忆中复述策略的发展规律。

三、实验方法

(一)被试

幼儿园(5岁)、小学二年级(7岁)和小学五年级(10岁)的儿童各20人，男女各半。

(二)实验仪器与材料

28 张物体图片，分为 4 组，每组 7 张，图片上的物体都是被试所熟悉的普通物体；一个头盔。

（三）实验程序

给被试呈现一系列图片，每次向儿童呈现 7 张普通的物体图片，实验者慢慢地依次指出其中的 3 张图片，要求儿童记住。15 秒钟后，要儿童照样依次序回忆那 3 张图片。在间隔的 15 秒时间中，要儿童戴上一个头盔把自己的眼睛挡住，使其看不到图片和实验者，主试仔细观察并记录儿童是否有微微唇动现象（Keeney，Cannizzo & Flavell，1967）。

（四）实验结果测评标准

以儿童是否产生唇动来衡量他们是否对识记的材料进行了复述，以唇动次数作为儿童复述次数的指标。

四、实验结果与整理

1. 统计各年龄段使用复述策略的人数。
2. 用方差分析，分析不同年龄儿童使用复述策略是否存在显著差异，并对结果作出解释。

五、问题与讨论

1. 多大儿童才开始使用复述策略？
2. 随年龄增长儿童使用复述策略有何变化趋势？

附 1：实验记录纸

表 3.16.1　　儿童记忆过程中复述策略使用次数记录表

被试号	被试姓名	性别	年龄	唇动次数	备注
1					
2					
3					
4					
5					
6					
7					

(续表)

被试号	被试姓名	性别	年龄	唇动次数	备注
8					
9					
10					
⋮					
60					

附2:分组汇总表

表3.16.2　　不同年龄被试复述策略使用平均数

被试年龄	性别	复述平均次数
5岁组	男	
	女	
	总体	
7岁组	男	
	女	
	总体	
10岁组	男	
	女	
	总体	

实验十七

小学儿童记忆的组织策略实验

一、实验原理

组织策略的发展是儿童记忆策略发展研究的主要内容之一。组织策略指儿童在记忆过程中,根据不同的意义,将记忆材料组成各种类型,编入各种主题或改组成其他形式,以便于记忆的方法。

我国研究者庞虹(1992)以小学一年级、三年级、五年级学生为被试,对小学儿童记忆中的组织策略发展进行的实验研究表明,小学一年级学生已经具有了中等运用组织策略的能力,但是尚不能自发地使用策略,通过策略指导可以使他们学会使用组织策略,但是不能提高他们的记忆成绩;小学三年级学生虽然不能自发地产生和使用组织策略,但是通过指导,很容易学会组织策略,一旦学会,能够明显提高他们的记忆成绩;小学五年级学生在记忆情境中,能够自发地使用组织策略,所以他们的回忆成绩最好。

二、实验目的

通过本实验考察小学儿童记忆时使用组织策略的情况。

三、实验方法

(一)被试

小学一年级、三年级、五年级儿童各40名,共120名,男女各半,随机分配于两种实验条件。

(二)实验仪器与材料

(1)记忆材料:运用具有5个主题关系的20张图片:

校服	书包	学校	黑板	——去学校读书
物品	标签	售货员	收银	——买东西
邮票	信箱	信封	邮递员	——寄信
鱼钩	鱼饵	湖	渔夫	——钓鱼
门票	动物园	熊猫	竹子	——参观动物园

(2)指导材料:运用4张具有主题关系且画有暗示细节的图片,它们是火车票、

火车、行包、天安门。在火车票和火车上都印有“济南—北京”的字。

（三）实验程序

将被试分成不接受策略指导组和接受策略指导组，采用被试间设计，两种实验条件下男女被试各半。

1. 不接受策略指导的被试组。

（1）实际操作：主试以每张 2 秒的速度随机呈现 16 张图片，要求被试说出图片的名称，说不出的主试告诉他。主试随机把图片排成 5×4 矩阵，然后要求被试把图片一张张重新放到旁边的桌上，他认为怎么放最好就怎么放，不能重叠，并告诉他们过一会儿要把这些图片记牢，主试记录被试重新排列图片所需的时间及排列方式，并再给予 1.5 分钟的时间让其记忆，主试用录音机记录被试的回忆情况。如果被试在 15 秒时间内没有言语报告，那么主试问被试能否想起其他图片；如果在随后的 15 秒时间内继续沉默，就停止实验。

（2）语言提问：主试询问被试，①你能告诉我你是怎样放图片的？②这样放图片使你记起来容易还是困难呢？还是你刚才没想过这个问题？③放好图片后你是怎么记的？

最后要求被试把 16 张图片分组。

2. 接受策略指导的被试组。主试在实验前指导被试把有关系的、可以放在一起的图片放在一起，告诉他这样记会更容易，也会记得更多更牢，并且用指导图片举例说明，比如买了火车票，带着旅行包，乘火车，去北京天安门；然后主试问被试一些与实验无关的问题，并要求被试抄写英文名字，3 分钟后，进行实验，实验程序与前组相同。

（四）实验结果测评标准

回忆量以被试回忆图片的数量为指标。关于组织策略的使用问题，参考以往的研究（庞虹，1992），将被试回忆过程中使用的组织策略分为四种水平：未使用组织、只按主题关系记、按主题关系记并记住第一张、按主题关系记并试图自己回忆。根据被试回答是怎样把这些图片记住的，结合研究者的观察，确定被试在记住图片时运用组织策略的水平。

四、实验结果与整理

1. 比较不同年级儿童在两种实验条件回忆量的平均值。

2. 采用 χ^2 检验，分析儿童使用不同水平的组织策略是否存在显著的年级差异。

3. 以年级、组织策略水平、有无指导为自变量，以回忆量为因变量，进行 3×4×2 的三因素方差分析，考察年级、组织策略水平、有无指导对回忆量的主效应及其交互作用。

五、问题与讨论

1. 不同年级儿童使用组织策略有什么不同特点？

2. 不同水平组织策略的使用对回忆量有无显著影响？

附1：实验记录纸

被试姓名：________ 被试性别：________ 被试出生年月：________

实验日期：________ 实验地点：________ 实验指导：有/无

1. 将不接受策略指导的被试重新排列图片的情况填入表3.17.1。

表3.17.1 被试重新排列图片的分类记录表

类别	图片名称	分类的时间(秒)
1		
2		
3		
4		
5		
6		
7		
8		
9		
10		

注：根据被试排列图片的情况填表，“图片名称”栏填写被试归为一类的所有图片。

2. 回放录音，将被试回忆的图片按顺序填写在下面的横线上：

________ ________ ________ ________

________ ________ ________ ________

________ ________ ________ ________

________ ________ ________ ________

3. 记录被试对主试提问的回答。

(1)你能告诉我你是怎样放图片的？

答：____

(2)这样放图片使你记起来容易呢还是困难呢？还是你刚才没想过这个问题？

A 容易　　B 困难　　C 刚才没想过这个问题

(3)放好图片后你是怎么记的？

答：____

4. 再次让被试将图片分组，记录其分组情况。

5. 将接受策略指导的被试重新排列图片的情况填入表3.17.2。

表3.17.2 被试重新排列图片的分类记录表

类别	图片名称	备注
1		
2		
3		
4		
5		
6		
7		

附2：分组汇总表

表3.17.3 不同年级被试在两种实验条件下的回忆量的统计表

年级	实验条件	回忆量
一年级	无指导	
	有指导	
三年级	无指导	
	有指导	
五年级	无指导	
	有指导	

表3.17.4 不同年级被试识记图片时运用组织策略的人数百分比

年级	实验条件	未使用组织	只按主题关系记	按主题关系记并记住第一张	按主题关系记并试图自己回忆
一年级	无指导				
	有指导				
三年级	无指导				
	有指导				
五年级	无指导				
	有指导				

实验十八

儿童社交地位的测定实验

一、实验原理

同伴关系主要是指同龄人或心理发展水平相当的个体,在交往过程中建立和发展起来的一种人际关系。同伴关系在儿童青少年社会能力、认知、情感、自我概念和人格的健康发展和社会适应中起着重要作用(邹泓,1998)。同伴交往不良不仅影响儿童当时的发展,还可能影响其以后的社会适应,导致退缩、攻击、逃学等各种社会行为问题(Shaffer,1994; Coie, Dodge & Kupersmidt,1990; Hartup,1992)。在同伴群体中,儿童的社交地位具有很大的个体差异,有研究表明早在4~6岁儿童的社交地位类型已经分化(庞丽娟,1990)。研究者根据儿童在同伴交往中的行为表现不同将儿童的社交地位分为五种类型:(1)受欢迎儿童喜欢与人交往,在交往中积极主动,且常常表现出友好、积极的交往行为,因而受到大多数同伴的接纳、喜爱,在同伴中享有较高的地位,具有较强的影响力;(2)被拒绝儿童喜欢交往,在交往中活跃、主动,但是常常采用不友好的交往方式,攻击行为较多,常被多数幼儿所排斥、拒绝,在同伴中地位低,关系紧张;(3)被忽视儿童不喜欢交往,常常独处,在交往中表现得退缩,受到同伴的忽视和冷落,像是"隐形人";(4)矛盾型儿童对自己喜欢的同伴友好,对不喜欢的同伴排斥,因此受到部分同伴的欢迎,同时又受到部分同伴的排斥;(5)一般型儿童在同伴交往中行为表现一般,既不是特别主动、友好,也不是特别不主动或不友好,在同伴中地位一般。

二、实验目的

学习采用同伴提名法测查儿童的社交地位。

三、实验方法

(一)被试

随机选取幼儿园小班、中班、大班各一个班。

(二)研究程序

首先在幼儿活动的现场，保证班内的每个幼儿都在场。选取一个使被试能够看到其他所有幼儿又不会分心的地方。然后主试依次问被试三个问题："在班里你最喜欢的三个小朋友（积极提名）是谁？""在班里跟你关系最好的三个小朋友（积极提名）是谁？""在班里你最不喜欢的三个小朋友（消极提名）是谁？"

（三）研究结果测评标准

以班级为单位对每个被试所得的提名频次标准化。以被试的两项积极提名分（ML）的平均数作为同伴接纳的指标，以消极提名分（LL）作为同伴拒绝的指标，二者之差作为被试社会偏爱（SP）的分数（社会偏爱分数表现了儿童受同伴接纳的程度），二者之和作为被试社会影响力（SI）分数（社会影响力分数反映了儿童被同伴关注的程度）（陈欣银等，1994）。根据 Coie 和 Dodge（1983）提出的分类标准，将儿童的社交地位分为五类：受欢迎儿（$SP > 1, ML > 0, LL < 0$）、被拒绝儿（$SP < -1, ML < 0, LL > 0$）、被忽视儿（$SI < -1, ML < 0, LL < 0$）、矛盾儿（$SP > 1, ML > 0, LL > 0$）、一般儿（所有其他儿童）。

四、实验结果与整理

1. 分析五类不同社交地位的幼儿在总体中所占的比例。
2. 分析五类不同社交地位的幼儿在总体中所占的比例是否存在性别差异。

五、问题与讨论

1. 不同社交地位幼儿的社交活动有何特点？
2. 影响儿童社交地位的因素有哪些？

附 1：实验记录纸

班级：________　　测量地点：________　　测量时间：________

表 3.18.1　同伴提名记录表格

序号	姓名	性别	同伴提名				备注
1			最喜欢的三个小朋友				
			关系最好的三个小朋友				
			最不喜欢的三个小朋友				
2			最喜欢的三个小朋友				
			关系最好的三个小朋友				
			最不喜欢的三个小朋友				

（续表）

序号	姓名	性别	同伴提名				备注
3			最喜欢的三个小朋友				
			关系最好的三个小朋友				
			最不喜欢的三个小朋友				
……			最喜欢的三个小朋友				
			关系最好的三个小朋友				
			最不喜欢的三个小朋友				

附2:分组汇总表

表3.18.2　　不同社交地位儿童在总体中的比例

班级	受欢迎儿	被拒绝儿	矛盾儿	被忽视儿	一般儿
小班					
中班					
大班					

表3.18.3　　不同社交地位的男女儿童在总体中的比例

性别	受欢迎儿	被拒绝儿	矛盾儿	被忽视儿	一般儿
男					
女					

实验十九

儿童智力测验

一、实验原理

比纳测验首先是由比纳(A. Binet)和西蒙(T. Simon)于1905年编制而成的,是世界上第一个正式的智力测验。我国在上世纪80年代由吴天敏主持修订了新版本并制定了全国常模,即《中国比纳测验》。该测验能测试2~18岁儿童的智力水平,是目前最好的智力测试工具之一(郭念锋,2005)。

二、实验目的

掌握中国比纳测验的实施、记分与结果解释方法。

三、实验方法

(一)被试

3~6岁幼儿10名,男女各半。

(二)实验仪器与材料

1. 两个1.5寸×2.5寸的长方形(最好用卡片纸),把其中一个对角剪成两个三角形。
2. 黑(或灰)钮扣13个。
3. 三张卡片分别写上:桌子、饼、老鼠,汽车、工人、河,妈妈、老师、我。
4. 三寸见方白纸若干张(每人用一张)。
5. 五张卡片分别写上爱、残暴、光荣、狡猾、隆重。
6. 剪刀一把。
7. 铅笔两支。
8. 橡皮一块。
9. 小块草稿纸若干张。
10. 秒表(或有秒针手表)一只。
11. 记录纸若干份(每人一份)。

12. 测验指导书一本。

(三)主试须知

1. 按“测验必备”备齐物件。

2. 对照着记录纸,逐题熟读指导语,要求能在被试做每个试题时,自然而准确地说出,至少能边读边说,不至张口结舌或自行编造。

3. 主试对被试必须保持一般的和善态度。对于被试提出的有关试题内容的问题,一概支吾过去,如对他说:“你自己想一想。”对于他的答案,不论对与不对,都不要表现出肯定或否定的神态,以免影响测试效果。

4. 除按指导语让被试回答试题外,凡属闲话,一概不说。

5. 施行测验之前,主试可将指导书立在面前,以免被试窥视主试的记录,思想受到扰乱。

6. 请把每一试题的分数(通过一题给一分,不通过不给分)记在记录纸上各题后的括号里。须记录答案时请把答案记在题号之后的下划线上,记录要尽量用被试原话,以便根据真实材料核对分数或解决有关问题。

7. 主试必须按照各试题的时限控制时间,不可随意延长或缩短。时间不包括主试用的时间。

(四)测试程序

1. 测验开始之前,主试让被试自己或者替被试填明记录纸上的简历,并签上主试自己的姓名。请主试签名是为了日后遇有情况不明之处,好请主试协助解决。

2. 施测时,先根据被试者的年龄从测验指导书的附表中查到开始的试题,如2~5岁儿童从第一题开始作答,6~7岁儿童从第7题开始作答。然后按指导书的实施方法进行测验。

3. 被试者连续有5个题不通过时,停止测验,并对他说:“好了,就到这儿吧,谢谢你。”

(五)测验的记分

1. 通过1题记1分。各试题附带的答案,有的是唯一的正确答案,如第36、43等题的答案,是不能牵强附会的。有的则只是代表性的答案,例如第23题的答案。当邻居家的奶奶突然病了的时候,一个儿童或青少年此时可能有所表现的,例如去请医生,去买药。这是可行的,是可取的答案。此外,如“告诉妈妈去”、“送她去医院”等,都是可以通过的答案。至于“给她药吃”和“照顾她”一类的答案,则是不确切不具体的,所以是不能通过的答案。在判断没有在试题后标明的答案是否正确时,主要应以试题后标明的答案为例,凡符合该答案含义的答案,即使词句与试题后标明的答案不同,也是可以通过的。否则就是不可以通过的答案。

2. 将被试者答对若干试题的分数加上承认他能通过的试题的分数,即“补加分数”,便得到测验的总分。

3. 根据被试者的实足年龄和总分,从指导书的智商表中可查到相应的智商。在这里,实足年龄的计算是用测验的年、月、日减去出生的年、月、日,结果计年和月,凡超过 15 天或整 15 天按 1 个月计,不足 15 天的一律不计。最后根据智商的公式计算幼儿的智商。

(六)结果解释

中国比纳测验虽然也是采用离差智商的计算法,但因其智商的平均数为 100,标准差为 16,故其智商的分级标准也不同于韦氏智商(见表 3.19.1)。

表 3.19.1　　比纳—西蒙量表的智商分布表

智力等级		智商范围	理论百分数
非常优秀		≥140	1.6
优秀		120～139	11.3
中上		110～119	18.1
中等		90～109	18.1
中下		80～89	14.5
边缘状态		70～79	5.6
智力缺陷	愚鲁	50～69	2.9
	痴愚	25～49	
	白痴	<25	

四、实验结果与整理

1. 使用方差分析,考察本智力测验得分的年龄差异。
2. 使用方差分析,考察本智力测验得分的性别差异。

五、问题与讨论

1. 分析说明,不同年龄阶段幼儿智力发展有哪些差异?
2. 目前智力测验除本智力量表外,还有哪些? 选用时,应注意哪些问题?

实验二十

青少年自我同一性测定实验

一、实验原理

埃里克森(Erikson)认为,个体一生要经历8个连续而又不同的发展阶段,在每一阶段都面临一个主要的发展任务,青少年期的中心发展任务是同一性(ego identity)对同一性扩散。自我同一性涵义丰富多样,至今没有一个为研究者普遍接受的明确定义。简单来说,自我同一性是个体在特定环境中的自我整合,是个体寻求内在一致性和连续性的能力,也就是对"我是谁"、"我将来的发展方向"以及"我如何适应社会"等问题的坚定而连贯的意识。

同一性的形成始于婴儿依恋的出现、自我感的发展,止于老年阶段对人生的回顾与自我整合,而青少年期是自我同一性形成的关键时期。尽管整个青少年期都存在对自我的探索,但自我同一性最重要的变化发生在青少年中期或晚期,直到青少年晚期个体才会建立起稳固的同一感。青少年早期的个体大部分处于同一性扩散、提早成熟和延缓状态,而很少有人达到同一性获得状态(王树青等,2004)。

玛西亚(Marcia)根据个体经历探索和投入的程度,将青少年划分为四种同一性状态:(1)同一性获得(identity achieved):青少年已经体验了探索,仔细考虑过各种同一性问题,选择了自我投入的目标和方向,并对特定的目标、信仰和价值观做出了坚定、积极的自我投入;(2)同一性延缓(identity moratorium):青少年正经历同一性危机,积极地探索各种选择,并没有做出较高的自我投入,但有将来自我投入的倾向;(3)提早成熟(identity foreclosure):青少年并没有体验过危机或探索,而过早地做出了投入,但这种投入是非自觉的,以别人对他的期望为投入的方向,是父母或权威人物等重要他人为青少年的未来发展目标做出决定;(4)同一性扩散(identity diffusion):这类青少年没有仔细思考或解决同一性问题,也没有详细计划将来的生活方向,既没有对各种选择进行探索,也没有做出投入(Marcia,1966)。

"自我同一性状态客观性测量问卷"(第2版)(Bennion & Adams,1986)是测量自我同一性状态的最具代表性和应用最为广泛的测量工具。这个问卷已由我国研究者王树青修订。

二、实验目的

考察青少年自我同一性发展的基本特点。

三、实验方法

（一）被试

初中、高中、大学生各150人，男女基本各半。

（二）实验仪器与材料

采用王树青等人修订的自我同一性状态客观性测量问卷（第2版）。修订后的问卷包括4个分量表，即同一性获得、同一性延缓、同一性早熟和同一性扩散；每一分量表又包括意识形态领域和人际关系领域的两个子量表，共8个子量表；每一子量表有8个项目，共64个项目，每个项目从“非常不符合”到“非常符合”，均为6点计分。

（三）施测过程

以班级为单位实行集体施测。在施测前，对主试进行培训，使主试熟悉指导语和测试内容，强调主试在施测过程中的注意事项。

（四）计分方法

以每个同一性状态分量表的平均数以上一个标准差处为“划分点”，应用三条规则划分个体的同一性状态：(1)若个体在某一分量表上得分高于划分点，而在其余分量表上得分均低于划分点，则个体就属于某种纯粹的同一性状态；(2)若个体在4个同一性状态分量表上的得分均低于划分点，则个体就处于未分化的延缓状态；(3)若个体在一个以上分量表的得分都高于相应划分点，则个体处于转变状态。将处于由低到高转变状态的个体可归属于较低的同一性状态，如扩散—早熟状态，可归属于扩散状态；并且未分化的延缓状态和纯粹的延缓状态在各方面表现上非常相似，均应属于延缓状态。这样，就将每个被试划分到四种同一性状态中的一种。

四、实验结果与整理

1. 根据自我同一性状态问卷分类标准，统计不同年龄阶段青少年在4种自我同一性状态类别上的人数。

2. 采用3（年龄）×4（自我同一性状态）独立性 χ^2 检验，考察儿童自我同一性状态与其年龄的关联性。

3. 采用2(性别)×4(自我同一性状态)独立性 χ^2 检验,考察儿童自我同一性状态与其性别的关联性。

五、问题与讨论

1. 青少年自我同一性发展有什么特点?对青少年的教育有什么启示?

2. 根据测查结果,结合所学心理学知识,分析埃里克森所提出的“心理社会合法延缓期”与大学生自我同一性发展的关系。

附1:自我同一性状态问卷(部分)

姓名________ 性别________ 年级________

仔细阅读下面每一句话,确定自己是对整句话而不是只对句子的某一部分做出判断。“1”至“6”表示句子的描述是否符合你的程度,请你根据实际情况做出回答,在符合你的数字上打勾(√)。

	非常不符合	比较不符合	有点儿不符合	有点儿符合	比较符合	非常符合
1. 我还没有决定自己应从事什么职业,有什么工作可做我就做什么,直到出现更好的工作机会我再另作打算。	1	2	3	4	5	6
2. 我并不在乎什么是道德的,什么是不道德的,并且我认为做事情时也没有必要考虑这些。	1	2	3	4	5	6
3. 没有哪一种生活方式特别吸引我。对我来说,什么样的生活方式都可以。	1	2	3	4	5	6
4. 世界上有许多不同类型的人。目前,我正在寻找真正适合与我做朋友的那一类人。	1	2	3	4	5	6

附2:分组汇总表

3.20.1 青少年在自我同一性状态上人数分布统计表

同一情状态 / 年级		获得状态	延缓状态	早熟状态	扩散状态
初中	男生				
	女生				
	总体				
高中	男生				
	女生				
	总体				
大学	男生				
	女生				
	总体				

实验二十一

小学儿童演绎推理的发展实验

一、实验原理

推理是从一个或几个已知判断前提得出一个判断结论的思维过程。皮亚杰曾把以命题组合和运算为特征的假设—演绎推理能力的发展,看做是儿童形式思维形成的一个重要的指标(皮亚杰,英海尔德,1980)。演绎推理最典型的形式就是逻辑学中所谓的三段论法,即从两个反映客观世界对象之间的联系和关系的判断中得出新的判断,而这个新的判断包含着新的知识。

儿童的演绎推理能力分为4种类型:自由联想型、重复前提型、“实际”理由型和命题演绎型。幼儿在很大程度上是完全非逻辑的自由联想,还不能自觉地使用演绎推理。在教学的影响下,小学儿童,特别是11~12岁的小学生,逐渐学会在较广泛的知识范围内比较自觉地进行命题演绎推理(朱智贤,1982)。

二、实验目的

考察小学儿童演绎推理能力的发展特点。

三、实验方法

(一)被试

小学一至六年级儿童各20名,男女各半。

(二)实验仪器与材料

根据逻辑学上典型的直言三段论法的3种格式编制实验材料(朱智贤,1982),一共分为3格,每格3道题。将每道题写在卡片上。

第一格前两题

(A1) 鱼是用鳃呼吸的,
黄鱼是鱼,
所以黄鱼________。

(A2) 鸟是有一对脚的,
孔雀是鸟,
所以孔雀________。

第二格前两题：

（B1）鸟没有三对脚，
但是蝴蝶有三对脚，
所以蝴蝶________。

（B2）鱼是用鳃呼吸的，
鲸鱼不是用鳃呼吸的，
所以鲸鱼________。

第三格前两题：

（C1）目鱼不是鱼，
目鱼是在水中游的，
所以有些在水中游的________。

（C2）家养的鸭子不会飞，
家养的鸭子也是鸟，
所以有些鸟________。

第一格后一题：（A3）一切木头做的东西丢在水中都会浮起来，
这张椅子是木头做的，
所以这张椅子丢在水中________________。

第二格后一题：（B3）一切木头做的东西丢在水中都会浮起来，
这个东西不会浮起来，
所以这个东西________________。

第三格后一题：（C3）鸵鸟是不会飞的，
鸵鸟是鸟，
所以有些鸟________________。

（三）实验程序

采用个别测查法。先随机抽取卡片向儿童提供两个已经确定的前提判断（大前提与小前提），然后要求儿童根据所给予的已知前提推导出新的结论。

指导语是："我现在给你说两句话，请你仔细听，听清楚后，你要根据这两句话说出第三句话来。"此外，还需告诉被试第三句话的主词，即结论中的主语。然后提问"怎么样"，被试不明白时，可以给被试举例。例如：

［例1］（第一格）冰遇到热是要化的，
棒冰是冰，
所以棒冰__________。（实验者问："怎么样？"）

［例2］（第二格）所有的果实里面都有种子，
萝卜里面没有种子，
所以萝卜__________。（实验者问："怎么样？"）

［例3］（第三格）海绵是不能自己移动的，
但海绵是动物，
所以有些动物__________。（实验者问："怎么样？"）

（四）实验结果测评标准

评分者在仔细研究所有被试的记录材料的基础上，根据已有研究（朱智贤，1982），依据以下标准，将被试对每个题目的回答归于其中一种逻辑推理形式：

1. 自由联想型：儿童所作的回答反应与所提供的两个前提毫无内在的联系。他们似乎对给予的前提采取置之不理的态度，回答也仅仅是由当前语句中的个别事物所引起的相应知识经验的联想，而这种联想并不受两个前提间，甚至一个前提本身的内在联系所制约。他们只管讲自己知道的有关该对象的一切，而不管命题要求他（她）讲什么。例如，（B2）题"鱼是用鳃呼吸的，鲸鱼不是用鳃呼吸的，所以鲸鱼________"。被试就说："所以鲸鱼很大，在海里的。"

2. 重复前提型：儿童在回答中不能同时兼顾两个前提，经常是丢开大前提不管，而只就最接近的小前提下结论。这里有两种表现形式：

（1）简单的重复。例如，（B1）题"鸟没有三对脚，但蝴蝶有三对脚，所以蝴蝶________"。他们的答案仍是"所以蝴蝶有三对脚"。

（2）颠倒的重复。大多表现在第三格论式中，如（C1）题，小前提是"目鱼是在水中游的"，被试的回答是"所以有些在水中游的是目鱼"。又如（C2）题，小前提是"家养的鸭子也是鸟"，被试的回答说："所以有些鸟是家养的鸭子。"

3. "实际"理由型：儿童企图根据前提来推理，但还不能纯粹地按照命题讲话，而是以自己已有的观念来补充或代替命题中的理由。因此他们得出的结论往往不是根据两个前提间内在联系的逻辑理由作出的，而是服从于他（她）自己所补充的"实际"理由（或者说自己已有的观念）。例如，（C2）题"家养的鸭子不会飞，家养的鸭子也是鸟，所以有些鸟________"。他们的回答是"所以有些鸟会飞，有些鸟不会飞"，或者说"有些鸟家养的也是会飞的"。当主试进一步问儿童"你怎么知道"时，儿童不能仅仅扣住前提来推论，从而批判已有的观念。

4. 命题演绎型：儿童能根据两个已知前提进行演绎得出正确的结论。当主试问儿童"你怎么知道"时，儿童能清楚地认识到自己的结论所依据的逻辑理由。这一类型中还包含着两种特殊的表现形式：一种是在结论时有加重语气的表现；另一种情况，结论虽然也是完全根据命题推导出来的，但在语气上仍有一定的犹豫态度。

四、实验结果与整理

1. 统计不同年龄组儿童进行 4 种形式推理的人次分布情况。

2. 采用 6（年龄）×4（演绎推理形式）独立性 χ^2 检验，考察儿童演绎推理形式与其年龄的关联性。

3. 采用 2（性别）×4（演绎推理形式）独立性 χ^2 检验，考察儿童演绎推理形式与其性别的关联性。

五、问题与讨论

1. 不同年龄的小学儿童演绎推理有什么特点?

2. 本实验所得出的小学儿童的演绎推理的特点,对小学儿童思维训练有什么启发?

附1:实验记录纸

被试姓名:________　性别:________　年级:________

实验日期:________　实验地点:________

3.21.1　儿童演绎推理实验记录表

被试回答 / 问题		回答内容	所属形式
第一格	A1		
	A2		
	A3		
第二格	B1		
	B2		
	B3		
第三格	C1		
	C2		
	C3		

附2:分组汇总表

表3.21.2　不同年龄组儿童在4种逻辑推理形式上的人次分布统计表

问题类型 / 年级		自由联想型	重复前提型	"实际"理由型	命题演绎型
一年级	男				
	女				
	总				

（续表）

问题类型 年级		自由联想型	重复前提型	“实际”理由型	命题演绎型
二年级	男				
	女				
	总				
三年级	男				
	女				
	总				
四年级	男				
	女				
	总				
五年级	男				
	女				
	总				
六年级	男				
	女				
	总				

实验二十二

小学儿童语词概括能力的发展实验

一、实验原理

概括能力是衡量个体认知功能水平的重要方面,因此在一些经典的综合性智力测验中,对于抽象概括能力的评估被列为重要内容之一(Sattler,1990)。由于小学儿童的知识经验缺乏以及智力发展水平的限制,其概括能力发展表现出独特的年龄特征,他们在概括时,有时只能根据已经理解的事物特征或属性,而不能充分利用包括在某一概念中的所有的特征或属性。在概括能力的发展上,儿童逐渐从对事物外部的少数感性特点的概括,越来越多地转化为对本质属性的概括。

目前对儿童概括能力的研究,主要集中在小学儿童数概念和语词概括的领域。本实验所考察的就是小学儿童语词概括能力的发展。语词概括能力的发展与字词的掌握、阅读和表达能力的发展有密切关系,同时也是一种思维能力的表现。该领域已有研究发现,8 岁半到 9 岁以及四年级到五年级是小学儿童词语概括能力发展的两个转折期(朱智贤,2003)。

二、实验目的

考察小学儿童语词概括能力的发展。

三、实验方法

(一)被试

小学 1 ~6 年级儿童各 20 人,男女各半。

(二)实验仪器与材料

在已有研究(冯申禁,宋钧,佟乐泉,1980)的基础上,根据概括水平高低编制三类实验句子。

1. 概括一个意义单位的句子。

(1)喜鹊长着两只脚。燕子长着两只脚。老鹰长着两只脚。

(2)同学们都喜欢做操。同学们都喜欢游泳。同学们都喜欢打球。

(3)我们应当不乱花钱。我们应当随手关灯。我们应当不掉饭粒。

如:“喜鹊长着两只脚,燕子长着两只脚,老鹰长着两只脚。”要求儿童把“喜鹊、燕子、老鹰”概括成“鸟儿”。

2. 概括两个意义单位的句子。

(1)妈妈正在洗衣服。爸爸正在洒水扫地。我正忙着打苍蝇。

(2)一进门放着圆桌。窗户旁放着书架。靠墙边放着椅子。

(3)地里玉米又粗又壮。地里谷穗又大又长。地里小麦一片金黄。

例如:“妈妈正在洗衣服,爸爸正在洒水扫地,我正在忙着打苍蝇”,要求儿童概括成“全家、搞卫生”。

3. 概括三个意义单位的句子。

(1)我们“五一”去北海。你们“六一”去景山。他们“十一”去天坛。

(2)我们上课专心听讲。我们下课用心复习。我们回家细心做作业。

(3)祖国高山修起梯田。祖国沙漠种满绿树。祖国荒地开出果园。

例如:我们“五一”去北海。你们“六一”去景山。他们“十一”去天坛,要求儿童概括成“大家或小朋友、节日、公园”。

将每个句子写在大小一样的卡片上。

(三)实验程序

采用个别测查法。

先是随机抽取卡片向儿童提供一个句子,然后要求儿童根据要求进行概括。指导语是:“我现在给你说几句话,请你仔细听,听清楚后,你要根据我说的话概括出它们的共同点是什么。”被试不明白时,可以给被试举例。

(四)实验结果测评标准

每个概括按0、1、2计分。回答完全正确记为2分,答案错误或不答记为0分,介于两者之间的结果为1分。每个被试概括包含一个意义单位的句组时,得分范围为0~6;概括含两个意义单位的句组时,得分范围为0~12;在概括有三个意义单位的句组时,得分范围为0~18。

四、实验结果与整理

1. 统计出各年龄组儿童对不同概括水平的句子得分的平均分及标准差。

2. 使用方差分析,考察儿童不同概括水平句子得分及概括总分在年级、性别上的主效应及交互作用。

五、问题与讨论

1. 不同年龄的小学儿童语词概括能力有何特点?

2. 本实验中需要概括的词语是出现在完整的句子中的,如果仅给儿童呈现需要概括的词,那么实验结果是否会发生变化,为什么呢?

3. 本实验所得出的小学儿童语词概括的发展特点,对小学教学特别是语文教学有什么启发?

附1:实验记录纸

实验地点____________________ 日期____________________

表3.22.1　　儿童词语概括能力实验记录表

序号	被试个人信息			概括得分		
	被试姓名	性别	出生日期	一个意义单位	两个意义单位	三个意义单位
1						
2						
3						
4						
5						
6						
7						
8						
9						
10						
⋮						
120						

附2:分组汇总表

表3.22.2　儿童在不同概括水平句子上得分的平均分(M)和标准差(SD)

问题得分 / 年级		一个意义单位		两个意义单位		三个意义单位	
		M	SD	M	SD	M	SD
一年级	男						
	女						
	总						
二年级	男						
	女						
	总						
三年级	男						
	女						
	总						
四年级	男						
	女						
	总						
五年级	男						
	女						
	总						
六年级	男						
	女						
	总						

实验二十三

小学儿童类比推理的发展实验

一、实验原理

在推理活动中,类比推理是一种颇具特色的思维活动,是一种从特殊到特殊的推理思维。其中一种常见的形式为 A: B = C: D。这种推理要求从本质上抓住两事物之间的一般关系,故其可以认为是归纳推理和演绎推理的有机统一。类比推理是人类认知发展的中心能力之一,是儿童认知发展的重要研究方面(马晓清等,2008)。在儿童心理发展过程中,这种能力的出现,无疑是儿童逻辑思维水平发展的重要标志之一。9~10 岁是儿童类比推理能力发展的快速期。要顺利完成经典的语词类比推理作业须在 10 岁以后;要清晰意识到类比项间的高位关系,须到 11 岁左右(刘建清,1995)。这意味着,从小学中年级到高年级是儿童类比推理的一个飞跃期,但即使是在小学高年级,儿童类比推理能力总体水平还是较低的。

二、实验目的

考察小学儿童类比推理能力的发展特点。

三、实验方法

(一)被试

小学 1~6 年级儿童各 20 人,男女各半。

(二)实验仪器与材料

根据已有研究(朱智贤,1982),编制 6 种关系,包括:(1)工具与功用关系(如笔—写字,杯子—喝水);(2)部分与整体关系(如手指—手,树枝—树);(3)对立关系(如高—低,胖—瘦);(4)并列关系(如青菜—菠菜,树—草);(5)从属关系(如动物—猴子,粮食—米);(6)因果关系(如下雨—地湿,生病—住院)。

(三)实验程序

进行个别施测。

给儿童按随机呈现 6 对具有一定关系的词,在呈现每对词后(如动物—猴子),

要求被试回答两个问题。一个是要求他们说出这两者的关系（即要求儿童能做出“猴子是一种动物”或“猴子是动物的一种”这样的判断，或说出更一般的关系，如“一种东西是属于另一类的”等）。另一个是给儿童提供其他4对事物的词，其中1对词是属于此类关系，另外3对词是从其他5类关系中随机选择（例如，粮食—米，杯子—喝水，树枝—树，高—低），要求儿童找出和该类（动物—猴子）关系相类似关系的一对词。这两个问题呈现的顺序是随机的。

（四）实验结果编码

对于每个问题，回答正确记1分，回答错误记0分。以所有回答的平均分为该儿童类比推理的得分。

四、实验结果与整理

1. 统计各年龄组被试类比推理的平均成绩。
2. 使用方差分析，考察儿童类比推理得分的年级、性别主效应及其交互作用。

五、问题与讨论

1. 不同年龄的小学儿童类比推理有何特点？
2. 小学儿童类比推理的发展与儿童演绎推理、概括能力的发展有什么关系？

附1：实验记录纸

实验地点____________________　　实验日期____________________

表3.23.1　　儿童类比推理实验记录纸

序号	被试个人信息			被试作答情况（回答正确记1分，回答错误记0分）												总分
	被试姓名	性别	年级	关系1		关系2		关系3		关系4		关系5		关系6		
				题1	题2	题1	题2	题1	题2	题1	题2	题1	题2	题1	题2	
1																
2																
3																
4																
5																
6																
7																
8																
9																

（续表）

序号	被试个人信息			被试作答情况（回答正确记1分，回答错误记0分）												
	被试姓名	性别	年级	关系1		关系2		关系3		关系4		关系5		关系6		总分
				题1	题2	题1	题2	题1	题2	题1	题2	题1	题2	题1	题2	
10																
⋮																
120																

附2：分组汇总表

表3.23.2　各年龄组儿童进行类比推理得分的平均分（M）标准差（SD）

问题 得分 / 年级		工具与功用		部分与整体		对立		并列		从属		因果		总分	
		M	SD	M	SD	M	SD	M	SD	M	SD	M	SD	M	SD
一年级	男														
	女														
	总														
二年级	男														
	女														
	总														
三年级	男														
	女														
	总														
四年级	男														
	女														
	总														
五年级	男														
	女														
	总														
六年级	男														
	女														
	总														

实验二十四

儿童左右概念的发展实验

一、实验原理

方位知觉即方向定位，是指个体对物体的空间关系和自己身体在空间中所处的位置的知觉。儿童方位知觉的发展顺序为先上下，再前后，最后是左右。可见对儿童而言，掌握左右概念比掌握上下、前后概念要困难，发展也较晚一些。著名心理学家皮亚杰曾对儿童左右概念进行了实验研究，结果发现：5 岁儿童能够辨别自己的左右手和左右脚；8 岁儿童能够辨别对面人的左右手和左右脚；10～11 岁儿童才能够完全掌握左右概念（沈德立，白学军，2004）。我国著名心理学家朱智贤以 5～11 岁儿童为被试进行的研究发现，5～7 岁儿童能比较固定化地辨别自己的左右方位；7～9 岁儿童初步、具体地掌握左右方位的相对性；到了 10 岁左右，儿童才比较概括地、灵活地掌握左右概念（朱智贤等，1964）。

二、实验目的

考察 5～11 岁儿童掌握左右概念的年龄特点。

三、实验方法

（一）被试

5 岁组、6 岁组、7 岁组，8 岁组、9 岁组、10 岁组、11 岁组儿童各 20 人，男女各半。

（二）实验仪器与材料

实验桌一台，铅笔、橡皮、刀子各一。

（三）实验程序

本实验采用个别谈话的形式进行，主试向每个儿童提出 3 类 6 个题目（王甦等，1998），其指导语如下：

1. 第一类。

(1)(测试时被试坐在主试对面)“告诉我:哪是你的左手?哪是你的右手?哪是你的左脚?哪是你的右脚?”

(2)(测试时被试坐在主试对面)“告诉我:哪是我的左手?哪是我的右手?哪是我的左脚?哪是我的右脚?”

2. 第二类。

(1)(测试时被试坐在主试对面,桌上并排放着铅笔和橡皮)“按你的方向来判断,告诉我:铅笔是在橡皮的左边还是右边?”

(2)(测试时被试并排坐在主试一旁,物体在原处不动)指导语:“告诉我:铅笔是在橡皮的左边还是右边?”

3. 第三类。

(1)(测试时被试坐在主试对面,桌上并排放着铅笔、刀子和橡皮)“按你的方向来判断,告诉我:铅笔是在橡皮的左边还是右边?橡皮是在铅笔的左边还是右边?刀子是在铅笔的左边还是右边?刀子是在橡皮的左边还是右边?铅笔是在刀子的左边还是右边?橡皮是在刀子的左边还是右边?”

(2)(测试时被试并排坐在主试一旁,物品在原处不动)指导语:“告诉我:铅笔是在橡皮的左边还是右边?橡皮是在铅笔的左边还是右边?刀子是在铅笔的左边还是右边?刀子是在橡皮的左边还是右边?铅笔是在刀子的左边还是右边?橡皮是在刀子的左边还是右边?”

6 个问题是按随机的顺序呈现给被试的。

(四)实验结果测评标准

根据已有研究(陈敦淳,1982)确定测评标准:

1. 记分方法,以每类全部测验题回答正确作为被试通过该类的指标。以全年龄组 75% 被试通过作为该年龄组通过该类测验的指标。

2. 测试后,主试与被试进行简短谈话,了解被试判断左右方向的根据和对判断的根据的意识程度,作为确定测验结果的参考。

四、实验结果与整理

1. 统计出各年龄组儿童在 3 类测验中掌握左右概念的人数。

2. 采用 7(年龄)×4(左右概念类别)独立性 χ^2 检验,考察儿童掌握不同类别左右概念与其年龄的关联性。

3. 采用 2(性别)×4(左右概念类别)独立性 χ^2 检验,考察儿童掌握不同类别左右概念与其年龄的关联性。

五、问题与讨论

1. 5～11 岁儿童掌握左右概念的年龄特点是什么？

2. 儿童左右概念发展与儿童思维发展有什么关系？

附 1：实验记录纸

被试姓名：________ 性别：________ 出生年月：________

实验日期：________ 实验地点：________

表 3.24.1 被试回答左右概念记录表

被试回答 题目		回答内容	正确与否	是否通过该类任务 （通过记 1，没通过记 0）
第一类	1			
	2			
第二类	3			
	4			
第三类	5			
	6			

附 2：分组汇总表

表 3.24.2 各年龄儿童在 3 类测验中掌握左右概念的人数统计表

类别 年龄组		第 1 类	第 2 类	第 3 类
5 岁组	男			
	女			
	总			
6 岁组	男			
	女			
	总			

（续表）

年龄组 \ 类别		第1类	第2类	第3类
7岁组	男			
	女			
	总			
8岁组	男			
	女			
	总			
9岁组	男			
	女			
	总			
10岁组	男			
	女			
	总			
11岁组	男			
	女			
	总			

实验二十五

儿童字词概念的发展实验

一、实验原理

概念是思维的基本单位,是人脑对客观事物的本质属性的反映。概念是用词标示的,词是概念的物质外衣,也就是概念的名称。对字词概念的分类,是人脑思维活动的重要方式之一。让儿童根据字词内涵的属性进行分类,可以考察儿童的思维概括能力。我国心理学家朱智贤(1982)的研究发现,小学儿童概念的掌握发展表现出了年龄阶段性的特点。小学低年级儿童"不能理解"的概念较多,小学高年级儿童逐渐能根据非直观的"重要属性"、"实际功用"等认识事物,而小学中年级儿童正处于向掌握概念的过渡阶段。

二、实验目的

考察小学儿童掌握字词概念的发展特点。

三、实验方法

(一)被试

小学1~6年级的儿童各20人,男女各半。

(二)实验仪器与材料

首先从小学语文教材中选用35个概念进行预测。最后选定"鸟"、"水"、"灯"、"平均"、"骄傲"、"牺牲"6个概念作为实验材料。这6个概念分为两个类别,其中前三个是具体概念,后三个为抽象概念。

选取这些概念的原则是:一年级儿童能够理解,课本或词典列有比较明确的解释或定义,但是教学中并没有专门作过解释,较少受教学的影响。

此外,选用"衣服"这一概念,作为说明材料。

(三)实验程序

进行个别施测。

指导语为："我要告诉你几个字，你听了以后，先想一想，再说出它是什么意思。"被试明白后，主试指着"衣服"二字说："告诉我，这是什么意思？"主试用同样的指导语，按随机顺序询问儿童6个概念的意思都是什么，如被试对该词不认识，由主试读出。

（四）实验结果测评标准

将各个概念的各种掌握形式的"典型答案"作为处理答案的参考标准（林崇德，1995；朱智贤等，1982）。儿童掌握概念的形式分为五种水平的指标：

1. 不能理解。有些儿童虽然认识主试提出的词，但却不能理解其意义，作出正确反应。这类反应占有一定的比例。实际上包括三种情况：（1）不懂，儿童回答说"不晓得"、"不懂"或"老师没有讲过"。（2）虽然懂，但不能在言语中反映出来，儿童回答说"讲不出"。（3）错误反应，如说"平均就是平等"，回答"牺牲"时说"打仗打伤了"。

2. 概念的重复。被试只是用主试要求说明的词造句，如对"骄傲"，答为"骄傲自满"。

3. 实际功用。以事物的功用来阐明概念，客体的功用不像直观特征经常呈现在儿童面前，但当儿童和客体接触时或当儿童运用客体时，容易具体感受客体的功用，留下深刻印象，即用事物的功用掌握概念。如对"水"答"水是喝的"。对"灯"答"灯能照亮，能挂起来"，对"骄傲"答"学习好了不能骄傲，一骄傲学习就不好了"。

4. 接近本质的定义或作具体的解释，如"鸟是一种动物，它有一对翅膀，身体很轻"。

5. 正确定义。用正确定义的形式阐明概念。如对"水"答"水是会流动、无色无臭、透明的液体"，对"三角形"答"三角形是三条线组成的面，有三个角"。

四、实验结果与整理

1. 统计各年龄组儿童掌握5种形式字词概念的人次分布情况。

2. 采用6（年龄）×5（字词概念掌握形式）独立性 χ^2 检验，考察儿童字词概念掌握形式与其年龄的关联性。

3. 采用2（概念类别）×5（字词概念掌握形式）独立性 χ^2 检验，考察儿童掌握不同类别字词概念与其年龄的关联性。

五、问题与讨论

1. 小学儿童字词概念发展有什么特点？

2. 小学儿童字词概念发展特点对小学语文教学有什么启示?

附1:实验记录纸

被试姓名:________ 性别:________ 被试年级:________

实验日期:________ 实验地点:________

表3.25.1 被试回答字词概念问题记录表

概念 \ 被试回答		回答内容	所属水平(记1~5)
具体概念	1 鸟		
	2 水		
	3 灯		
抽象概念	4 平均		
	5 骄傲		
	6 牺牲		

附2:分组汇总表

表3.25.2 小学儿童掌握不同类别概念人次统计表

概念掌握水平 \ 概念		1	2	3	4	5
具体概念	1 鸟					
	2 水					
	3 灯					
	总					
抽象概念	4 平均					
	5 骄傲					
	6 牺牲					
	总					

表 3.25.3　　各年龄组小学儿童概念掌握水平人次统计表

年级＼概念掌握水平		1	2	3	4	5
一年级	男					
	女					
	总					
二年级	男					
	女					
	总					
三年级	男					
	女					
	总					
四年级	男					
	女					
	总					
五年级	男					
	女					
	总					
六年级	男					
	女					
	总					

实验二十六

儿童社会观点采择能力实验

一、实验原理

社会观点采择(perspective - taking),是区分自己与他人的观点,并进而根据当前或先前的有关信息对他人的观点(视角)作出准确判断的能力。其本质特征是个体认识上脱离自我中心,即能够站在他人的角度,从他人的视角看待事物(张文新,林崇德,1999)。塞尔曼(R. Selman)采用人际关系两难故事法,考察儿童社会观点采择能力的发展。在实证研究的基础上,他把从3岁到青春期这一阶段儿童观点采择的发展划分为前后相继但具有质的差异的5种水平:自我中心阶段或未分化的观点(3~6岁)、社会信息的观点采择(6~8岁)、自我反省的观点采择(8~10岁)、相互的观点采择(10~12岁)、社会和习俗系统的观点采择(12~15岁以上)。

二、实验目的

采用两难故事法考察儿童社会观点采择能力的发展。

三、实验方法

(一)被试

4岁、7岁、9岁、11岁、13岁、16岁组儿童各20人,男女各半。

(二)实验仪器与材料

人际关系两难故事。采用塞尔曼使用过的“霍莉爬树”的故事,为符合中国孩子的语言习惯,将故事主人公改为中国姓名:

小莉是一个8岁的女孩,她喜欢爬树,在邻居所有的孩子中最会爬树。一天,当她从一棵高树上爬下时,从离地面不高的树枝掉了下来,但没有摔伤。她的爸爸看到了,很担心,要求小莉以后再也不爬树了,小莉答应了。后来有一天,小莉和她的朋友们遇到了小强。小强的猫夹在树上下不来了,必须立即想办法把猫拿下来,不然猫就会从树上摔下来。只有小莉一个人能够爬上树把猫拿下来,但她记起曾答应爸爸再也不爬树了。

(三)实验程序

向儿童讲述人际关系两难故事情境，其中对于4岁组儿童，讲述故事的同时，呈现根据故事绘制的图片，以帮助儿童理解故事。

讲述完故事，在确定儿童听懂故事的前提下，向儿童提出4个问题：(1)小莉知道小强感到怎样吗？(2)如果小莉的爸爸发现她又爬树，他会感到怎样？(3)如果小莉的爸爸发现她又爬树，她认为她爸爸会怎样做？(4)你会怎样做？

(四)实验结果测评标准

先将所有被试的答案混在一起(评分者不知道被试的年级和性别，这样可在一定程度上避免评分者的主观因素对评分的影响)，评分者在仔细研究所有被试的记录材料的基础上，根据塞尔曼儿童社会观点采择能力的发展阶段，依据以下标准划分儿童社会观点采择能力所处的发展阶段：

1. 自我中心阶段或未分化的观点。儿童只知道自己的观点，意识不到别人的观点。他们认为，不管自己认为小莉该怎么做，别人都会这样想。

2. 社会信息的观点采择。儿童认识到人们能有与他们自己不同的观点，但相信这是由于个人所接受到的信息的不同。这一阶段儿童仍然不能考虑别人的想法，并事先知道别人对一事件会怎样反应。

在本实验中的典型反应：当问儿童小莉的爸爸是否因小莉又爬树而生气时，儿童会回答："如果他不知道小莉为什么爬树，他会生气。但是，如果他知道了小莉为什么爬树，他就会认为小莉爬树是有很好的理由的。"这些儿童的意思就是，如果双方所得到的信息一样，他们就会得出相同的结论。

3. 自我反省的观点采择。儿童知道，即使接受的信息相同，自己和他人的观点也会发生冲突。他们能够考虑对方的观点。他们还能认识到别人也会站在自己的角度看问题，所以能够预期对方对自己行为的反应。但是儿童不能同时考虑自己和他人的观点。

在本实验中的典型反应：如果问儿童小莉会不会去爬树，儿童会说："是的，她爸爸会理解他为什么爬树的。"这就是说，儿童注意的是小莉的爸爸对小莉的观点的考虑。但是，如果问小莉的爸爸是否希望小莉爬树，儿童通常回答不会。这表明，儿童采择的是小莉爸爸的观点，在考虑她爸爸对小莉安全的关心。

4. 相互的观点采择。儿童能够同时考虑自己和他人的观点并且认识到别人也这么做。到这一阶段，互动的每一方能够站在他人的角度看问题，而且在做出反应之前能够从他人的角度看待自己。儿童还能假定存在着一个与互动无关的第三者的观点，并能预期互动的每个参与者(自己和他人)对同伴的观点的反应。

在本实验中的典型反应：在这一阶段，儿童会采择一个与此事无关的第三者的观点来描述"小莉两难故事"的结果，并表明小莉和她爸爸都会考虑对方怎么想的。例如，一个儿童这样说："小莉想去救猫，因为她喜欢猫，但是她知道她爸爸不让她爬树。小莉的爸爸知道他曾告诉过小莉不能爬树，但他不知道猫被夹住了。不管怎样他可能会惩罚以坚持他的规则。”

5. 社会和习俗系统的观点采择。这一阶段的青少年试图通过与他生活于其中的社会系统的观点（即“概括化他人的观点”）的比较来理解另一个的观点。换言之，青少年期望他人考虑和采纳其社会群体中大多数人所持的观点。

在本实验中的典型反应：这一阶段的青少年会认为小莉的爸爸会生气并因小莉爬树而惩罚她，因为父亲通常要惩罚不听话的孩子。然而，青少年有时候认识到，其他一些人不那么传统，或者有着与“概括化他人”不同的观点。如果这样，被试会说，小莉爸爸的反应将取决于她在多大程度上与她的父亲不一样以及对服从的重视程度（方富熹，方格，2004）。

四、实验结果与整理

1. 根据儿童社会观点采择的阶段的划分标准，将每位儿童划入相应的阶段中，统计出各年龄组中处于不同阶段的人数的百分比。

2. 使用 χ^2 检验，分析儿童社会观点采择各阶段人数在性别、年龄上的差异。

五、问题与讨论

1. 儿童社会观点采择发展有什么特点？

2. 本研究结论是否与塞尔曼关于儿童社会观点采择发展阶段的划分相一致？

3. 试分析社会观点采择能力对于儿童发展的意义？

附1：实验记录纸

表3.26.1　　儿童观点采择实验记录表

序号	被试个人信息			被试回答	
	被试姓名	性别	出生年月	故事回答内容	所处阶段
1					
2					
3					
4					
5					
6					
7					
8					
9					

（续表）

序号	被试个人信息			被试回答	
	被试姓名	性别	出生年月	故事回答内容	所处阶段
10					
……					
120					

附2：分组汇总表

表3.26.2　　不同观点采择阶段儿童人数统计表

年龄＼发展阶段		自我中心阶段	社会信息的观点采择	自我反省的观点采择	相互的观点采择	社会和习俗系统的观点采择
4岁	男					
	女					
	总					
7岁	男					
	女					
	总					
9岁	男					
	女					
	总					
11岁	男					
	女					
	总					
13岁	男					
	女					
	总					
16岁	男					
	女					
	总					

实验二十七

皮亚杰的道德判断实验

一、实验原理

皮亚杰(Jean Piaget)采用独创的临床研究法(谈话法),研究儿童道德发展问题。他设计了许多包含着道德价值内容的对偶故事讲给儿童听,然后请他们对故事中主人公的特定行为进行评价,并说出评价的理由。通过分析儿童所作的回答,尤其是错误的回答,从中找出规律性的东西。

根据大量研究的结果,皮亚杰建构了他的道德发展理论,该理论认为存在一个前道德阶段和两个道德阶段:(1)前道德阶段,根据皮亚杰的观点,学前儿童很少表现出对规则意识的关注;(2)他律道德阶段,在5~10岁期间,儿童即进入了皮亚杰所说的他律阶段,所谓他律是指"在他人的控制之下",这时儿童有了很强的规则意识;(3)自律道德阶段,到了10岁或11岁,大多数儿童都会达到皮亚杰的第二道德阶段——自律道德。儿童此时开始意识到社会规则是主观的协议,任何规则都会受到质疑甚至在制定者同意的情况下也可以对其进行调整(Shaffer著,邹泓等译,2005)。

二、实验目的

考察不同年龄阶段儿童道德的发展水平,验证皮亚杰的道德发展理论。

三、实验方法

(一)被试

选取4、5、7、9、11、13岁组儿童各20名,男女各半。

(二)实验仪器与材料

根据已有研究(守屋光雄,1982),编制8对道德对偶故事。

1. 关于过失的故事。

故事1

甲:有一个名叫小鹏的小孩在屋子里玩耍。妈妈喊道:"吃饭啦!"于是他就到吃饭的房间里去了。在房间的门后有椅子，在椅子上有盘子。在盘子上有15个茶碗，由于小鹏不知道门后有这些东西，一开门就把椅子碰倒，这15个茶碗都被打碎了。

乙：有个名叫明明的小孩，一天妈妈不在家的时候，想吃放在橱柜里的果酱。他蹬上椅子想要取，但是果酱放在高处而够不着。当他硬要去取而伸手时，碰掉旁边一个茶碗，摔碎了。

故事2

甲：一个叫小博的小孩，趁爸爸出门时，拿着爸爸的墨水瓶玩耍，撒出一些墨水，把桌布弄脏了一点。

乙：小华看见爸爸的墨水瓶空了。所以当爸爸不在家时，想到如果把墨水装进墨水瓶里，爸爸回来会高兴吧，于是就装了，可是墨水撒了，把桌布弄脏了一大块。

故事3

甲：有个叫菊子的小孩，她想：我做针线活儿会让妈妈吃惊和高兴。但是由于不知道剪刀的用法，在自己的衣服上穿了个大洞。

乙：有个叫小真的小孩，当妈妈外出时，把妈妈的剪刀拿出来玩。由于不知道剪刀的用法，在自己的衣服上穿了个小洞。

2. 关于偷盗的故事。

故事1

甲：亮亮和一个贫穷的小孩交了朋友。这个小朋友，一天对亮亮说："我家里什么吃的也没有，从今天早晨起我什么也没吃。"因此，亮亮去了面包店，但又没带钱，于是趁面包店叔叔转身的机会，偷来一个面包，送给了贫穷的饿着肚皮的朋友。

乙：小英看见别处一家店铺里的美丽的缎带，心想："如果戴在自己的衣服上该多么好啊！"因此趁着店铺叔叔转身的机会就偷了一条缎带逃走，戴在自己的衣服上。

故事2

甲：一个名叫阳阳的孩子有个朋友。这个朋友捕来小鸟，放在笼子里饲养。阳阳觉得小鸟很可怜。他三番五次对朋友说："把小鸟放了吧！"可是朋友不肯放。因此，一天趁这个朋友不在时，他把这只小鸟放跑了。为了今后不再装鸟，把笼子也藏了起来。

乙：一天当妈妈不在的时候，小清从橱柜里把巧克力偷来，悄悄地吃掉了。

3. 关于谎言的故事。

故事1

甲:小梅在从学校回家的路上遇见一条大狗,感到很害怕。然后回到家里说看到和牛一样大的狗。

乙:小珍从学校回来,对妈妈说老师给了好分数。然而这不是真的,其实老师什么分数也没有给。而妈妈却信以为真,非常高兴,给了她奖励。

故事2

甲:小强在屋里玩耍。妈妈吩咐说:"你来帮忙做点儿事。"可是小强不愿意干活儿,所以说:"我脚痛不能去。"这不是真的,他的脚一点儿也不痛。

乙:小藤非常想乘坐汽车,但是大人却不让他乘坐。一天在马路上看见一辆漂亮的汽车,他心想,如果乘上这辆车该多好啊!因此回到家以后,他就说:"坐在车里的人让我乘车了!"可是这不是真实的,是小藤自己编的假话。

故事3

甲:小林图画画得不好,所以总想:"我真希望能成为一个画画的能手啊!"某一天他看到别人画了很好的画,就说:"这是我画的。"

乙:当妈妈不在家时,小军拿出剪刀玩,然后弄丢了。妈妈回来问:"哎,剪刀放哪儿了?"小军说:"我不知道,我没看见过剪刀,也没动它。"

(三)实验程序

采用个别访谈法进行施测。主试首先说:"小朋友,现在我给你讲两个故事,你要专心听,听完后请你回答我提出的问题。"然后给被试讲一对道德对偶故事(幼儿园儿童听故事时配有与每个故事内容相一致的彩色图片,其他年级在听故事时有一份书面故事)。

主试按下列几个问题逐个问被试:

1."你听懂这两个故事了吗?能不能跟我讲一遍?"

2."第一个故事的小朋友打碎了多少个茶碗?第二个故事的小朋友呢?"(这个问题要根据各故事中主人公的具体行为而作变动,下同)

3."第一个故事的小朋友是想(去)干什么而打碎茶碗的?第二个故事的小朋友呢?"

4."这两个小朋友哪一个更不好?为什么?"

为了避免顺序效应,给每个被试随机讲述这8对道德故事。

(四)实验结果测评标准

先将所有被试的答案混在一起(评分者不知道被试的年级和性别,这样可在一定程度上避免评分者的主观因素对评分的影响),评分者在仔细研究所有被试的记录材料的基础上,根据皮亚杰道德发展阶段,依据以下标准划分被试道德所处的发展阶段:

第1阶段:前道德阶段。若儿童不能对行为作出一定的判断,即属于这个阶段。

第2阶段:他律道德阶段。若儿童对道德的看法是遵守规范,只重视行为后果而不考虑行为意向,即属于这个阶段。据主人公的行为在客观上的后果(像打碎的杯子的数量的多少,说谎与真实情况的相差程度)来作出判断,即从行为的客观效果作出判断。

第3阶段:自律道德阶段。若儿童不再盲目服从权威。他们开始认识到道德规范的相对性,同样的行为,是对是错,除看行为结果之外,也要考虑当事人的动机,即属于这个阶段(张文新,1999)。

四、实验结果与整理

1. 统计在道德对偶问题判断中儿童所处三个阶段的人次分布情况。

2. 采用4(年龄)×3(道德发展阶段)独立性 χ^2 检验,考察儿童道德判断发展阶段与其年龄的关联性。

3. 采用2(性别)×3(道德发展阶段)独立性 χ^2 检验,考察儿童道德判断发展阶段与其性别的关联性。

五、问题与讨论

1. 儿童道德发展有什么特点?

2. 本实验结果与皮亚杰的研究结论是否一致?

3. 皮亚杰道德发展研究有何贡献与不足?

附1:实验记录纸

被试姓名:________ 性别:________ 出生年月:________

实验日期:________ 实验地点:________

表3.27.1　皮亚杰道德判断实验记录

被试回答 / 故事		回答内容				所处阶段(1~3)
		问题1	问题2	问题3	问题4	
过失	1					
	2					
	3					
偷盗	4					
	5					

（续表）

故事＼被试回答		回答内容				所处阶段(1~3)
		问题1	问题2	问题3	问题4	
谎言	6					
	7					
	8					

附2:分组汇总表

表3.27.2　　在道德对偶问题判断中儿童所处阶段人次分布表

年龄组＼水平		水平1	水平2	水平3
4岁组	男			
	女			
	总			
5岁组	男			
	女			
	总			
7岁组	男			
	女			
	总			
9岁组	男			
	女			
	总			
11岁组	男			
	女			
	总			
13岁组	男			
	女			
	总			

实验二十八

柯皮伯格的道德判断实验

一、实验原理

自20世纪50年代末期,柯尔伯格对皮亚杰的理论框架进行了深入地研究和系统地扩充。一方面,他对皮亚杰的理论给予高度的评价,充分肯定了皮亚杰的一些基本观点,如儿童的认知发展是其道德发展的必要条件;道德发展作为一个连续的发展过程,由于认知结构的变化而表现出明显的阶段性;他律道德和自律道德之间的差异相当于前运算阶段与具体运算阶段之间的差异等。另一方面,他也指出了皮亚杰研究方法中存在的某些局限性:皮亚杰研究所采用的成对故事中造成较坏后果的儿童往往不是故意的,而造成较轻后果的儿童往往是有意的;利用对偶故事法不能很好地揭示儿童道德推理的过程;皮亚杰研究儿童道德发展的内容维度较窄等。鉴于上述考虑,柯尔伯格决定采用"开放式"的手段来揭示儿童道德发展水平,同时保留皮亚杰成对故事中的冲突性特征。他选择古代哲学家经常采用的"假设两难情境",编制"道德两难故事"作为引发儿童道德判断的工具。

柯尔伯格采用道德两难故事,对10~16岁儿童进行道德谈话。两难故事创设了一种道德两难情境,要求儿童作出选择。据此,总结出道德发展6个不同的阶段。这6个阶段属于3种水平:前习俗水平、习俗水平和后习俗水平。柯尔伯格通过研究提出,儿童道德判断力的发展在10岁前大都处于第一种水平;13岁前后半数以上处于第一种水平,只有极少数进入第二种水平;16岁以上进入第二种水平。儿童道德性发展的先后次序是固定不变的,这与儿童的思维发展有关。但具体到每个人,时间有早有迟,这与文化背景、交往有关。要促进儿童道德发展,必须让他们不断接触道德环境和道德两难问题,以利于讨论和展开道德推理的练习(陈琦等,1997)。

柯尔伯格关于儿童道德发展阶段的理论,丰富、发展了皮亚杰关于儿童道德发展的理论。柯尔伯格根据自己和合作者在英国、台湾、土耳其等地进行的一系列跨文化研究指出,关于儿童道德判断的这3种水平6个阶段在各种不同的文化背景中具有普遍性,认为"尽管不同文化的道德行为和道德习俗似乎很不相同,但在这些不同的道德习俗背后，却似乎存在着一种普遍的判断和评价形式”。

二、实验目的

使用道德两难故事，考察儿童道德发展特点，验证柯尔伯格的儿童道德发展阶段理论。

三、实验方法

（一）被试

选取4、6、8、10、13、16、18岁组儿童少年各10人，男女各半。

（二）实验仪器与材料

采用柯尔伯格最经典的道德两难故事（张文新，1999）——“海因兹偷药的故事”作为实验。为符合中国儿童的语言习惯，将故事主人公改为中国姓名：

从前有个妇人患了癌症，生命垂危。医生认为只有一种药才能救她，就是本城一个药剂师最近发明的镭，制造这种药要花很多钱，药剂师索价还要高过成本10倍。他花了200元制造镭，而这点药他竟索价2000元。病妇的丈夫王震到处向熟人借钱，一共才借得1000元，只够药费的一半。王震不得已，只好告诉药剂师，他的妻子快要死了，请求药剂师便宜一点卖给他，或者允许他赊欠。但药剂师说：“不成！我发明此药就是为了赚钱。”王震走投无路竟撬开商店的门，为妻子偷来了药。

（三）实验程序

采用个别交谈法进行实验。主试向每个被试讲述该故事（幼儿园儿童听故事时配有与故事内容相一致的彩色图片，其他年级在听故事时有一份书面故事），要求被试仔细听，在确认被试真正明白故事的内容后，主试依次询问，让被试作判断，并详细地说明理由。如果被试说明的理由属故事中陈述的事实，主试则进一步灵活询问。主试将被试陈述的原话记录下来。如果经过主试仔细而深入地询问后，被试仍不能说出自己的理由，则删除该被试。

主试依次向被试提出的一系列的问题包括：（1）这个丈夫应该这样做吗？（2）为什么应该？（为什么不应该？）（3）法官该不该判他的刑？为什么？

（四）实验结果测评标准

首先，将所有被试的答案混在一起（评分者不知道被试的年级和性别，这样可在一定程度上避免评分者的主观因素对评分的影响），评分者在仔细研究所有被试的记录材料的基础上，根据儿童对其回答提出的理由，依据以下标准划分被试道德所处的发展阶段（方富熹，方格，2004）。

第1水平：前习俗水平。此水平又分为两个阶段：

第1阶段：惩罚和服从的取向。根据行动的有形的结果判定行动的好坏，凡不受到惩罚的和顺从权威的行动都被看做是对的。

第2阶段:工具性的相对主义取向。正确行动就是能够满足本人需要的行动。虽然发生了互惠关系,但主要表现为实用主义方式。

第2水平:习俗水平。大约自小学高年级开始,此水平又分两个阶段:

第3阶段:好男孩—好女孩的取向。好的行为是使人喜欢或被人赞扬的行为。十分重视顺从和做"好"孩子。

第4阶段:法律和秩序取向。注意中心是权威或规则。所谓正确即指完成个人职责、尊重权威和维护社会的秩序。

第3水平:后习俗水平。大约自青年末期接近人格成熟时开始。此水平又分为两个阶段:

第5阶段:社会契约的取向。这一阶段有一种功利主义的、墨守法规的情调。正确的行为是按社会所同意的标准来规定的。重要的是意识到个人主义的相对性以及需要与舆论一致。

第6阶段:普遍的道德原则的取向。道德被解释为一种良心的决断。道德原则是自己选定的,根据抽象概念而不根据具体规则。

四、实验结果与整理

1. 统计在道德两难问题判断中儿童所处道德发展各阶段的人次分布情况。

2. 采用4(年龄)×6(道德发展阶段)独立性 χ^2 检验,考察儿童道德判断发展阶段与其年龄的关联性。

3. 采用2(性别)×6(道德发展阶段)独立性 χ^2 检验,考察儿童道德判断发展阶段与其性别的关联性。

五、问题与讨论

1. 根据本实验结果,讨论儿童道德发展有什么特点?
2. 本实验结果与柯尔伯格的研究结论是否一致?
3. 柯尔伯格的道德发展研究有何贡献与不足?
4. 试分析本实验结果对于儿童道德教育有何启示?

附1:实验记录纸

表3.28.1　　被试对道德两难故事回答记录表

序号	被试个人信息			被试回答情况	
	被试姓名	性别	出生日期	海因兹偷药的故事回答内容	所处阶段
1					

（续表）

序号	被试个人信息			被试回答情况	
	被试姓名	性别	出生日期	海因兹偷药的故事回答内容	所处阶段
2					
3					
4					
5					
6					
7					
8					
9					
10					
⋮					
70					

附 2：分组汇总表

表 3.28.2　在道德两难问题判断中儿童所处道德阶段人次统计表

年龄 \ 发展阶段		前习俗水平		习俗水平		后习俗水平	
		阶段 1	阶段 2	阶段 1	阶段 2	阶段 1	阶段 2
4 岁组	男						
	女						
	总						
6 岁组	男						
	女						
	总						
8 岁组	男						
	女						
	总						

（续表）

年龄＼发展阶段		前习俗水平		习俗水平		后习俗水平	
		阶段 1	阶段 2	阶段 1	阶段 2	阶段 1	阶段 2
10 岁组	男						
	女						
	总						
13 岁组	男						
	女						
	总						
16 岁组	男						
	女						
	总						
18 岁组	男						
	女						
	总						

实验二十九

艾森伯格的亲社会道德判断实验

一、实验原理

艾森伯格(Nancy Eisenberg)是美国当前较有影响的儿童心理学家。艾森伯格认为,道德作为一个总的领域,包括许多不尽相同的具体方面,儿童对这些具体方面的判断会有所不同。柯尔伯格研究所用的两难故事在内容上几乎都涉及法律、权威或正规的责任等问题,如海因兹该不该偷药的故事中,海因兹必须在偷药和妻子死亡之间作出选择,偷药就会犯法,而保护妻子免于死亡又是每一个丈夫的责任。这些法律、责任等问题会在一定程度上制约着儿童对故事冲突所作的推理。因此,柯尔伯格运用其两难故事只是研究了儿童道德判断推理的一个方面——禁令取向的推理(prohibition oriented reasoning)。艾森伯格则区分并设计出不同于柯尔伯格两难情境的另一种道德两难情境——亲社会道德两难情境(prosocial moral dilemmas)来研究儿童的亲社会道德判断。亲社会道德两难情境的特点是"一个人必须在满足自己的愿望、需要和(或)价值与满足他人的愿望、需要和(或)价值之间做出选择"。在亲社会两难情境中,故事的主人公是唯一能提供帮助的人,但助人就意味着自我牺牲。艾森伯格在柯尔伯格的道德发展理论基础上,进行了一系列关于儿童亲社会道德判断发展的实验研究,建立了亲社会道德判断理论。她将儿童的亲社会道德判断分为以下5个阶段。阶段1:享乐主义的、自我关注的推理。阶段2:需要取向的推理。阶段3:赞许和人际取向、定型取向的推理。阶段4:分为两个阶段,阶段4a为自我投射性的移情推理,阶段4b为过渡阶段。阶段5:深度内化推理(张文新,1999)。

二、实验目的

利用亲社会两难情境来考查我国儿童亲社会道德推理的发展特点,验证艾森伯格关于儿童亲社会道德推理的理论。

三、实验方法

（一）被试

幼儿园大班幼儿、小学二年级、四年级、初二和高一的学生各20人，男女各半。

（二）实验仪器与材料

参照艾森伯格设计的亲社会两难故事，结合我国儿童的生活实际，编制了两套亲社会两难故事（程学超，王美芳，1992），每套4个共计8个故事。用来测试幼儿和小学儿童的第一套故事和用来测试中学少年的第二套故事之间的区别，仅在于第一套故事内容比较贴近幼儿和小学儿童的生活，文字比较浅显；两套故事中的主人公所面临的亲社会两难冲突情境是一致的。

第一套4个故事中的主人公所面临的亲社会两难情境分别是：

故事1：小女孩王梅是自己练习唱歌，准备参加唱歌比赛得奖；还是给邻居生病的小朋友讲故事，陪她一块儿玩？

故事2：红红和苹苹一起到公园玩耍，两人都很饿了，苹苹不小心把自己仅有的一块蛋糕掉到河里了。红红是分仅有的一块蛋糕的一半给苹苹呢还是自己吃一块蛋糕？

故事3：李刚急匆匆去参加好朋友的生日聚会，集会上有好多好吃的东西和精彩的文娱节目，可是走到半路上看见一个小女孩不小心伤了腿不能走路。李刚是去帮助小女孩还是不管她，自己赶去参加生日聚会？

故事4：小朋友张强在回家的路上看到一个大男孩正在扭打、抢夺一小男孩的巧克力。张强宁愿自己挨打去帮助那个小男孩还是不去管他呢？

每个故事均配合使用相应的彩色图片，以帮助幼儿理解故事内容。

第二套4个故事中的主人公同样遇到了与第一套4个故事中的主人公所面临的亲社会两难情境，但是故事内容要比较接近中学生生活。

（三）实验程序

采用个别交谈法进行实验。主试依次分别向被试讲述每一个故事（幼儿园儿童听故事时配有与每个故事内容相一致的彩色图片，其他年级在听故事时有一份书面故事），要求被试仔细听每一个故事，在确认被试真正明白故事的内容后，主试渐次询问，让被试作判断，并要求他们详细地说明理由。如果被试说明的理由属故事中陈述的事实，主试则进一步灵活询问。主试将被试陈述的原话记录下来。如果经过主试仔细而深入地询问后，被试仍不能说出自己的理由，则剔除该被试。

（四）实验结果测评标准

本研究所采用的评分过程是：先将所有被试的答案混在一起（评分者不知道被试的年级和性别，这样可在一定程度上避免评分者的主观因素对评分的影响），然后评分者在仔细研究所有被试的记录材料的基础上,以艾森伯格所提出的关于儿童亲社会道德推理的5个水平(程学超,王美芳,1992)为标准,把各年龄组被试的判断推理按5个层次进行划分。

阶段1:享乐主义的、自我关注的推理。助人或不助人的理由包括个人的直接得益、将来的互惠,或者是由于自己需要或喜欢某人才关心他(她)。

阶段2:需要取向的推理。他人的需要与自己的需要发生冲突时,儿童对他人身体的、物质的和心理的需要表示关注。儿童仅仅是对他人的需要表示简单的关注,并没有表现出自我投射性的角色采择、同情的言语表述等。

阶段3:赞许和人际取向、定型取向的推理。儿童在证明其助人或不助人的行为时所提出的理由是好人或坏人、善行或恶行的定型形象以及他人的赞扬和许可等。

阶段4:分为两个阶段。

阶段4a:自我投射性的移情推理。儿童的判断中出现了自我投射性的同情反应或角色采择,他们关注他人的人权,注意到与一个人的行为后果相联的内疚或情感。

阶段4b:过渡阶段。儿童选择助人或不助人的理由涉及到内化了的价值观、规范、责任和义务,对社会状况的关心,或者提到保护他人权力和尊严的必要性等。但是,儿童并没有清晰而强烈地表述出这些思想来。

阶段5:深度内化推理。儿童决定是否助人的主要依据是他们内化了的价值观、规范或责任,尽个人和社会契约性的义务、改善社会状况的愿望等。此外,儿童还提到与实践自己价值观相联系的否定或肯定情感。

四、实验结果与整理

1. 统计在亲社会道德两难问题判断中儿童所处各亲社会道德发展阶段的人次分布情况。

2. 采用4(年龄)×5(道德发展阶段)独立性χ^2检验,考察儿童亲社会道德判断发展阶段与其年龄的关联性。

3. 采用2(性别)×5(道德发展阶段)独立性χ^2检验,考察儿童亲社会道德判断发展阶段与其性别的关联性。

五、问题与讨论

1. 分析各年龄组儿童亲社会道德判断发展的特点。

2. 本研究是否验证了艾森伯格的亲社会道德判断发展理论?

3. 根据儿童亲社会道德发展判断不同水平,如何进行有针对性的道德教育?

附 1:实验记录纸

被试姓名:________　　性别:________　　出生日期:________
实验地点:________　　实验日期:________

表 3.29.1　　被试对亲社会道德问题回答记录表

故事	被试的行为选择	被试对选择的解释
1		
2		
3		
4		

附 2:分组汇总表

表 3.29.2　在亲社会道德两难问题判断中儿童所处阶段人次统计表

年级 / 发展阶段	幼儿园大班			小学二年级			小学四年级			初中二年级			高中一年级		
	男	女	总	男	女	总	男	女	总	男	女	总	男	女	总
阶段 1															
阶段 2															
阶段 3															
阶段 4a															
阶段 4b															
阶段 5															

实验三十

儿童性别刻板印象的发展实验

一、实验原理

性别刻板印象，是指某一社会文化中，人们对男女两性的性别角色及其行为较为固定的看法。性别刻板印象包括人格特质、角色行为、职业和外表（体貌）这四个相对独立的维度。儿童倾向于首先对性别化玩具、活动、服装颜色和样式形成性别刻板印象，如研究发现在玩具选择中，儿童表现出的性别刻板印象在4～5岁显著增强，在7～9岁趋于稳定，男孩性别刻板印象的形成先于女孩（杜丹，苏彦婕，2005）。随着认知的不断深化，儿童逐渐形成对职业和人格特质的刻板化认识。

二、实验目的

考察3～9岁儿童性别刻板印象的发展特点。

三、实验方法

（一）被试

选取3～9岁组儿童各20名，男女各半。

（二）实验仪器与材料

1. 玩具选择。5.7cm×9cm的彩色图片16张。其中，男、女角色图片各2张；彩色玩具图片12张，男性化玩具6张，女性化玩具6张。

2. 儿童的职业选择。选取最常见的10种典型的性别化职业（例如，护士、宇航员），要求儿童说明每种职业更适合男孩还是女孩。

3. 儿童的外貌偏好。选取男孩和女孩典型服饰各三套，提供服饰图片，要求儿童说明男孩、还是女孩最喜欢穿这件衣服。

4. 儿童的特质判断。从Bem的性别角色量表中选取10个儿童容易理解的男性化和女性化特质词（5个男性化特质词，5个女性化特质词），要求儿童回答每一特质最符合男孩还是女孩。

（三）实验程序

采用个别访谈的方式,在安静的教室中单独进行。

1. 玩具选择测验。主试首先随机从4张角色照片中抽取男女图片各一张,呈现给被试,同时给出如下指导语:(1)男性角色:"这个男孩叫明明,他很喜欢玩玩具。"(2)女性角色:"这个女孩叫芳芳,她很喜欢玩玩具。"在确定被试听清的情况下,主试将实验材料随机呈现在被试面前,同时对被试说:"现在我这里有这么多玩具,你觉得XX(角色姓名)会选哪一个呢?"主试记录结果,实验中男女角色的排列顺序按照ABBA原则确定,以平衡顺序效应。

2. 职业选择测验。对各种成人职业进行简单解释,以确保儿童能正确理解各种职业,进而进行判断男孩还是女孩最喜欢从事这种职业。

3. 外貌偏好测验方法同玩具选择测验。

4. 特质词判断。由于年幼儿童的语言理解能力相对较弱,因而需要对每个特质词进行简单描述和解释,将特质词简化为儿童易于理解的语言,再进行判断。

(四)实验结果测评标准

刻板化回答(例如,女孩玩玩具娃娃)计1分,反刻板化回答(例如,男孩玩娃娃)计0分。

四、实验结果与整理

1. 使用χ^2检验,分析儿童在性别刻板印象4个领域的刻板化回答和非刻板化回答的频次是否存在差异。

2. 采用皮尔逊相关分析,探讨性别刻板印象4个领域发展的相关性。

3. 采用多因素方差分析,分析儿童性别刻板印象4个领域得分的年龄和性别差异。

五、问题与讨论

1. 根据实验结果,分析儿童性别刻板印象的发展特点。

2. 根据相关理论,对儿童性别刻板印象的发展特点进行解释。

3. 本研究中发现的儿童性别角色的发展特点,对当前教育有什么启发?

附1:实验记录表

被试姓名:________　　被试性别:________　　出生年月:________

实验日期:________实验地点:________

表 3.30.1 玩具选择测验和外貌偏好测验记录表

测验类别 图片性别	玩具选择测验	外貌偏好测验
男孩图片		
女孩图片		

表 3.30.2 职业选择测验和特质词判断记录表

测验类别 序号	职业选择	特质词判断
1		
2		
3		
4		
5		
6		
7		
8		
9		
10		

附 2:分组汇总表

表 3.30.3　各年龄组刻板印象得分的平均数(M)和标准差(SD)

年龄组 \ 类别		玩具选择		职业选择		外貌偏好		特质判断	
		M	SD	M	SD	M	SD	M	SD
3 岁组	男								
	女								
	总								
4 岁组	男								
	女								
	总								
5 岁组	男								
	女								
	总								
6 岁组	男								
	女								
	总								
7 岁组	男								
	女								
	总								
8 岁组	男								
	女								
	总								
9 岁组	男								
	女								
	总								

实验三十一

天平实验

一、实验原理

根据皮亚杰的理论,在 11 岁左右,儿童出现了形式运算思维。这时,儿童的认知表现出了更强的抽象逻辑性,其思维已摆脱具体事物的束缚,把内容与形式区分开来,能根据种种可能的假设进行推理。形式运算思维是一种要求系统地解决问题的思维类型(张文新,2002)。在研究青少年的形式运算思维的实验中,天平实验是最主要的实验之一。

西格勒(R. S. Siegler)认为,思维是运用规则的过程。在天平实验中,儿童使用的规则分为 4 种。规则 1:只考虑重量,不考虑力臂。规则 2:先考虑重量;当重量相等时,能考虑力臂的作用;当重量不等时,只考虑重量的作用。规则 3:先考虑重量,再考虑力臂的作用;但当重量和力臂均不相等时,不能解决这样的问题,只是靠猜测来回答。规则 4:先考虑重量,再考虑力臂,如果重量和力臂均不相等,求出力矩来决定答案(Siegler,1981)。

一般来说儿童解决天平问题的能力存在年龄差异。绝大多数 5 ~ 17 岁的个体至少能应用上述 4 个规则中的一条规则解决天平问题。5 岁的儿童在解决问题时,较经常使用规则 1;9 岁儿童在解决问题时,较经常地使用规则 2 和规则 3;17 岁的青少年经常使用规则 3;5 ~ 17 岁较少使用规则 4(张文新,2002)。

二、实验目的

本实验考察儿童对天平的力臂与重量之间关系的认识,区分不同年龄的儿童对规则的运用以此考察儿童思维水平的发展。

三、实验方法

(一)被试

5 岁、7 岁、9 岁、12 岁、14 岁、17 儿童各 20 人,男女各半。

(二)实验仪器与材料

天平装置(天平两端放置不同重量的砝码且砝码可以左右移动)。

(三)实验程序

本实验首先演示加上砝码后天平两臂的变化情形,让被试了解反应方法:按红键或绿键选天平将倾斜的方向(左或右),黄键表示平衡。

然后呈现18道题目,分为6种题型。

1. 相等型。两边的力臂与重量均相等;

2. 突出变量型。力臂相等,但重量不相等;

3. 次要变量型。重量相等,但力臂不相等;

4. 冲突—突出变量型。重量大的一边力臂小,重量小的一边力臂大,但正确选择应为重量大、力臂小的一边;

5. 冲突—次要变量型。重量大的一边力臂小,重量小的一边力臂大,但正确选择应为重量小、力臂大的一边;

6. 冲突—相等型。重量大的一边力臂小,重量小的一边力臂大,但正确选择应为平衡。

每种问题3个,分两步随机呈现,即题型随机和每种题型下的题目随机。

记录被试按键和陈述的理由。

(四)实验结果测评标准

首先,判断被试回答是否正确。

其次,评分者在仔细研究被试的回答理由的基础上,以西格勒所提出的天平实验中儿童使用的4种规则为标准,把被试对每个问题的回答划归为四种规则的一种。

四、实验结果与整理

1. 统计在解决天平问题任务中儿童使用4种规则人次分布情况。

2. 采用6(年龄)×4(规则)独立性 χ^2 检验,考察儿童使用4种规则与其年龄的关联性。

3. 采用2(性别)×4(规则)独立性 χ^2 检验,考察儿童使用规则与其性别的关联性。

五、问题与讨论

1. 不同年龄组儿童解决天平问题任务使用的规则有何差异?出现这种差异的原因是什么呢?

2. 本实验是通过演示的方式让儿童按键作出选择,与儿童实际操作相比,这种实验方法有何优缺点?

附1:实验记录纸

被试姓名:________　性别:________　出生日期:________

实验地点:________实验日期:________

表3.31.1　天平实验被试操作记录表

问题 \ 被试反应		按键	正确与否	陈述的理由	使用规则
类型1	问题1				
	问题2				
	问题3				
类型2	问题4				
	问题5				
	问题6				
类型3	问题7				
	问题8				
	问题9				
类型4	问题10				
	问题11				
	问题12				
类型5	问题13				
	问题14				
	问题15				
类型6	问题16				
	问题17				
	问题18				

附 2:分组汇总表

表 3.31.2 在天平任务中儿童使用规则人次统计表

年龄组 \ 题目		题 1	题 2	题 3	题 4	题 5	题 6
5 岁组	男						
	女						
	总						
7 岁组	男						
	女						
	总						
9 岁组	男						
	女						
	总						
12 岁组	男						
	女						
	总						
14 岁组	男						
	女						
	总						
17 岁组	男						
	女						
	总						

实验三十二

钟摆实验

一、实验原理

皮亚杰和英海尔德(Piage & Inhelder,1958)进行了一系列的实验研究,以考察形式运算阶段的儿童归纳推理的能力。其中最有代表性的研究是关于钟摆问题(pendulum problem)的实验。

在钟摆问题的实验中,实验者向被试呈现一个类似钟摆的装置:不同长度的绳子被固定在一个横梁上,绳子的末端可拴上不同重量的重物。被试的任务是,通过检验与钟摆摆动有关的4种因素(重物的重量、摆绳被提起的高度、推动摆绳的力量、摆绳的长度),来确定哪一种因素决定钟摆摆动速度。被试有较充分的时间对上述各种因素进行检验。

具体运算阶段的儿童通常在同一时间内改变上述所有因素,因此,错误地认为摆速是由摆长和所拴重物的重量共同决定的。只有到了形式运算阶段,青少年才能像科学家一样地检验假设,最终获得关于问题的、唯一可能的、具有严格的逻辑意义的解释。青少年通过变化一个因素而恒定其余因素,观察到锤重虽改变但摆动频率不变,这样就排除了锤重这一因素。由此可以看出,青少年期的个体已经具有了较高的"归纳推力"能力(张文新,2002)。

二、实验目的

采用钟摆实验考察形式运算阶段青少年的归纳推理能力。

三、实验方法

(一)被试

9、11、13、15、17岁儿童各20名,男女各半。

(二)实验仪器与材料

本实验的主要实验材料为钟摆装置:一个横梁、2条长度不同的绳子(绳子的末端有一个挂钩,可拴挂重物)、2 个重量不同的砝码。

（三）实验程序

首先,实验者将绳子固定在横梁上,将一个砝码挂在绳子末端挂钩上,并向被试演示如何使钟摆摆动(将拴有重物的摆绳拉紧并提至一定的高度,再放下即可)。

指导语为:"你刚才看到了钟摆摆动的情境了。在钟摆摆动的过程中,有 4 种因素与钟摆有关,它们是:重物的重量、摆绳的长度、钟摆下落点的高度、推动摆绳的力量(同时指给被试)。你的任务是,确定哪一种因素决定钟摆摆动速度。你可以思考(给被试提供纸笔),也可以来操作钟摆。"

然后留给被试足够的时间进行思考、操作,最后询问被试确定这个因素的原因。

（四）实验结果测评标准

1. 正确的答案是,摆绳的长度决定钟摆摆动的速度,摆绳越短,其摆动的速度越快。

2. 解决此问题的正确操作过程是:第一步先提出假设(无论其假设是什么,只要它能被检验并产生非矛盾的结果就可以);第二步再对所提出的假设进行系统的检验。

第二个步骤(检验假设)的关键点是,在检验的过程中,每改变一个特定因素的同时,必须保证其他的因素不变。

只有被试的回答正确,并且其操作过程也正确,才能认为被试正确解决了钟摆任务。

四、实验结果与整理

1. 统计各年龄组儿童正确解决钟摆任务的人数。

2. 采用 5(年龄)×2(是否能解决钟摆任务)独立性 χ^2 检验,考察儿童解决钟摆任务的人数与其年龄的关联性。

3. 采用 2(性别)×2(是否能解决钟摆任务)独立性 χ^2 检验,考察儿童解决钟摆任务人数与其性别的关联性。

五、问题与讨论

1. 本实验说明了儿童归纳推理能力的发展有什么特点?

2. 本实验结果与以往的研究结果有何异同?

附 1:实验记录纸

被试姓名:________　性别:________　出生年月:________

实验日期:________　实验地点:________

表 3.32.1　　被试解决钟摆问题记录表

序号	被试个人信息			被试的回答情况	
	被试姓名	性别	出生日期	被试的操作要点	是否正确
1					
2					
3					
4					
5					
6					
7					
8					
9					
10					
……					
100					

附 2：分组汇总表

表 3.32.2　　不同年龄组儿童成功解决钟摆问题的人数统计表

年龄＼问题		钟摆问题通过人数
9 岁组	男	
	女	
	总	
11 岁组	男	
	女	
	总	

（续表）

年龄＼问题		钟摆问题通过人数
13 岁组	男	
	女	
	总	
15 岁组	男	
	女	
	总	
17 岁组	男	
	女	
	总	

实验三十三

化学混色实验

一、实验原理

11 岁左右，儿童出现了形式运算思维。形式运算阶段的个体在认知上表现出了更强的抽象逻辑性，思维已摆脱具体事物的束缚，能根据种种可能的假设进行推理。

皮亚杰及其同事设计的化学混色实验用以考察青少年的形式运算思维。该实验原理是：任务开始时，4 个大瓶子、1 个标识瓶和 2 个烧杯摆放在被试面前的桌子上，每一个瓶子盛有一种透明液体。主试事先用一个烧杯盛满取自 1 号瓶和 3 号瓶的混合液体，然后滴入标识瓶中的液体，混合液变成黄色。2 号瓶的液体加入烧杯后混合液仍为黄色，但 4 号瓶液体加入后混合液体变成无色透明液体。儿童事先并不知道实验中的混色规律，要求儿童通过操纵变量进行推理来得出混色规律(张文新，2002)。

在该实验中，问题的解决需要联合变量并在心理上建构一个"结构化整体"。英海尔德和皮亚杰认为，这是形式运算思维的重要特征。研究发现，7 岁的儿童还不拥有"结构化心理整体"，且不能掌握问题整体概念，14 岁少年却能系统地思考所有的可能性，然后一一去验证。

二、实验目的

采用化学混色实验考察青少年的形式运算思维的"结构化心理整体"特点。

二、实验方法

(一)被试

选择 9 岁、11 岁、14 岁少年各 20 名，男女各半。

(二)实验仪器与材料

4 个大瓶子(分别装有 1 号、2 号、3 号、4 号四种不同的透明液体)、1 个标识瓶(装有标识液)和 2 个烧杯。

(三)实验程序

1. 主试演示阶段。任务开始时,4 个大瓶子、1 个标识瓶和 2 个烧杯摆放在被试面前的桌子上,每一个瓶子盛有一种透明液体。主试事先用一个烧杯盛满取自 1 号瓶和 3 号瓶的混合液体,另一个烧杯盛满取自 2 号瓶液体。实验开始时被试并不知道哪个液体取自几号瓶。主试分别把标识瓶中的液体滴入,一个混合液变成黄色,而另一个没有变色。

2. 被试操作阶段。要求被试尝试各种混合方式,以判断出哪种化学液体混合之后的颜色会发生改变。主试记录被试操作过程。

(四)实验结果测评标准

先以最简单的形式开始尝试(一种化学溶液与标识液混合),然后进行更复杂的二级或三级混合(两种和三种化学溶液混合的可能性)。当配对混合时,发现标识液加入 1 号瓶和 3 号瓶的混合物时变成黄色。后来通过各种可能性的尝试,发现 4 号瓶液体是反作用于标识液体的,即 4 号瓶中的液体加入黄色混和液体后,混合液体由黄色变为无色透明液体。2 号液加入黄色混和液体后,混合液体仍为黄色(张文新,2002)。

四、实验结果与整理

1. 统计不同年龄青少年成功解决化学混色实验的人数。

2. 采用 χ^2 检验,分析青少年解决化学混色实验的年龄、性别差异。

五、问题与讨论

1. 此实验说明了青少年思维的什么特点?如何理解这个特点?

2. 结合所学心理学内容,试说明青少年思维与儿童思维有什么区别。

附 1:实验记录纸

表 3.33.1　被试解答化学混色实验记录表

序号	被试个人信息			被试的回答情况	
	被试姓名	性别	出生日期	被试的操作要点	是否正确
1					
2					
3					
4					
5					

（续表）

序号	被试个人信息			被试的回答情况	
	被试姓名	性别	出生日期	被试的操作要点	是否正确
6					
7					
8					
9					
10					
⋮					
60					

附 2：分组汇总表

表 3.33.2　不同年龄组少年儿童解答化学混色实验的人数统计表

年龄 \ 问题		化学混色实验通过人数
9 岁组	男	
	女	
	总	
11 岁组	男	
	女	
	总	
14 岁组	男	
	女	
	总	

实验三十四

罗夏克墨迹测验

一、实验原理

罗夏克墨迹测验是由瑞士精神医学家罗夏克(H. Rorschach)于1921年设计的,是一种著名的投射测验。投射测验(projective test)是以弗洛伊德精神分析的人格理论为依据,一般由若干个模棱两可的刺激所组成,被试可以任加解释,使自己的动机、态度、情感以及性格等,在不知不觉中反映出来,然后由主试将其反应加以分析,就可以推论出若干人格特征(彭聃龄,2001)。

二、实验目的

利用罗夏克墨迹测验测查个体的人格。

三、实验方法

(一)被试

大学生20人,男女各半。

(二)实验仪器与材料

10张墨渍卡片,其中5张为彩色,另5张为黑白图形。

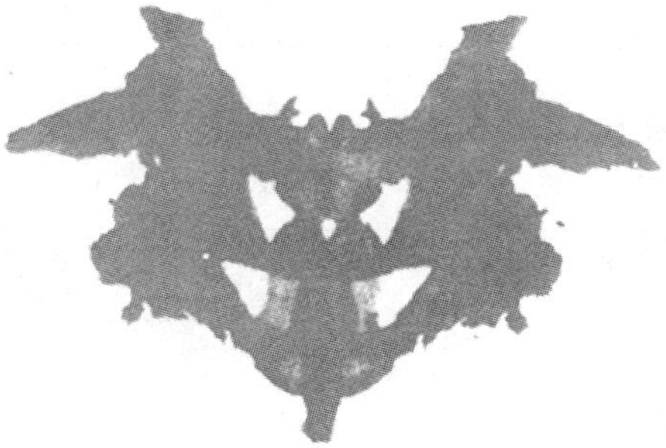

图3.34.1　罗夏克墨迹测验图片之一

(资料来源:彭聃龄. 普通心理学. 北京:北京师范大学出版社,2001,P444.)

(三)实验程序

给被试按顺序呈现10张墨迹卡片，每次呈现一张。同时问被试："你看到了什么?""这可能是什么东西?""这使你想到了什么?"允许被试自己转动图片从不同的角度去看。该测验属于个别施测，每次只能施测一人。施测时主试一方面要记录被试的语言反应，同时还要注意被试的情绪表现和伴随的动作。

(四)实验结果测评标准

罗夏克列出了被试对10张墨迹图回答的几条记分规则：

1. 总共反应了多少次？在回答之前被试看图片花了多长时间(反应时间)？被试拒绝解释卡片的次数？

2. 被试的解释只取决于图形的形状，还是也包含了颜色？或在知觉中是否包含了运动？

3. 图形被看成是一个整体还是几个部分？哪些部分被分离出来？被试对此如何解释？

4. 被试看到了什么？

罗夏克依据这四条记分规则，对众多有不同心理症状的被试进行观察的结果：

抑郁的被试一般给出的答案较少；快乐的被试给出的答案较多；精神分裂症病人的答案数目在个体间有很大的差异。至于反应时，全部测验通常需要20～30分钟完成，精神分裂症患者所用时间平均较正常人少很多。正常被试几乎从不拒绝对所有图形做出回答，但精神分裂症患者常常拒绝回答。

使用整个墨迹图进行解释显示了被试综合思维和抽象思维的能力，而解释细节部分的频率很高则意味着被试有强迫性的固执；相对较多地使用白色部分是叛逆和消极的信号；描述人在运动的回答显示了被试的想象力和丰富的内心生活；在回答中颜色占主导地位说明被试比较感情用事和冲动。

被试在墨迹中真正看到了什么？最常见的回答多包括动物。回答中涉及动物的占25%～50%。有趣的是，抑郁症患者回答动物的比率最高，而艺术家回答动物的比率却最低。

"独创性回答"(original responses)，这种回答在每100次测验中发生不超过1次。独创性回答在被诊断为精神分裂症的被试中最为常见，而在中等智力水平的正常被试中最为少见。分析被试对图片的解释和反应，推论出被试的动机、态度、感情以及性格等，从而推论其人格特性。

四、问题与讨论

1. 罗夏克墨迹测验的优缺点是什么？

2. 结合所学心理学知识，分析投射测验与问卷测查(如16PF)原理有什么不同？

附1:实验记录纸

被试姓名:________ 性别:________ 出生年月:________

实验日期:________ 实验地点:________

表3.34.1 被试对罗夏克墨迹测验回答记录

回答要点 / 题目	反应时间	是否反应	解释的重点	看到整体还是部分	看到什么	是否有独创性回答
1						
2						
3						
4						
5						
6						
7						
8						
9						
10						

结论:______________________________

实验三十五

主题统觉测验

一、实验原理

主题统觉测验(Thematic Apperception Test)是由美国心理学家莫瑞(Murray,1938)编制的一种投射测验(彭聃龄,2001)。这种测验以弗洛伊德精神分析的人格理论为依据,把绘画作为刺激材料,通过被试对各画面的想象及心理投射所编辑的故事,来反映出他们潜在的人格结构与人格内容,如人格深层潜伏的欲求、对客观外界压力的心理感受性、内心矛盾冲突等(张同延等,1993)。

二、实验目的

本实验的目的就是学习使用主题统觉测验测查个体的人格特性。

三、实验方法

(一)被试

大学生20人,男女各半。

(二)实验仪器与材料

全套测验由30张模棱两可的图片构成,另有一张空白图片,模棱两可的图片内容多为人物,也有部分景物,不过每张图片中至少有一个人物在内(见图3.35.1)。

图3.35.1　主题统觉测验图片

(资料来源:彭聃龄. 普通心理学. 北京: 北京师范大学出版社,2001,P445.)

(三)实验程序

测验时,每次给被试一张图片,让他(她)根据所看到的内容编出一个故事。故事的内容不受限制,但必须回答以下4个问题:图中发生了什么事情?为什么会出现这种情境?图中的主人公正在想些什么?故事的结局会怎样?通过分析被试自编的故事,对他(她)的需要和动机作出判定。

四、问题与讨论

1. 主题统觉测验的优缺点是什么?
2. 试比较罗夏克墨迹测验与主题统觉测验的异同。

附1:实验记录纸

被试姓名:________ 性别:________ 出生年月:________
实验日期:________ 实验地点:________

表3.35.1 被试回答测验要点记录表

回答要点 / 题目	图中发生了什么事情	为什么会出现这种情境	图中的主人公正在想些什么	故事的结局会怎样
1				
2				
3				
4				
5				
6				
7				
8				
9				
10				

结论____

实验三十六

成人智力测验

一、实验原理

国外较早的研究认为，到了成年期，智力就进入了一个不可逆的下降过程，也有人认为，智力在整个成年期都处于相对稳定的状态。对此，卡特尔和荷恩（Raymond Cattell & Horn）等提出“晶态智力”和“液态智力”的智力分类。前者与知识经验的积累有关，主要是后天习得的，如知识、词汇、计算等方面能力，成年后不仅不衰退，而且还有所提高，直至70岁后方出现缓慢减退。后者主要与神经生理的结构和功能有关，如知觉整合能力、反应速度、记忆力和思维敏捷度等，成年后随年龄增长而下降较快，较早出现衰退。

韦氏成人智力量表是当前成人智力研究的常用测量工具之一。我国学者（龚耀先，1992）对韦氏成人智力量表（WAIS－RC）进行了修订，可用来测量我国成人的智力情况。该量表分言语和操作两部分，言语分量表包括知识、领悟、算术等共6个分测验，操作分量表包括数字符号、图画填充等5部分。

研究表明，随年龄的增长，与操作量表分相比，成人智力量表中的语言量表分下降缓慢。语言量表分先升高后缓慢下降，30～60岁组虽稍有起伏，但较稳定，衰退出现较迟，总语言分直到80岁后成绩才明显下降；而操作量表分下降较快，50岁前各项成绩尚稳定，但衰退出现较早，50岁后逐渐下降，60岁已有明显下降，下降坡度大（吴振云等，1985）。

二、实验目的

使用韦氏成人智力量表测查成人智力发展特点。

三、实验方法

（一）被试

被试年龄为20～80岁成人，每隔10年为一个年龄组，共6个年龄组，每组20人，共120人，男女基本各半。

（二）实验仪器与材料

韦氏成人智力测验首先由韦克斯勒(D. Wechsler)于 1955 年所编制,以后于 1981 年和 1997 年又经过两次修订。这里选用的是龚耀先教授修订的中文版本(WAIS - RC,龚耀先,1992)。

本测验的全套材料包括:

1. 手册 1 本;

2. 记录表格 1 份;

3. 词汇卡 1 张;

4. 填图测验图卡和木块图测验图案,共 1 本;

5. 图片排列测验图卡 1 本;

6. 红白两色立方体 1 盒(9 块);

7. 图形拼凑碎片 4 盒;

8. 图形拼凑碎片摆放位置卡 1 张(同时做摆放碎片时遮住被试者视线的屏风用);

9. 数字符号记分键 1 张。

(三)实验程序

参照相关标准(郭念锋,2005),制定实验程序和测评标准。

首先填写好被试者的一般情况、测验时间、地点和主测人,然后按测验的标准程序进行测验。一般按先言语测验后操作测验的顺序进行,但在特殊情况下可适当改变,如遇言语障碍或情绪紧张、怕失面子的被试者,不妨先做一两个操作测验,或从比较容易做好的项目开始。测验通常都是一次做完,对于容易疲劳或动作缓慢的被试者也可分次完成。下面是各分测验的具体实施方法:

1. 知识。包括 29 个一般性知识的题目,要求被试者用几句话或几个数字回答,问题按由易到难排列。一般从第 5 题开始施测,如果 5 和 6 项均失败便回头做 1 ~4 项,被试者连续 5 题失败则不再继续下去。

2. 领悟。包括 14 个按难易程度排列的问题,要求被试者回答在某一情景下最佳的生活方式和对日常成语的解释,或对某一事件说明为什么。一般从第 3 题开始,如果 3、4 或 5 题中任何一项失败,便回头做 1、2 题,连续 4 题失败则不再继续下去。

3. 算术。包括 14 道算术题,依难度排列。被试者只能用心算来解答,不得使用纸和笔。一般从第 3 题开始,如果 3 和 4 题均得 0 分,便进行 1、2 题,连续 4 道题失败则停止该测验。

4. 相似性。包括 13 对名词,每对词表示的事物都有共同性,要求被试者概括出两者在什么地方相似。题目按难度排列,被试者均从第一项开始,连续 4 题失败时停止该项测验。

5. 数字广度。包括顺背和倒背两个部分,顺背最多由 12 位数字组成,倒背最多由 10 位数字组成，每一部分由易到难排列。任何一项 1 题背得正确，便继续进行下一项，如果有错误便进行同项的 2 题，两题均失败停止该部分测验。两部分念出数目的速度均按每一秒钟一个数字，也不得将长数目分组念出，因为分组容易记忆。

6. 词汇。包括 40 个词汇，按难度排列，要求被试者解释词意。言语能力较差的被试者从第 1 题开始做，一般被试者从第 4 题开始，如果 4 ~8 题内有一个得 0 分，便回头测 1 ~3 题。被试者若连续 5 个题解释不出则不再继续进行。

7. 数字符号。1 ~9 诸数各有一规定符号，要求被试者按照这种对应方式，迅速在每个数字下空格内以从左到右的顺序填上相应的符号，不得跳格。被试者从练习项目开始，正式测验限时 90 秒。

8. 图画填充。由 21 张卡片组成，每张卡片上的图画有一处缺笔，要求被试者在 20 秒内能指出这个部位及名称，其中第 1、2 项失败应指出缺失的部位及名称，从第 3 项开始不再给予这样的帮助。

9. 木块图。主试者呈现 10 张几何图案卡片，令被试者用 4 个或 9 个红白两色的立方体积木照样摆出来，在连续 3 项失败后停止此分测验，其中图案 1 或图案 2 两次试验均失败才算失败。连续 3 个 0 分停止该测验。

10. 图片排列。测验材料为 8 组随机排列的图片，每组图片的内容有内在联系，要求被试者在规定的时间内排列成一个有意义的故事，其中第一项告之是“鸟巢”的故事，从第 2 项开始便不告之是何故事。如果第 1、2 项演示后仍失败，便停止此分测验，否则应完成全部测验。

11. 图形拼凑。共有 4 套切割成若干块的图形板，主试者将零乱的拼板呈现给被试者，要求他们拼出一个完整的图形。

（四）实验结果测评标准

1. 原始分的获得。在每个分测验中，题目都是按难度顺序排列的。算术、图片排列、木块图案、物体拼凑、数字符号和图画填充有时间限制，另一些测验不限制时间，应让被试者有适当时间来表明回答。对于有时间限制的项目，以反应的速度和正确性作为评分的依据，超过规定时间即使通过也记 0 分，提前完成的按提前时间的长短记奖励分。不限时间的项目，则按反应的质量给予不同的分数，有的项目通过时记 1 分，未通过记 0 分。如知识测验；有的项目按回答的质量分别记 0 分、1 分或 2 分，如领悟、相似性和词汇测验。

在测验指导手册中对每一个分测验的评分都有详细说明。有些分测验记分很客观，对就是对，错就是错，容易记分。但有些言语测验如“理解”、“相似性”、“词汇”三个分测验和“知识”分测验的部分测题，有各种各样的回答，有些回答没有列在指导手册提供的“标准答案举例”之内，这就要求主试根据评分原则作出主观判断。

2. 原始分换算量表分。原始分按手册上相应用表可转化成平均数为 10、标准差为 3 的量表分。分别将言语测验和操作测验的量表分相加,便可得到言语量表分和操作量表分。再将二者相加,便可得到全量表分。

四、实验结果与整理

1. 使用皮尔逊积差相关,考察智力测验各分测验得分之间以及与总分之间的相关。

2. 使用方差分析,考察在本智力测验总分及各个维度得分的年龄、性别差异。

五、问题与讨论

1. 随着年龄的增长,成人智力在哪些方面出现了变化,出现了哪些变化?

2. 目前成人智力测验除了 WAIS - RC 以外,还有哪些? 这些智力测验有哪些优缺点? 在选用时,有哪些地方应加以注意?

附 1:分组汇总表

表 3.36.1　各年龄组智力测验成绩平均数

测验量表 \ 年龄		20 ~ 29			30 ~ 39			40 ~ 49			50 ~ 59			60 ~ 69			70 ~ 79		
		男	女	总	男	女	总	男	女	总	男	女	总	男	女	总	男	女	总
言语分量表	知识																		
	领悟																		
	算术																		
	相似性																		
	数字广度																		
	词汇																		
言语分量表总																			
操作分量表	数字符号																		
	图画填充																		
	木块图																		
	图片排列																		
	图形拼凑																		
操作分量表总																			
量表总																			

实验三十七

中老年人的短时记忆实验

一、实验原理

短时记忆是指信息在头脑中储存的时间一般不超过1分钟的记忆。研究认为,与青年人相比,中年人的短时记忆并没有明显地下降,而老年人的短时记忆有所下降(程学超,1991)。许淑莲等人在20世纪80年代对我国50~90岁中老年人的短时记忆作了研究,发现在逻辑故事记忆、图像自由回忆、数字广度等多项记忆成绩上,均有随年老而衰退的明显趋势。识记逻辑故事时,对中心意义的记忆减退较分节记忆减退缓慢,顺背数字的记忆广度随年龄增长而减小较其他项目都要缓慢,表明老年记忆减退有其特点(许淑莲等,1981)。

二、实验目的

考察50~90岁中老年人短时记忆的特点。

三、实验方法

(一)被试

被试按年龄分为50~59、60~69、70~79、80~90四个年龄组,每组为20人,男女各半。

(二)实验仪器与材料

根据相关研究(许淑莲等,1981、1982、1985)编写实验材料。

实验材料包括:识记逻辑故事、相关图片、数学。

第一部分:逻辑故事。

自编两个简单逻辑故事,每个约有100字左右,21个分节。

1. 北方的冬天、下着大雪、小冬和小芳、正在堆雪人玩、一会儿就堆成、两尺多高的雪人、他们一看、雪人没眼睛和嘴巴、小芳找来、两个煤球当眼睛、小冬找来、两块桔子皮当嘴、这雪人、过十来天、才慢慢化掉、春天来了、突然又下了场大雪、他们照样堆雪人、但这次、不到半天、就化了。

2. 张平今年10岁、是位农村小学、四年级的学生、6月7日晚上、他乘车去看电影、下车后、在马路边、拣到一个钱包、打开一看、里面有150块钱、和一张存折、为了很快找到失主、他决定、不去看电影、马上把钱包、交到人民警察手里、他的行动、受到了表扬。

第二部分:图片。

共有4套图片,每套12张。第1套为人物像,如医生、儿童作操等;第2套为蔬菜、水果;第3套为动物;第4套为工具或家具。

第三部分:数字。

顺背数字		倒背数字	
(1)546	(8)392487	(1)85	(8)61843
(2)723	(9)3516927	(2)74	(9)367814
(3)6439	(10)1538796	(3)283	(10)754316
(4)7286	(11)75492138	(4)415	(11)9145637
(5)42731	(12)43578169	(5)3279	(12)3897654
(6)75836	(13)265817439	(6)4968	(13)63198425
(7)619473	(14)496721358	(7)15286	(14)94785213

(三)实验程序

1. 逻辑故事识记。用录音机播放故事,并用录音笔录下被试的复述内容。

2. 图片自由回忆。每套图片同时呈现30秒钟,个别老人在30秒内看不完一遍,可宽限至1分钟,以看完一遍为准。前两套要求即时自由回忆(即不需按图片排列顺序回忆)。

3. 数字广度。顺背(3~9位数)和倒背(2~8位数)两组数字。主试以每秒2位数字的速度读出,要求被试听后立即顺背或倒背。

三个任务随机安排给每个被试,每个任务中的问题也是随机的。

(四)实验结果测评标准

1. 逻辑故事记忆成绩按分节分和中心意义分分别评定。

2. 图片自由回忆以图片的正确回忆数记分。

3. 数字广度以正确背出的最高位数记录成绩。

四、实验结果与整理

1. 统计出不同年龄组被试在各项记忆测试上得分的平均分和标准差。

2. 使用皮尔逊积差相关,考察各年龄组中老年人在逻辑故事识记、图片自由回忆、数字记忆广度测验得分的相关。

3. 采用多元方差分析，考察被试在逻辑故事识记、图片自由回忆、数字记忆广度三方面的短时记忆成绩有无显著的年龄差异。

五、问题与讨论

1. 总体来说，中老年人短时记忆有什么发展趋势？

2. 中老年人在逻辑故事识记、图片自由回忆、数字记忆广度几个方面的记忆能力有什么样的关系，说明了什么问题？

3. 中老年人在逻辑故事识记、图片自由回忆、数字记忆广度几个方面的记忆衰减上，有无发展上的差异，具体表现是什么？

附 1：实验记录纸

被试姓名：________ 性别：________ 被试年龄：________

实验日期：________ 实验地点：________

表 3.37.1 中老年人短时记忆记录表

问题 / 题目 / 序号	数字广度			图片自由回忆				逻辑故事识记	
	顺背	倒背	最后成绩	1 套	2 套	3 套	4 套	分节记忆	中心意义
1									
2									
3									
4									
5									
6									
7									
8									
9									
10									
11									
12									
13									
14									

附2:分组汇总表

表3.37.2 各年龄组被试短时记忆平均分(M)和标准差(SD)汇总表

年龄组	被试人数	逻辑故事识记				图片自由回忆		数字广度	
		分节记忆		中心意义					
		M	SD	M	SD	M	SD	M	SD
50~59岁									
60~69岁									
70~79岁									
80~90岁									

实验三十八

中老年人的学习能力实验

一、实验原理

桑代克(Edward Lee Thorndik)早在20世纪30年代就对人的学习能力进行了研究,并绘成学习能力与年龄的关系曲线。他指出,在23岁左右,人的学习能力达到最高峰,随后人的学习能力随着年龄的增长缓慢下降,但45岁的中年人其学习能力并不亚于17、18岁的青年人,只有到了45岁以后学习能力才迅速下降(程学超,1991)。

但是,人的学习能力受很多因素的影响。比如,同一个人对不同材料的学习能力并不完全相同,学习材料的内容不同,中老年人与青年人学习成绩之间的差异也不一样。Botwinik等人根据联想学习理论,采用3种不同联想程度的配对词对21~80岁的被试进行研究。高联想程度的配对词,如白—黑,学习难度最小;低联想程度的配对词,如头发—书箱等,学习难度居中;联想程度最低的配对是由辅音与词组成,如FP—武器等,这种材料的难度最大。研究结果表明,在难度最低的配对词的学习中,中老年人与青年人之间无年龄差异,而在高中难度材料的学习中则存在着年龄差异,即中老年人的有意义学习能力没有下降,而机械学习能力有所下降(程学超,1991)。

二、实验目的

考察学习材料的内容和意义对中老年学习能力的影响。

三、实验方法

(一)被试

选择30~39、40~49、50~59、60~69、70~80年龄组被试各20人,男女各半。此外,选择20~30岁组20人作为青年组,男女各半。

(二)实验仪器与材料

根据已有研究(许淑莲,1981),选择12个词对为学习材料。其中一半是有意义联系的词对，如太阳—月亮、上去—下来等，另一半则是没有意义联系的，如大小—美丽、坚强—河流等。

（三）实验程序

采用个别测查法。首先让被试学习这些词对，然后呈现词对中的一个词，让被试说出另一个词。词的学习和测试各3次。

（四）实验结果测评标准

以被试在3次词的测试中正确回答的次数作为成绩。

四、实验结果与整理

1. 统计各年龄组被试对有意义联系词对和无意义联系词对的平均成绩。

2. 使用方差分析，统计不同年龄、不同性别被试在有意义联系词对和无意义联系词对测验成绩上的差异。

五、问题与讨论

1. 与青年人相比，中老年有意义学习和无意义学习的能力随着年龄的增长分别有什么变化？这些变化说明老年人学习能力的哪些特点？

2. 结合所学心理学知识，除学习材料的意义外，中老年人学习能力水平还受哪些因素的影响？

附1：实验记录纸

被试姓名：________ 性别：________ 年龄：________

实验日期：________ 实验地点：________

表3.38.1 被试对不同意义材料的学习成绩记录表

词对 \ 被试回答		第一次学习后回答	第二次学习后回答	第三次学习后回答	总成绩
有意义的词对	1				
	2				
	3				
	4				
	5				
	6				

（续表）

被试回答 / 词对		第一次学习后回答	第二次学习后回答	第三次学习后回答	总成绩
无意义的词对	7				
	8				
	9				
	10				
	11				
	12				

附2:分组汇总表

表3.38.2　各年龄组被试对有意义和无意义联系词对的学习成绩(M)与标准差(SD)

年龄 / 发展阶段		有意义联系词对		无意义联系词对	
		M	SD	M	SD
20~29岁组	男				
	女				
	总				
30~39岁组	男				
	女				
	总				
40~49岁组	男				
	女				
	总				
50~59岁组	男				
	女				
	总				
60~69岁组	男				
	女				
	总				
70~79岁组	男				
	女				
	总				

实验三十九

成年人性别角色类型的测定实验

一、实验原理

性别角色是由于人们的性别不同而产生的符合一定社会期待的品质特征，包括男女两性所持有的不同态度、人格特征和社会行为模式。性别角色是个体社会化的一项重要内容，个体的性别角色能否被特定社会接纳和认可关系到个体对社会的适应性，所以性别角色一直是心理学所关注的重要课题之一。

性别角色的划分依据既不是生理性别也不是性取向，而是从人格特质来进行区分。1974 年美国心理学家 Bem（贝姆）在前人研究的基础之上把性别角色分为 4 种类型：男性化、女性化、双性化、未分化。简言之，男性化个体具有较多的男性特质而较少的女性特质；女性化个体具有较多的女性特质而较少的男性特质；双性化个体是同时具有传统的男性和女性应该有的人格特质，即双性化个体兼有强悍和温柔、果断和细致等性格；而未分化是一种不典型的人格特征，男性特质得分和女性特质得分均不高。

二、实验目的

使用贝姆性别角色量表测查成人的性别角色类型。

三、实验方法

（一）被试

选取大学生 120 人，男女各半。

（二）实验仪器与材料

贝姆性别角色量表（Bem Sex Role Inventory，BSRI）。该量表将人的性别角色分为 4 类，即双性化、男性化、女性化、未分化；包括 60 个测试题，其中 20 个男性特质测题为男性化分量表，20 个女性特质测题为女性化分量表，另外 20 个为中性的掩饰题。所有测题均为性格特征。回答 BSRI 时，受测者给出每个测题符合自已性格特质的程度，可供受测者选择的范围为从 1（“从来或几乎不符合”）到 7（“总是或几乎总是符合”)。受测者的男性特质得分为20个男性特质测题得分的平均值，女性特质得分为20个女性特质测题得分的平均值。被试的男性特质与女性特质的得分范围均为1~7，分数越高，表明被试的男性化程度或女性化程度越高。

目前有两种方法考察被试的性别角色类型，一是以被试在20个男性和女性特质测题得分的平均分作为其男性化、女性化程度的指标。二是结合被试的男性化得分和女性化得分，采用中位数分类法划分性别角色类型：男性化组（男性化得分高于中位数，女性化得分低于中位数），女性化组（女性化得分高于中位数，男性化得分低于中位数），双性化组（男性化得分和女性化得分均高于中位数），未分化组（男性化得分和女性化得分均低于中位数）。

（三）实验过程

以班级为单位实行集体施测。

四、实验结果与整理

1. 根据性别角色类型划分的标准，将被试划分为不同的性别类型。

2. 采用 χ^2 检验，分析大学生在4种性别角色类型上的男女差异。

五、问题与讨论

1. 男女两性在性别角色类型分布上有什么差异？

2. 双性化个体具有什么特点？这种性别角色类型在大学生群体中的分布情况是怎么样的？

3. 男（女）性中的女（男）性化个体，通常被称为跨性别角色个体，你觉得这些个体与其他性别角色类型个体相比有什么特殊之处吗？

附1：Bem 性别角色问卷

姓名：______　性别：______　年龄：______　专业：______　年级：______

如果一个项目完全与自己相符，请在“7”上打“√”；如果一个项目与自己一点儿也不符，请在“1”上打“√”；如果一个项目与自己有点儿相符，又不完全相符则按符合的程度酌情在2~6之间的某一数字上打“√”。

完全符合　　　　　　　　完全不符合

1. 自强	7	6	5	4	3	2	1
2. 顺从	7	6	5	4	3	2	1
3. 助人为乐	7	6	5	4	3	2	1
4. 坚守自己的信念的	7	6	5	4	3	2	1

（续表）

5. 欢快的	7	6	5	4	3	2	1
6. 心境不稳	7	6	5	4	3	2	1
7. 独立的	7	6	5	4	3	2	1
8. 羞怯	7	6	5	4	3	2	1
9. 负责的	7	6	5	4	3	2	1
10. 爱运动	7	6	5	4	3	2	1
11. 重感情	7	6	5	4	3	2	1
12. 爱夸张	7	6	5	4	3	2	1
13. 坚定	7	6	5	4	3	2	1
14. 爱奉承	7	6	5	4	3	2	1
15. 自感幸福	7	6	5	4	3	2	1
16. 个性强的	7	6	5	4	3	2	1
17. 忠诚的	7	6	5	4	3	2	1
18. 变幻莫测	7	6	5	4	3	2	1
19. 有力量	7	6	5	4	3	2	1
20. 女性气	7	6	5	4	3	2	1
21. 依赖感强	7	6	5	4	3	2	1
22. 易与人发生共鸣的	7	6	5	4	3	2	1
23. 妒忌的	7	6	5	4	3	2	1
24. 有领导能力	7	6	5	4	3	2	1
25. 分析能力强的	7	6	5	4	3	2	1
26. 对他人需要敏感	7	6	5	4	3	2	1
27. 诚实	7	6	5	4	3	2	1
28. 爱冒险	7	6	5	4	3	2	1
29. 通情达理	7	6	5	4	3	2	1
30. 不坦率	7	6	5	4	3	2	1
31. 果断	7	6	5	4	3	2	1

（续表）

32. 善于怜悯他人	7	6	5	4	3	2	1
33. 诚恳的	7	6	5	4	3	2	1
34. 自足	7	6	5	4	3	2	1
35. 易平息被伤害感	7	6	5	4	3	2	1
36. 自负的	7	6	5	4	3	2	1
37. 爱支配人	7	6	5	4	3	2	1
38. 说话委婉	7	6	5	4	3	2	1
39. 可爱的	7	6	5	4	3	2	1
40. 男子气	7	6	5	4	3	2	1
41. 给人温暖的	7	6	5	4	3	2	1
42. 庄重的	7	6	5	4	3	2	1
43. 愿意表白自己	7	6	5	4	3	2	1
44. 温柔的	7	6	5	4	3	2	1
45. 对人友好	7	6	5	4	3	2	1
46. 爱攻击他人	7	6	5	4	3	2	1
47. 轻信的	7	6	5	4	3	2	1
48. 没有效率的	7	6	5	4	3	2	1
49. 举止宛如领导	7	6	5	4	3	2	1
50. 孩子气的	7	6	5	4	3	2	1
51. 顺应环境的	7	6	5	4	3	2	1
52. 个人至上	7	6	5	4	3	2	1
53. 不说粗话	7	6	5	4	3	2	1
54. 杂乱无章	7	6	5	4	3	2	1
55. 竞争性强	7	6	5	4	3	2	1
56. 爱孩子	7	6	5	4	3	2	1
57. 有才能	7	6	5	4	3	2	1
58. 有野心	7	6	5	4	3	2	1
59. 温和的	7	6	5	4	3	2	1
60. 保守的	7	6	5	4	3	2	1

附2:分组汇总表

表3.39.1 不同性别角色类型男女大学生人数分布统计表

性别角色 被试	男性化	女性化	中性化	未分化
男				
女				
总				

实验四十

老年人性格的刻板性实验

一、实验原理

性格(character)是一种与社会最密切相关的人格特征,在性格中包含有许多社会道德含义。性格表现了人们对现实和周围世界的态度,并表现在他的行为举止中。

有的研究认为老年人的基本性格类型并无变化。年龄不是影响性格变化的决定因素,而智力、社会地位、健康情况以及环境的重要改变对性格却有重要意义(许淑莲,1986)。但也有研究发现老年人性格发生了一些改变,诸如人到老年性格变得自我中心、内倾、多疑、执拗、抑郁等(井上腾也,长嶋纪一,1986)。

日本学者荒井、桐原等人用图形测验等方法对老年人性格特点进行考察。图形测验是通过考察个体"解脱"构成复杂图形的某些线段在复杂图形中的某种"固定化"了的作用,并再组合成"新的"更为简单的图形的能力,从而测查被试的刻板性。图形测验的测验图形包括 8 个图形(A ~ H),这些图形的难度是不同的,从 A 到 H 越来越复杂,故离析或分离出简单图形也就越来越困难。研究发现,随着图形难度增大,被试的正确回答率就变得越低,并且被试年龄越大,这种趋势就越明显。这说明,随着老年人年龄的增大,其性格中的刻板性在增强(程学超,王洪美,1986)。

二、实验目的

测查老年人性格的刻板性特点。

三、实验方法

(一)被试

60 ~ 69 岁、70 ~ 79 岁老年被试各 10 人,男女各半。此外,另选择 20 ~ 29 岁青年被试 10 人。

(二)实验仪器与材料

K. Gottschald 测验图形(A ~ H)。

(三)实验结果测评标准

按照被试是否能正确从复杂的图形中离析或发现出简单的图形,进行是否计分。

四、实验结果与整理

1. 统计出各年龄组被试对各图形测验任务正确回答的人数。

2. 使用8(图形)×3(年龄)的独立性 χ^2 检验,考察被试对不同难度的图形测验成绩与年龄的关联性(图3.40.1)。

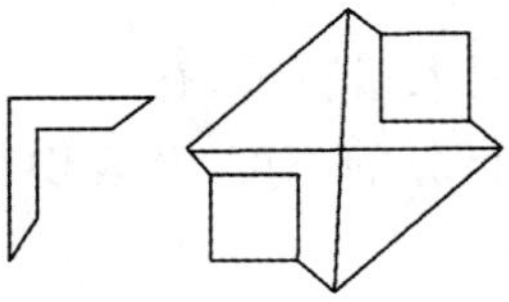

图形 A

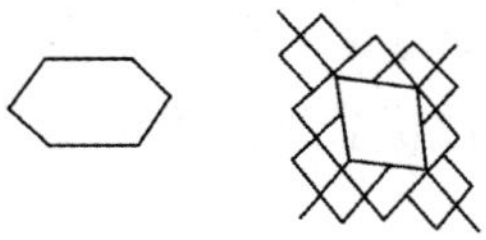

图形 B

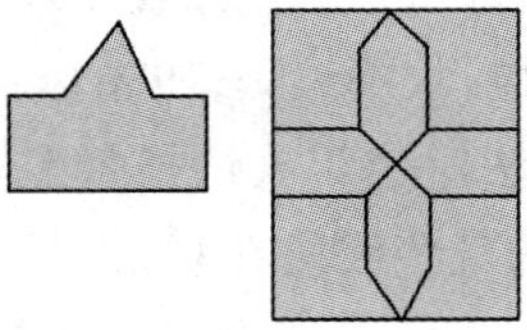

图形 C

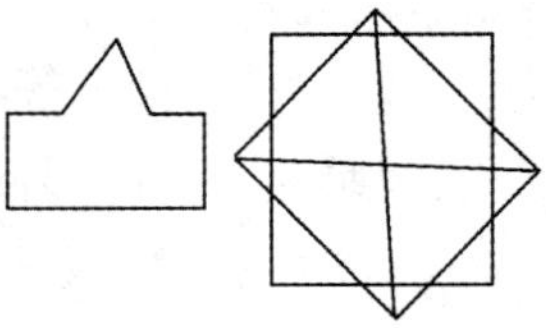

图形 D

图3.40.1　测查刻板性的图形一

(资料来源:程学超,王洪美.老年心理学.济南:山东教育出版社,1986,P245.)

五、问题与讨论

1. 分析随着年龄的增长,个体在图形测试任务中的表现有什么变化?这些变化说明个体性格上的什么特点?

2. 本测验所发现的老年人性格上的特点,对于在现实生活中处理与老年人的关系有何启发意义?

附1:实验记录纸

测验地点＿＿＿＿＿＿＿＿＿＿　　测验时间＿＿＿＿＿＿＿＿＿＿

表 3.40.1　　老年人性格的刻板性实验成绩记录表

序号	被试个人信息			图形测验							
	被试姓名	性别	出生日期	图形A	图形B	图形C	图形D	图形E	图形F	图形G	图形H
1											
2											
3											
4											
5											
6											
7											
8											
9											
10											
……											
30											

附 2:分组汇总表

表 3.40.2　各年龄组被试对图形测验人物正确回答的人数汇总表

年龄		图形测验							
		图形 A	图形 B	图形 C	图形 D	图形 E	图形 F	图形 G	图形 H
20～29 岁组	男								
	女								
	总								
60～69 岁组	男								
	女								
	总								
70～79 岁组	男								
	女								
	总								

第四编

教育心理学实验

实验一

集中学习和分散学习实验

一、实验原理

学习从其时间分配上来说，有两种不同的识记方式。一种是在一个时间段内，将要学习的材料连续反复学习多次，直到熟记为止，这叫集中学习；另一种是把所要学习的材料分散在几段相隔的时间内进行学习，这叫分散学习。无论对于有意义材料还是无意义材料，分散学习的记忆效果一般要高于集中学习，主要原因是：在集中学习时，由于多次重复同一学习材料，致使单一刺激物的持续作用容易引起大脑皮层的保护性抑制；而且，学习的时间越长、越集中，它的抑制作用也越大。相反，在分散学习的情况下，人的大脑神经细胞可以得到适当休息，因而学习效果更佳。同时，分散学习还能有效减少前摄抑制和倒摄抑制对学习的干扰作用。前摄抑制是指先学材料对识记和回忆后学习的材料的干扰，倒摄抑制是指后学材料对识记和回忆先学材料的干扰作用（彭聃龄，2004）。前摄抑制与倒摄抑制都是一种学习现象，即材料间会造成抑制或干扰作用。在学习过程中，处于中间阶段的学习活动，有可能受到前后两个方面的干扰。分散学习法效果好的原因是增加了学习过程中干扰少的首尾阶段。而学习过程刚开始的阶段，不受前面的干扰，学习最后阶段不受后面的干扰。实践证明，在学习过程中，总是开头和结尾阶段的学习效果好。

在采用分散学习法学习时，要注意掌握好间隔时间。间隔的时间太长容易造成遗忘，间隔的时间过短，又容易受到干扰。在学习过程中，要根据学科特点和个人特点，通过学习实践，掌握好学习的间隔时间。根据遗忘先快后慢的特点，开始各次间隔的时间可以短一些，以后则可以逐步加大；如果材料太难，则可以有较多的间隔次数，学习材料如果比较容易，内容又比较少，则间隔次数可以减少。

二、实验目的

本实验拟采取练习使用双臂调节器和练习反、倒写英文字母的实验方法，比较集中学习和分散学习的效果。

三、实验方法

（一）实验仪器与材料

1. EP714 双臂调节器（见图 4.1.1），秒表。

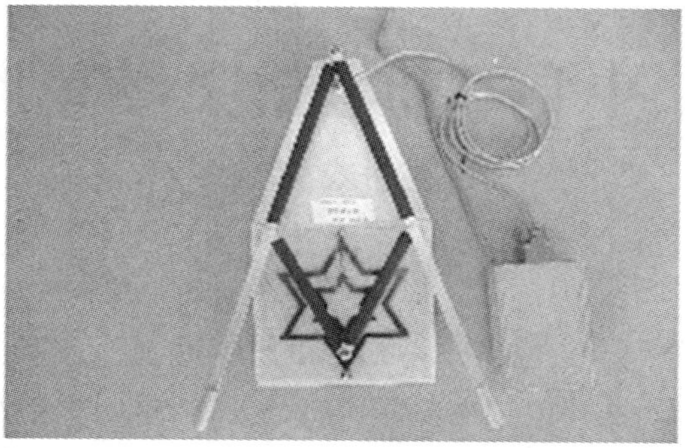

图 4.1.1　EP714 双臂调节器

2. 反、倒写英文字母对照表。

（二）实验程序

1. 练习使用双臂调节器。

（1）实验之前，选取 3 名过去没有使用过双臂调节器的被试，同时要求他们不能在实验之前看双臂调节器，也不得看别人操作。然后在时间分配上安排 3 种不同方式，分别对三名被试实验。

（2）被试甲连续练习 10 遍，中间不休息。被试用双手调节笔尖，从起点端沿仪器上的花纹到终点端，再沿原路回到原起点，这样算练习一遍。中途笔尖离开花纹的次数记作错误次数。主试记下练习一遍所需时间和错误次数。

（3）被试乙练习 5 遍后，休息 1 分钟，然后再做 5 遍。被试的练习方法与主试的记录方法同上。

（4）被试丙每练习两遍，休息 15 秒，共练习 10 遍。练习方法与记录方法同上（见表 4.1.1）。

表 4.1.1　实验一中的时间和错误数记录表

练习次数	1	2	3	4	5	6	7	8	9	10
错误次数										
所用时间(s)										

2. 练习写反、倒的英文字母。

（1）实验前选两名学习过英文且水平中等的被试。分别按下列两种时间分配方式进行练习。

(2)被试A先连续写反、倒英文字母20遍，中间不休息。要求从A的倒写开始，顺次写倒序的abcdefg…一直到z为一遍。主试记下每写一遍所需时间与错误次数(写错或漏掉字母的次数)。连续写完20遍后，休息1分钟。然后每写4遍休息15秒，再共写20遍。主试记时和记错的方法同上。

(3)被试B先每写4遍休息15秒，写完20遍后休息1分钟；然后再连续写20遍，中间不休息。主试记时与记错的方法同上(见表4.1.2)。

表4.1.2　　实验二中的时间和错误数记录表

练习次数	1	2	3	……	20
错误次数					
所用时间(s)					

四、实验结果与整理

1.整理使用双手调节器练习的结果，时间与错误次数都用百分数表示(以各自第一遍所用时间和错误次数为基础)，画出3名被试的学习曲线。

2.整理练习反、倒英文字母的结果，分别用两名被试的练习结果的平均数，画出不同学习方式的两条曲线。

五、问题与讨论

1.根据实验结果分析哪一种学习方式效果好。

2.分析学习中间休息的时间长短与次数对学习效果的影响。

3.比较分析运动学习与语言学习中，采用哪一种学习方式最好？

实验二

学习曲线实验

一、实验原理

学习曲线又称练习曲线,用以表示练习期间学习效率的变化(彭聃龄,2004)。学习曲线通常是用来评价技能练习的过程,并用以预测学习的结果。在技能形成及练习过程中,练习的成绩随练习次数的变化而有所变化,将此种关系画成曲线,即为练习曲线。它一般以横坐标轴表示练习的次数,以纵坐标轴表示练习成绩的测定值,如作业完成量、正确完成次数或完成动作所需时间、错误次数等。在练习曲线上可看出,通过练习掌握技能的进程及特点。练习曲线因练习者的能力、练习内容的复杂和困难程度、练习方法及计算方法不同而异,但各种练习曲线在形成过程中也有共同趋势。

在多数情况下,练习刚开始时,成绩的提高速度较快、幅度较明显,以后技能的进步逐渐变慢下来,如跳高、短跑、驾驶摩托车都是这样。练习成绩的进步并非直线式地上升,有时会出现暂时停顿的现象,这被称为"高原现象"(plateau phenomenon)。高原现象是练习成绩暂时性的停顿现象,它与生理的极限和工作效率的绝对顶点是不同的。并且,并非所有的技能学习中都必然存在高原现象(彭聃龄,2004)。引起高原现象的可能原因有:在长时间集中的技能训练中,学习的热情下降;身体过度疲劳;旧的技能结构的限制等。在技能发展的最后阶段,练习成绩相对稳定下来,不再继续提高,人们称之为技能发展的极限。但也有一些研究表明,这种极限并不是不可突破的。

二、实验目的

学习以触棒迷宫来演示学习曲线,掌握学习曲线的绘制方法。

三、实验方法

(一)实验仪器与材料

触棒迷宫(见图 4.2.1),计数器,秒表,遮眼罩。

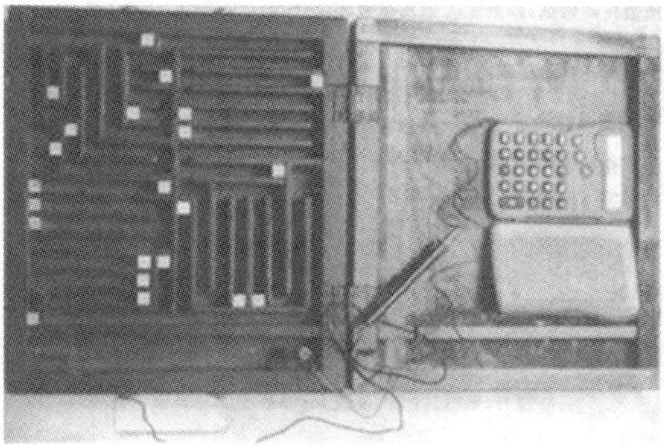

图 4.2.1 触棒迷宫

(二)实验程序

1. 实验前让被试戴上遮眼罩,手持小棒。主试拿着被试所持的小棒置于迷宫入口处,对计数器输入程序,按下开关待用。同时还要手持秒表计时,应准备的一切步骤均事先做好。

2. 主试发出"开始"的口令,同时开动秒表计时。被试听到口令后,立即拿小棒沿着其中可以前进的通路前进。每进入死胡同 1 次,计算器自动计错一次。在被试的小棒触到迷宫的终点时,主试说"到了",被试所持的小棒就不要动了,主试也停止秒表,并记下计数器所示错误数和所计时数。此时被试仍然持笔并由主试放在起始处,准备做下一次活动。待主试再说第二次"开始"口令时,被试按如前同样的做法。每做完一遍,把成绩记在表 4.2.1 上。

表 4.2.1　　时间和错误数记录表

练习次数	1	2	3	4	5	6	7	8	9	10	11	12	13	14	15
错误次数															
所用时间(s)															

3. 学习结束的标志是连续 3 次走完全程而不发生错误。实验过程中被试如果感到疲累,可在间歇时间休息 1 ~ 2 分钟。

4. 学习结束,被试要根据回忆画出全过程所走路线的路形图。

四、实验结果与整理

1. 列表整理每次活动所用时间和所发生的错误数。

2. 根据所得数据,以所走次数为横坐标、所用时间与错误次数为纵坐标,画出学习曲线。

3. 画出走迷宫的路形图。

五、问题与讨论

根据所画出的曲线图,思考学习曲线或练习曲线中所体现的技能形成的一般趋势。

实验三

不同反馈线索下的追踪学习实验

一、实验原理

反馈通常是指为了改进、提高学习者的学习成绩而对某一学习任务完成情况发回的信息。反馈教学是教学管理中一个非常重要的手段。其形式多种多样,有口头的或书面的,有针对个体的随时反馈,也有面向众人的集中反馈,到底采用什么方式,要因人而宜、因地而宜、因时而宜,要具体问题具体分析。

反馈信息的来源主要有以下两个途径:一是外在的反馈。外在的反馈内容主要有结果认识和操作认识两大类。结果认识侧重于对表现所得到的行为结果或环境目标的理想程度,是在表现完成之后提供的语言反馈。二是操作认识。这是由学习者本人提供的信息,主要是视觉、听觉、肌肉本体感觉、动觉、触觉等固有反馈机制的完善,是动作技能获得的一个标志。根据感知觉系统的功能可将反馈信息具体分为以下几种:视觉反馈、听觉反馈、触觉反馈、肌肉本体感觉反馈等。

本实验关注不同反馈线索下的追踪学习,将反馈线索分为视觉反馈和听觉反馈。在不同反馈线索下对学生的学习进行反馈后进行追踪,观察学生的学习过程。当前结果反馈(concurrent knowledge of results,CKR)是人们研究较多的一种外部反馈,它是练习过程中向学习者提供的有关任务成功与否的外部信息(陈敬,张建成,2008)。这种信息可以作为练习过程中修正错误的基础,随练习进行能导致形成有效的操作。为此,本实验拟采用当前反馈形式进行探讨。

二、实验目的

比较视觉反馈和听觉反馈对追踪学习过程的影响。

三、实验方法

(一)实验仪器与材料

BD－Ⅱ－305A 型追踪仪(见图 4.3.1)。

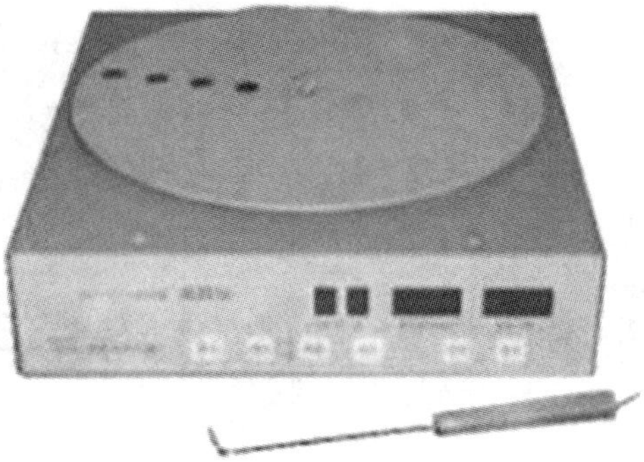

图 4.3.1　BD－Ⅱ－305A 型追踪仪

(二)实验程序

1. 选择被试,分为两个等组。一组在视觉反馈的条件下追踪,另一组在视觉和听觉的反馈下追踪。

2. 主试将追踪仪调到 75 转/分钟,让被试站在追踪仪前。告诉被试:"这是一个追踪实验,按测试键后,此键左上角的指示灯亮,同时发出蜂鸣器声响,表示追踪实验开始,实验仪器不停地转动。你的任务是用优势手拿着测试棒追踪选定的靶子,追踪时要尽量将测试棒停留在指定的靶上。"

3. 主试喊"预备—开始"。被试甲所做的追踪实验是:当测试棒与接触靶接触时,记时钟就走动;如果测试棒与接触靶脱离,记时钟就停止走动。被试乙所做的追踪实验是:当测试棒与接触靶接触时,记时钟即走动,同时发出电蝉的鸣响声;如果测试棒与接触靶脱离,记时钟即停止走动,电蝉声也就停止。

4. 主试喊停时,被试就马上把测试棒拿开,并可在仪器的显示部分看到这次实验中测试棒与接触靶接触的时间,即成功时间。同时也记录下追踪过程中测试棒离开靶子的次数,即失败次数。

5. 每个被试做 25 次,每次 20 秒,每次结束后休息 20 秒。记下每个被试每次接触的时间。

四、实验结果与整理

1. 用表 4.3.1 来表示两组的总结果。

表 4.3.1　两组被试每五次平均的追踪时间　(单位:秒)

次数	1～5	6～10	11～15	16～20	21～25
视觉反馈组(V)					
视听反馈组(VA)					

2. 绘制两组的练习曲线。用上表的数据,以次数为横坐标、平均追踪时间为纵坐标,在一个坐标内分别画 V 和 VA 两条曲线。

3. 用全班的结果检验 V 和 VA 两组最后 5 遍追踪平均时间差异的显著性。

4. 用全班结果分别检验 V 和 VA 两组最初 5 遍和最后 5 遍的平均追踪时间差异的显著性。

5. 说明本实验中 VA 组的成绩是否优于 V 组的成绩。

五、问题与讨论

1. 分析不同反馈线索对追踪学习的影响。

2. 让学生尝试设计其他实验来验证反馈线索在追踪学习中的作用。

实验四

消除定势对学习的消极影响实验

一、实验原理

定势(set)是重复先前的心理操作所引起的对活动的准备状态(彭聃龄,2004)。学生已有的生活经验、知识结构、思维方式以及需要、愿望、态度等都能构成其学习的心理准备状态,对学习产生定势作用,从而使学习活动带有一定的方向性。

定势有两种作用:一是积极作用,二是消极作用。积极作用表现在人一旦形成某种定势,在条件不变时,可以更迅速地对对象进行知觉并做出合理反应,从而使人更好地适应环境。例如当人们获得了一种普遍的、行之有效的解决问题的原则和方法后,就能用于解决其他类似问题上去,从而表现出知识与技能的迁移。消极作用表现为人一旦形成了某种定势,由于来不及适应外界情境的细小变化,就往往容易发生错觉,妨碍对新问题的解决。解决新问题时,越是信赖一种解题原则,就越会固执不变地使用旧的方法解题,而不去尝试用其他方法。例如,先让被试者用火柴在平面上排列成三角形,取得经验后再要求他们用 6 根火柴摆成 4 个三角形,由于他们的已有经验是片面的,他们仍在平面上把火柴摆来摆去,久而不得其解,想不到要在三维空间中进行操作,这就是片面的经验对正确解题产生了阻碍作用。

在学习中,定势的消极影响往往不是孤立的,而是同知识的分化程度、知觉的选择性、材料的复杂程度、持续同类课题的时间及次数、完成课题的时限以及思维特征有关;它的消极性还与其他现象伴随在一起发生作用。为了帮助学习者消除定势对学习带来的不利影响,需要查明其起作用的因素、条件及心理机制。

二、实验目的

本实验的目的在于探讨如何消除定势对运算的消极影响。

三、实验方法

(一)实验仪器与材料

小学一年级10以内加法和减法题目200道，速示仪（见图4.4.1），秒表。

图4.4.1　速示仪

（二）实验程序

1. 准备。以一年级三个班的学生为被试。实验班的学习成绩在中等水平，教师教学能力属一般。设两个对照班，学生学习成绩与教师教学能力均优于实验班。三个班分别称为甲（实验班）、乙、丙班。

2. 初测。初测只在甲班进行。目的在于判断运算定势的影响。初测在被试学完10以内的加法基本结合和减法基本结合，正在复习时进行。初测方式是“加法与减法交替”的测验。内容应包括10以内全部加法及减法的基本结合。

交替形式有两种：一为分段交替，即连续做同一运算的算式若干题，紧接着连续做另一种运算的算式若干题。借以检查多次重复同类算式运算所造成的一种“当前定势”的影响。另一种交替形式为随机交替，即加式、减式频繁交叉出现，借以确定有无长期单一作业造成的一种长期定势的影响。

分段交替与随机交替测验间休息10分钟。

测验的顺序是随机的。每种交替测验开始时均提醒被试：“要看清楚每一题的数字和符号！不要做错，但做得越快越好。”提醒的目的是尽可能排除感知课题中强成分的掩蔽作用所造成的另外一种运算错误。

测验分为若干个小组进行。用秒表记录被试完成测验的时间。为了与交替算式的结果比较，还可以安排单纯加式和单纯减式的试题进行测验。这种测验的时间与交替算式的测验错开。

3. 训练实验。训练实验在甲、乙、丙三个班中间同时开展。目的是研究消除运算定势的影响。所有实验均在每天上午算术课前进行。训练方法是：

（1）加强减法练习（包括增加变式，比较并分析错误等）以克服加法定势的优势。

(2)加强加、减法交替练习,以均衡加、减两种定势的影响。

甲班在训练实验中按这样两个项目进行,乙班只接受前一种训练,丙班只接受后一种训练。训练实验安排在复习周内,以避免新课教学的影响。训练实验效果的检查参照初测的检查进行。

训练结束后,个别询问被试:"训练对你克服运算错误有没有帮助?你喜欢这样的学习吗?"

四、实验结果与整理

1. 按错误类型统计在训练前后受定势影响而出现的错误题数及其百分比,进行差异显著性检验。错误类型是把减看成加和把加看成减。

表 4.4.1　　前测和后测中不同错误类型的出错题数

		被试 1	被试 2	……
甲班	把减看成加			
	把加看成减			
乙班	把减看成加			
	把加看成减			
丙班	把减看成加			
	把加看成减			

2. 统计并比较三个班训练前后受定势影响而出现错误的人数及所占百分比,进行差异显著性考验。

五、问题与讨论

1. 定势怎样导致了运算错误的发生?

2. 试分析本研究所采用训练实验在消除定势对学习的消极影响方面的心理机制及在教学上的价值。

实验五

学习迁移实验

一、实验原理

1910年,Starch采用镜画描图实验对动作学习进行研究时最初发现,优势手的练习对非优势手产生了积极的促进作用,这就是学习迁移现象。学习迁移(learning transfer)是指人在一种情境中学习到的知识,可以影响到对另一种知识的学习。学习迁移一般分为两种:已经掌握的内容对学习新内容的积极影响叫正迁移(positive transfer),而消极的影响叫负迁移(negative transfer)(彭聃龄,2004)。

关于学习迁移的认知机制,不同研究者从不同角度进行一系列研究,提出不同理论来解释迁移现象。早期的学习迁移理论有:概括理论,该理论认为学习迁移的基础是概括;关系学习理论,该理论认为个体掌握学习情境中关系是实现迁移的根本条件。后来,心理学家提出了以信息加工和认知心理学为基础的学习迁移观,对认知技能的形成和发展过程进行了探讨。当代的学习迁移理论有有意义学习理论,该理论认为迁移是否发生取决于在记忆搜索过程中遇到的有关信息和技能的可能性;思维的适应性控制理论,该理论是基于认知技能发展的产生式迁移理论等等。

学习迁移的效果受到学习者的年龄、智力、学习与迁移任务之间的时间间隔、学习深度、学习态度、对过去经验的运用和概括化程度、知识和技能的熟练化程度、学习者的情绪状态、教学方法等诸多因素的影响。此外,学习迁移还受到源任务的性质和掌握程度的影响,以及前后学习材料相似程度的影响。

二、实验目的

通过镜画练习、对偶学习使学生了解学习迁移及过程;学习用镜画做实验及对偶学习实验的方法,在实验中培养观察、思考和整合有关迁移知识的能力。

三、实验方法

(一)实验仪器与材料

1. JGW－B 型心理实验台镜画仪(见图 4.5.1)(用于实验一)、计时计数器单元,计算机及不同材料学习迁移的实验程序(ExpPsy2000 实验设计系统)(用于实验二)。

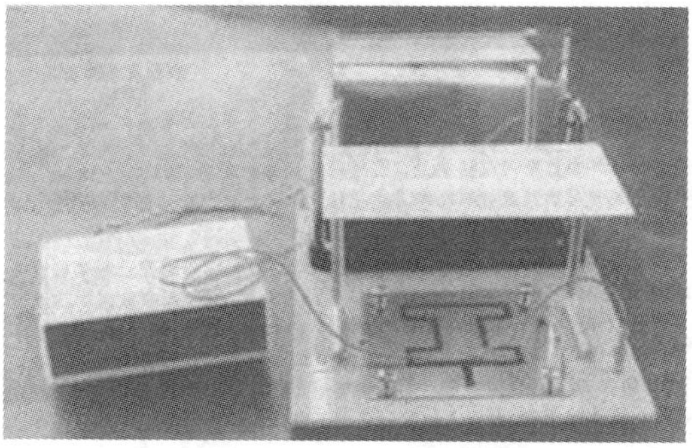

图 4.5.1　镜画仪

2. 对偶学习的刺激材料和反应材料。用 A、B 表示刺激材料,X、Y 表示反应材料。先学材料为 AX(完全相同),后学材料分别为 BY(完全不同)、AY(刺激不同,反应不同)、BX(刺激不同,反应相同)、AXr(刺激相同,反应语义相近)、[AX]'(刺激和反应与 AX 存在交叉的干扰),具体材料见表 4.5.1。

表 4.5.1　学习迁移实验材料

材料分组	1	2	3	4	5
AX	¤——温暖	□——漂亮	?——高兴	☆——游泳	◆——乘车
BY	♠——白薯	♣——衣服	Ω——微机	♪——电影	△——玫瑰
AY	¤——白薯	□——衣服	Ω——微机	♪——电影	△——玫瑰
BX	♠——温暖	♣——漂亮	Ω——高兴	♪——游泳	△——乘车
AXr	¤——阳光	□——美丽	?——愉快	☆——跳水	◆——驾驶
[AX]'	¤——乘车	□——温暖	?——游泳	☆——高兴	◆——漂亮

(实验材料来源:张学民,舒华. 实验心理学纲要. 2004,P272.)

(二)实验程序

1. 实验一。

(1)将六角星形板插入操作箱下方凹槽,插入时定位标志应在左侧。

(2)将操作箱内的上悬玻璃镜放下,将探笔线插头插入箱内左下侧"探笔"插口内。

(3)将电源线插入实验台左侧的插座内,接通电源。开启计时计数器的电源开关,计时屏幕显示为"0.000"秒,正确次数和错误次数均为"0",工作方式选择为

"计时计数"。

(4)将操作箱右侧光点闪烁仪单元电源开关和照明开关打开,操作箱内照明日光灯亮。

(5)被试坐在实验台被试侧,将优势手臂深入套袖式测试口内,手握探笔,并将笔放在图形右侧(相对于被试)的起始点上。

(6)主试宣布指导语:"我发出'开始'口令后,请你用探笔从起始点沿图形中间槽向前移动,要求不得触及两边金属部分。当探笔触到槽边时,计数器计错误一次,并发出警告声。你要改正路线继续做下去(注意实验中途不得使探笔离开板面),直至终点,此时视为练习一遍。"主试发出"开始"口令,同时按下操作箱左下侧"启动"按钮,仪器开始计时和计错误次数。被试每画完一遍,主试用表4.5.2记录下该遍所用时间和错误次数,然后按计时计数器"复位"键,准备下一遍练习。

表4.5.2　　时间和错误数记录表

练习次数	1	2	3	……	合计
错误次数					
所用时间					

(7)经多遍练习,直到练习3遍不出现错误为止,即认为优势手动作技巧已形成。

(8)优势手技巧形成后,再用非优势手重复上面的实验。

2. 实验二。

(1)首先,将全体被试随机分为人数相等的5小组,分别进行5种情况下的学习迁移实验(AX-BY,AX-AY,AX-BX,AX-AXr,AX-AX')。

(2)在正式实验阶段,屏幕上先呈现材料5秒钟,让被试学习,然后每次只呈现随机排列的刺激A,让被试写出对应的反应X,直到连续3次正确为止。然后让被试学习后学习材料(AY、BX、AXr、AX')5秒,再随机呈现刺激,让被试填上相应的反应。

(3)用表4.5.3记录下被试达到学习标准的次数及学习时间。

表4.5.3　　5种情况下的数据记录

学习类型		被试1	被试2	……	平均数	标准差
AX-BY	学习次数					
	所用时间					
AX-AX'	学习次数					
	所用时间					

（续表）

学习类型		被试 1	被试 2	……	平均数	标准差
AX - BX	学习次数					
	所用时间					
AX - AY	学习次数					
	所用时间					
AX - AXr	学习次数					
	所用时间					

四、实验结果与整理

1. 计算出个人优势手和非优势手的练习总用时、练习总错误数及每遍平均用时。

2. 以练习遍数为横坐标，错误次数为纵坐标画出个人练习曲线。

3. 记录下被试达到学习标准的次数和学习时间。

4. 对各实验处理组之间的学习后得分及所需要的时间进行检验，考察是否存在学习迁移效应。

五、问题与讨论

1. 知识学习中是否存在迁移？

2. 影响迁移的因素有哪些？

3. 比较优势手和非优势手在迁移效果上的差异并尝试作出解释。

实验六

言语材料的学习迁移实验

一、实验原理

学习迁移(learning transfer)是指人在一种情境中学习到的知识,可以影响到另一种知识的学习。按照迁移内容可以将学习迁移分为特殊迁移和非特殊迁移。特殊迁移指对特定学习内容的影响,而非特殊迁移指一般的、与特定学习内容没有直接关系的学习材料对后继学习材料的影响(张学民,舒华,2004)。

除了迁移内容对学习的影响外,学习材料的性质对学习迁移也会产生影响,其中还受前后资料的相似程度的影响。Osgood(1949)在研究中发现,当两套学习材料的刺激和反应相似性发生一系列变化时,迁移的性质和程度也会发生相应的变化。当先后学习的材料相似性不断增加时,在后继任务相同的情况下,会产生正迁移作用,其强度从 0 到 $+\infty$;在后继任务不同或无关的情况下,会产生负迁移,其强度从 0 到 $-\infty$。当先后学习的反应材料相似性不断增加时,在刺激材料不同或无关的情况下,不会产生迁移作用。在刺激材料相同的情况下,产生从负到正的迁移作用,其强度从 $-\infty$ 到 $+\infty$(张学民,舒华,2004)。

研究学习迁移常用的方法是继续学习法和前后测验法。本实验采用的是继续学习法。其基本原理是假定 A 和 B 是难度大体相等的学习材料,实验时先学 A 后学 B,对比 A 和 B 的学习效果哪一个更好,即可检查出 A 对 B 的影响。

二、实验目的

检验学习两种不同材料的迁移效果,掌握继续学习法。

三、实验方法

(一)实验仪器与材料

BD-Ⅱ-406 型学习迁移测试仪(见图 4.6.1)。

(二)实验程序

1. 实验安排。将被试分为 A、B 两个组。A 组先学习汉字材料,后学习图形材料；B 组则相反。

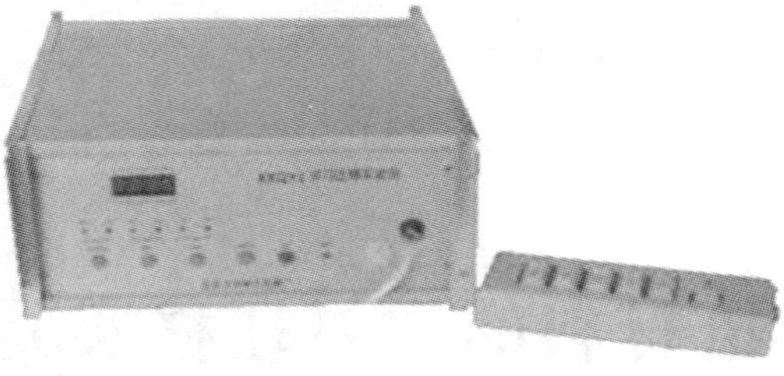

图 4.6.1　BD－Ⅱ－406 型学习迁移测试仪

2. 实验准备。将学习迁移实验仪键盘插头与被试面板上的插座连接好，接通电源。被试面对仪器坐下，将反应键盘放在被试面前。

3. 测试 A 组被试。分为两个阶段。

第一阶段：将学习材料键置于汉字一边，编码键选择码Ⅰ。主试告知被试反应键盘上边的 5 个汉字下面各对应一个数字，仪器随机顺序呈现这些汉字，让被试把汉字对应的数字按顺序输入，输完按“＊”键。若输错，仪器会发出一声蜂鸣，但不必修改。直到仪器发出长蜂鸣而停止，要求又快又准地做。被试做完后，主试通过按显示键记录被试所用时间及其得分、错误数。然后按复位键，继续下一步实验。

第二阶段：将学习材料键置于图形一边，编码键仍选择码Ⅰ。实验程序同上，只是汉字换成了图形，每个图形对应一个数字，要求被试输入数字。主试同样记录实验数据。

4. 测试 B 组被试。除了学习材料的呈现顺序为先测图形后测汉字外，其余程序同 A 组。

四、实验结果与整理

将实验结果填入记录表 4.6.1 内。具体处理如下：

表 4.6.1　　实验材料记录表

组别	先学				后学			
	材料	时间	分数	错误	材料	时间	分数	错误
A 组	汉字				图形			
B 组	图形				汉字			

1. 将 A、B 两组被试先学所用时间累加起来，与 A、B 两组被试后学所用时间之和作一比较。若先学所用时间大于后学所用时间，说明有正迁移效果存在；若先学所用时间小于后学所用时间，说明有负迁移效果存在；若两者相等，说明没有迁移效果。

2. 用同法比较 A、B 两组先学、后学不同材料，测试分数是否存在差异。

五、问题与讨论

1. 本实验所用两套学习材料不同，预计会有怎样的迁移效果？为什么？结果是否与你预计的一致？

2. 让学生自行设计实验，采用其他方法证明迁移现象。

实验七

记忆的系列位置效应实验

一、实验原理

系列位置效应(the serial position effect)是在学习一系列内容后,学习者对记忆材料的掌握情况与材料呈现时所在的位置有关,一般先学的和后学的材料容易回忆,而中间学习的材料不容易回忆,这种效应称为系列位置效应。系列位置效应包括两种效应:首因效应和近因效应。最后呈现的材料最容易回忆,遗忘最少,称为近因效应(recency effect);最先呈现的材料较容易回忆,遗忘较少,称为首因效应(primary effect)(张学民,舒华,2004)。此外,影响系列位置效应的因素还有学习方式、材料呈现的时间、材料的长度、再现方式等。

从信息加工理论来看,系列位置效应与注意和信息加工的策略有关。信息加工理论认为,末尾刺激的词记忆最好;最先呈现的刺激回忆效果次之。在一个长的刺激程序中,刺激的中间部分回忆相对难一些。通常,系列的开始部分或最初学的项目较容易记忆,末尾部分或最后学习的材料也容易记忆,而中间部分很容易受到先学的材料和后学的材料的影响,所以是最难记忆的。

系列回忆法(也称为顺序回忆法)是研究系列位置效应的常用方法,该方法主要是要测量被试达到某种记忆标准所需要的学习时间和学习次数(张学民,舒华,2004)。系列回忆法的基本程序如下:实验者先根据材料确定"熟练的标准",要求被试者背诵实验材料,直到符合标准为止。为了达到所定标准,被试需要一定的时间或者经过多次"尝试",实验者再根据时间和次数确定被试者的回忆水平。

二、实验目的

本实验采用系列回忆法(或称顺序回忆法):(1)检查对汉字识记和保持中的系列位置效应。(2)学习绘制反映系列位置效应的图表和曲线图。(3)加深对系列位置效应的认识。

三、实验方法

(一)实验仪器与材料

1. 记忆鼓(见图 4.7.1)。

图 4.7.1　记忆鼓

2. 彼此没有意义联系的汉字 14 个。

3. 纸和笔。

(二)实验程序

1. 将 14 个汉字排好顺序放入记忆鼓中,并将每个汉字的呈现速度调节成 2 秒。

2. 让被试坐在记忆鼓前 25 厘米处,告诉被试:“这是一个记忆实验。实验时仪器的窗口先出现一个‘X’号,在‘X’后面将连续出现一个个汉字。‘X’代表汉字出现的信号。请注意看,并尽量按顺序记住这些汉字。”

3. 将 14 个汉字依次呈现一遍后告诉被试:“从这次开始,我喊‘预备’时,你注意看仪器窗口,你看到‘X’就立即说出刚才看到的汉字。不管你说出来还是说不出来,也不管说得对不对,第一个汉字在‘X’之后很快就能呈现。看见第一个汉字就立即说出第二汉字,接着就呈现第三个汉字。照这样的方法做下去。要尽快记住这些汉字。”按汉字的顺序记下被试报告的对错,直到学会,即一遍之中没有一次错误为止。

4. 达到学会标准后,把纸、笔给被试,告诉被试:“请你把刚才记住的 14 个汉字默写出来。默写时要按照原来汉字呈现的顺序。”让被试再现汉字之前,切莫让被试知道实验中有此步骤。

四、实验结果与整理

1. 按呈现顺序计算所有被试达到学会标准时每个汉字错误次数的平均数,并用图表(见表4.7.1)表明识记中的系列位置效应。

表4.7.1　识记中的系列位置效应表

顺序	1	2	3	……	14
汉字					
错误次数					

2. 计算出所有被试对每个汉字正确再现的次数平均数,并用图表表示回忆中的系列位置效应。

3. 以汉字的系列位置为横坐标,以每遍正确再现的平均数为纵坐标,画出识记各阶段的曲线图。

4. 根据本实验结果,说明对14个汉字的识记过程和保持中的系列位置效应。

五、问题与讨论

1. 实验中被试是如何体现系列位置效应的?

2. 本实验验证的是视觉材料的系列位置效应,如何设计一个实验来研究听觉材料的系列位置效应呢?

实验八

不同学习材料的记忆广度实验

一、实验原理

记忆广度(memory span)是指按一定顺序逐一呈现一系列刺激之后,被试能够按照刺激呈现顺序正确再现所呈现的刺激系列的长度(张学民,舒华,2004)。以数字材料为例,向被试朗读或视觉呈现一系列数字,呈现速度为每秒钟一个数字。呈现一次以后,让被试立刻按原来呈现的顺序把数字写下来。被试能正确写下来的最长系列叫做记忆广度。记忆广度的具体计算方法如下:同一长度的数字系列连续呈现,每种长度各呈现3个系列。正确再现一个系列得1/3分,3个系列全部正确再现得1分。以得1分的最长系列的长度为基础,再加上从其他长度系列所得的分数就是所求的记忆广度。例如,6位和6位以下的数字都得1分,6位以上的数字没有得1分的,则6位数字就是基础。7位数字的通过两个系列得2/3分,8位数字的没有一个系列通过得0分,9位数字的通过一个系列得1/3分,10位和10位以上的数字都没有通过的了。这样,把6和另外3个分数加起来$(6+2/3+0+1/3=7)$就是所求的记忆广度。

在记忆广度的测验中,通常要求在呈现刺激后,立即再现所呈现的刺激系列。所呈现的各刺激之间的时间间隔必须相等,再现的结果必须符合原来呈现的顺序才算正确。刺激系列可以通过视觉呈现也可以通过听觉呈现,可以是字母也可以是数字。呈现的实验材料不同,短时记忆的广度也会有所差异。记忆广度测验可以用数字材料,还可以用字母、单字词,甚至句子来进行。但是,使用的材料不同记忆广度也就会发生变化。如数字广度为7~10,单词5~7,句子广度包含的单字可达20。

二、实验目的

1. 测定数字和字母两种实验材料对短时记忆广度的影响。

2. 掌握单因素被试间设计、被试内设计和两因素实验设计及数据的统计分析方法。

三、实验方法

（一）实验仪器与材料

计算机、记忆广度实验设计程序（参见 ExpPsy 2000 实验设计系统）、数字和字母实验材料。

（二）实验程序

1. 实验设计。以全班同学（4 人一组）为被试，考察数字和字母两种实验材料的记忆广度，实验设计还考虑了性别因素。因此，实验结果可以从材料、性别两方面进行统计分析。

2. 实验程序。

（1）运行数字与字母记忆广度实验设计程序，进入实验状态。

（2）实验材料的制作。在编辑实验材料菜单中选择数字材料、字母材料或其他实验用材料子菜单，单击相应的子菜单后，屏幕上会出现生成实验材料的窗体，在窗体上先定义最大的记忆材料长度，然后单击生成材料，便会生成所需要的实验材料，并可以对生成的材料进行编辑，编辑后存盘退出，程序将自动将实验材料存为默认的文件。

（3）正式实验。在“正式实验”菜单中选择已经定义的实验材料的子菜单，屏幕上便会出现指导语窗体，仔细阅读指导语，阅读完指导语后按“开始实验”键进行实验。指导语：“下面呈现的是有关记忆广度的材料：一种是数字，一种是字母，在呈现刺激时请你注意记住刺激的顺序，刺激呈现完毕，请按刺激的呈现顺序逐一回忆出来，并予以确认，下面先从数字材料开始。”

（4）实验结束后，将个人信息填入提示对话框，便于结果的记录与查询。

（5）结果查询与打印。在“帮助”菜单中选择“结果查询”，便可以查询到个人和全体被试的实验结果；选择“结果打印”便可以将数据文件打印出来。

（6）一个被试做完实验后，换下一个被试继续实验。

四、实验结果与整理

1. 对两种实验材料的数字记忆广度进行描述统计分析。

2. 分别以实验材料和性别为因素，作如下分析：

（1）检验不同实验材料的记忆广度是否存在显著差异，并对分析结果作出解释；

（2）检验不同性别被试在不同实验材料（数字和字母为水平）上的记忆高度是否存在显著差异，并对实验结果作出解释。

五、问题与讨论

1. 在实验完毕后，如何对实验数据进行统计分析？

2. 学习材料不同，记忆广度有何不同？

3. 在对组间设计、组内实验和混合设计进行方差分析时，在选择统计方法上应注意哪些问题？

实验九

意义识记与机械识记实验

一、实验原理

记忆是头脑中积累和保存个体经验的心理过程，从信息加工角度讲，就是人脑对外界输入的信息进行编码、存储和提取的过程(彭聃龄,2004)。记忆的影响因素包括情境因素、学习与记忆材料的因素、学习与记忆方法策略的因素和个体因素等。在短时和长时记忆中，记忆的方法对记忆效果有着直接的影响，在长时记忆中，方法与策略的作用更突出。记忆研究的方法有回忆法、再认法、部分报告法、记忆广度法等。

从知识内容上看，记忆方法主要有意义识记和机械识记两种。意义识记是对信息进行分析，使之与已有的知识结构建立起联系。例如，对原理、定义、定理、法则的记忆要靠意义识记。这种识记保持时间长，也较容易提取，但不一定十分精确。识记材料意义的大小及学习者对其意义理解的程度，对记忆效果有明显的影响。机械识记是指人根据材料的外在联系，在没有意义或不理解其意义的情况下，采取机械重复的方法所进行的识记。例如，对历史年代、人物名称、山的高度、外语单词、元素符号等大多数靠机械识记。它的优点是保证记忆的准确性；缺点是花费时间较多，消耗精力大，对材料很少进行加工。学习效果与记忆方法、策略的使用相关。在学习与记忆过程中，采用什么样的记忆方法也直接影响着学习的效率，如采用死记硬背的机械记忆和灵活理解的有意义识记，其学习效率会不同。因此在学习和记忆的研究中，采取适当的方法更有利于学习。

本实验采用回忆法，比较材料有无意义及理解程度对识记过程和保持量的影响，以及机械识记和意义识记的特征。

二、实验目的

通过实验使学生了解不同的识记材料对识记效果的影响。

三、实验方法

（一）实验仪器与材料

记忆仪（见图 4.9.1），计时计数器（见图 4.9.2），词单两套（记忆仪显示窗口左侧为词单一，右侧为词单二）。

图 4.9.1　记忆仪

图 4.9.2　计时计数器

（二）实验程序

该实验的具体操作步骤如下（黄希庭，1987）：

1. 将记忆仪与实验台被试侧“直流电源”插孔连接好。将电源插头插入主试侧右方插座内。打开计时计数器电源开关，接通电源，计时计数器单元工作方式选择为“定时”，并在计时计数器上按下 300000，时间显示为 300.000 秒（即 5 分钟）。

2. 实验前被试不可看材料，主试将运行方式开关选择为“正向”，不要打开记忆仪显示窗口遮板。

3. 主试打开记忆仪直流电源开关，记忆仪自动循检一周后，按“时间”键选择呈现时间为1秒。

4. 被试坐在实验台被试侧(被试座椅的高度应可调),眼睛平视记忆仪上的显示窗口。主试宣布指导语:"请你注意看前面的显示窗口,当出现红色横线提示符后,窗口将呈现词单,请你注意看,认真记,但不准出声。当显示黑色横线提示符时,词单呈现结束,请你报告看完,计为识记一遍。当红色横线提示符再次出现后开始第二遍识记。"

5. 正式实验时先进行意义识记(使用词单一)。主试把显示窗口左侧的遮板打开。主试按记忆仪的"动/停"键,记忆仪运行,词单开始逐个呈现。被试报告看完一遍时,主试再按"动/停"键。按上述步骤共识记3遍。

6. 识记3遍后开始考核。主试按计时计数系统数字方阵"R/P"键启动定时,要求被试进行自由回忆,默写刚识记过的词,时间为300.000秒(5分钟)。

7. 按上述程序进行机械识记(使用词单二)。主试把显示窗口左侧关闭,右侧打开,主试按"动/停"键,词单逐个开始呈现,被试看3遍词单后进行自由回忆,默写刚识记过的词单,时间300.000秒(5分钟)

8. 更换被试,继续上面的实验,但刺激呈现顺序改为先机械识记后意义识记,即进行轮组法程序的实验。

四、实验结果与整理

分别统计出意义材料和机械材料的正确再现数(只回忆出每对词中的一个字不计在内))并计算自由回忆的保持量(表4.9.1)。

表4.9.1　　实验结果记录表

被试编号	1	2	3	……
意义识记正确再现数				
机械识记正确再现数				

五、问题与讨论

1. 根据自己的体会,谈谈如何增强识记效果。
2. 意义识记和机械识记的区别。

实验十

概念图的绘制实验

一、实验原理

Novak 和 Gowin(1984)综合图式理论和概念网络理论,首次提出了概念图的概念。他们试图用形象的图像方式来展现某一命题中各概念间复杂的逻辑关系。他们认为,概念图是一种能形象表达命题网络中一系列概念含义及其关系的图解。它是由概念节点和连线所组成的一系列概念的结构化表征。它能形象化地表达某一命题中各概念节点间的内在逻辑关系(徐洪林,康长运,刘恩山,2003)。

概念图的研究缘于20世纪60年代末西方科学教育界的一场大争论:儿童是否能理解诸如能量、细胞和进化等抽象概念。Novak(1984)等认为,这取决于儿童通过自己的经验和在学校教学中所获得的相关概念的质量和数量,而不取决于皮亚杰等人所研究的抽象的认知操作能力。为此,他们通过对小学一二年级的学生进行实验,发现皮亚杰等人完全低估了儿童的认知能力,一些低年级儿童已经可以独立地画出概念图,并且还能向其他人解释自己所画概念图的含义。

画概念图能促进个体认知结构中组织者概念的形成,进而由组织者概念组织成完整的认知结构。另外,画概念图能引起学生的认知冲突,在认知冲突的解决过程中,使学生的认知结构得到重建,使新形成的认知结构更为科学、合理。同时,画概念图也能加深学生对概念的理解,增强学生的长时记忆能力。在国外,概念图策略已被广泛应用于教学、评估、教材编写、公共事业和商业管理等活动中,但就概念图在教学中对学生认知结构所产生的影响还知之甚少,因此已有研究都是单独研究某学科领域中学习者的认知结构,还未见采用不同教学策略对认知识结构形成的影响研究。可以假设采用画概念图策略的实验班学生更容易形成认知结构,且更容易形成概念间的有意义联结,即形成的认知结构更为合理。

二、实验目的

运用联想测试方法,分析以概念图策略进行教学的试验组和控制组在认知结构形成上的差异。

三、实验方法

（一）实验仪器与材料

试题纸、笔、用做联想测试的10个起固定作用的概念。

（二）实验程序

1. 对于采用画概念图策略的实验组，教师以概念图组织和呈现教学内容，即教师指导学生预习找出关键概念→教师授以新概念→教师指导学生联想已有概念，并讨论→教师指导学生构建概念图→学生运用概念图进行有意义学习。对于控制组，则不给予进行指导。

2. 在教完"清朝末期"一章的全部内容后，教师不给学生进行任何形式的复习，也不给学生任何提示，立即对实验组和控制组学生实施联想测试（目的是为了探知学生知识的原始状态）。用做联想测试的10个起固定作用的概念分别是李鸿章、谭嗣同、甲午战争、鸦片战争……让学生将这10个概念（作为刺激）列于试题纸的最上端，然后对每一个概念进行联想，按照自己认为与该概念关系的远近亲疏，在每一个概念的下面依次列出联想词（概念）。例如对于概念A，学生产生的反应词依次为P、Q、R、S等。每个概念的联想时间为30秒，总共仅需5分钟便可完成本测试。

四、实验结果与整理

表4.10.1　　实验班关于10个概念的相关系数统计表

2	3	4	5	6	7	8	9	10
1								
2								
3								
4								
5								
6								
7								
8								
9								

运用相关系数法对试卷进行分析和处理。例如，对于概念A，学生回答分别是P、Q、R、S等，对另一概念B，学生也产生同样反应，我们就可肯定地推断A概念B

概念间有非常近的内在联系(意义)。这样,我们便可通过学生对不同概念的反应的相似程度来判断两个概念意义的远近,由此也可判断学生习得概念时进行有意义学习程度。两个概念之间的相似程度可用相关系数来表示。两个概念意义相似度的相关系数可由 Garskoff 和 Houston(1963)所提出的公式:RC = A × B/(A × B -1)来进行计算,并将结果记录进表 4.10.1 和表 4.10.2 中。

表 4.10.2　　控制班关于 10 个概念的相关系数统计表

2	3	4	5	6	7	8	9	10
1								
2								
3								
4								
5								
6								
7								
8								
9								

五、问题与讨论

1. 画概念图实验的实际应用。
2. 画概念图对学生会产生什么样的影响?

实验十一

材料呈现形式对内隐记忆和外显记忆的影响实验

一、实验原理

内隐记忆是过去经验对个体当前活动的一种无意识的影响(彭聃龄,2004)。内隐记忆现已成为认知心理学研究的一个重要领域,研究涉及阈下刺激编码、无意识学习、启动效应、健忘症及脑损伤病人无意识经验等领域。此外,在正常人的学习中,内隐记忆与内隐学习也已成为教育心理学家关注的另一领域。

由于内隐记忆现象的多样性和复杂性,目前和还没有一种理论可以很好解释与内隐记忆有关的各种现象。经常引用的内隐记忆理论有多重记忆系统说和加工说两种(舒华,张学民,韩在柱,2006)。多重记忆系统说认为,记忆的实验性分离现象反映了记忆系统存在着不同的子系统,内隐记忆和外显记忆现象分别代表着记忆的两种子系统。多重记忆说很好地解释了健忘症病人的记忆分离现象。加工说认为,记忆的实验性分离现象反映了两类测验所需求的加工过程不同,并不说明记忆系统存在着机能上相互独立的两个不同的子系统。概念驱动过程要求有意义的加工、精细编码等加工过程,这些提高了直接测量(外显记忆测验)的成绩,而内隐记忆的测验依赖于学习与测验时的知觉过程的匹配程度。内隐记忆测验主要提取过去经验中的知觉成分。有研究者认为,内隐记忆测验应该是以材料驱动过程为理论基础的。

在刺激的表面特征对内隐记忆、外显记忆的影响实验中,研究者得到不同结果。有的实验证明在学习阶段对物体编码时,关于物体的表面特征的信息也是外显记忆的内容。另外还有研究表明,在研究内隐和外显记忆时,把刺激的表面特征作为影响两种记忆的重要因素。研究者认为内隐记忆的作业成绩高度依赖于刺激的表面特征,而外显记忆作业则很少受刺激或任务表面特征或属性的影响。

二、实验目的

本实验通过照片的再认任务(直接测量)和偏好再认任务(间接测量),探讨材料呈现方式不同(如不同的表面特征),对外显记忆和内隐记忆的影响。

三、实验方法

(一)实验仪器与材料

1. 实验仪器。计算机、内隐记忆与外显记忆实验程序(采用 E – Prime 制作控制文件)、外显记忆与内隐记忆测验。

2. 实验材料。以人的脸部照片为材料,48 对分别表达 4 种情绪的照片,即快乐、愤怒、恐惧和悲哀,其中 16 对为彩色照片,16 对为黑白照片,16 对为面部轮廓照片。再选取 24 对作为学习材料,其中 8 对彩色照片,8 对黑白照片和 8 对轮廓照片。在学习阶段中,目标照片一半在左、一半在右,以排除空间位置误差。测验时呈现 24 张照片,一半是旧照片(目标照片),另一半是新照片(非目标照片),新旧照片随机呈现,分为再认实验与偏好判断实验。

(二)实验程序

1. 选取被试 90 人,其中 60 人为实验组,30 人为控制组。性别比例为 1∶1,视觉或矫正视觉正常,颜色知觉正常。

2. 学习阶段对实验组所有被试的处理都是一样的。在实验组看懂学习指导语后,按空白键开始进入学习阶段。在计算机屏幕中央依次呈现 24 对照片,每对照片有一张为目标照片(以红色边框框位)和一张非目标照片(没有红色边框)。在照片下面同时呈现"快乐"、"愤怒""恐惧"、"悲哀"4 个键,并对应为 1、2、3 和 4。照片呈现时间为 2 秒,然后消失,这时被试要尽快判断照片所表达的情绪,并按相应的键确定,直到 24 对照片呈现完毕。

3. 让被试休息 5 分钟后,屏幕再出现指导语,请被试按下"1"或"0"键,继续进行实验。"1"键代表先进行再认实验,后进行偏好判断实验。"0"键代表的顺序则与之相反,被试按"1"或"0"键的概率相等,排除序列效应。在被试读懂指导语后,开始进行实验。在再认实验中,屏幕将依次呈现 24 张照片,一半是见过的旧照片(目标照片),另一半是未见过的新照片。要求被试判断是旧的还是新的,并按键确定,直到照片呈现完毕。在偏好判断实验中,要求被试根据自己的第一感觉判断照片是否有趣,并按键确定,直到照片呈现完毕。控制组被试只要求进行偏好判断实验,过程同实验组。

学习指导语:"屏幕中央将依次呈现 24 对照片,每对照片有一张为目标照片(以红色边框框位)和一张非目标照片(没有红色边框),在照片下面同时呈现'快乐'、'愤怒'、'恐惧'、'悲哀'并对应以 1、2、3 和 4。照片呈现 2 秒后消失。请仔细观察目标照片,判断照片的表情是哪种情绪,并按下相应的数字键确定,直到照片呈现完毕。读懂指导语后请按任意键开始实验。"

再认任务指导语:"屏幕中央将依次呈现 24 张照片,一半是见过的照片(目标照片),另一半是未见过的新照片。请在照片呈现后尽快判断是旧的还是新的,'P'键代表旧照片,'Q'键代表新照片。直到照片呈现完毕,明白指导语后请按任意键开始实验。"

偏好判断指导语:"屏幕中央将依次呈现24张照片,请根据自己的第一感觉判断是否有趣,并按键。'P'键代表有趣,'Q'键代表没趣。直到照片呈现完毕。读懂指导语后请按任意键开始实验。"

四、实验结果与整理

(一)对实验组与控制组结果的描述统计

1. 在再认实验中得出正确判断(旧照片判断为旧的,新照片判断为新的)的百分数 PA。

2. 三种不同呈现形式的正确判断百分数,分别为 PA1、PA2、PA3。

3. 在偏好判断实验中得出正确判断(把非标照片判断为有趣,新照片判断为没趣)的分数 B。三种不同呈现形式的正确判断百分数分别为 PB1、PB2、PB3、B 与 B1、B2、B3 有如下关系:$B = B1 + B2 + B3$。

4. 在偏好判断实验中得出判断为有趣的照片(非目标照片和新照片)百分数 PB。

5. 对控制组的统计,计算判断为有趣的照片百分数 PC。

(二)推论统计

1. 对 PA 与 PB 进行 t 检验。

2. 对 PA1、PA2、PA3 作方差分析,如达显著性水平,则再作两两之间的相互比较。

3. 对 PB1、PB2、PB3 作方差分析,如达显著性水平,则再作两两之间的相互比较。

4. 对 PB 与 PC 进行 t 检验。

五、问题与讨论

1. 不论是哪种呈现形式,是否再认都比偏好判断的成绩好?

2. 在再认实验中,不同的呈现形式是否达到显著性水平(即再认的结果受照片的呈现形式所影响)? 彩色照片、黑白照片和轮廓照片成绩是否存在差异?

3. 在偏好判断实验中,实验组与控制组的差异是否显著?

4. 阐述内隐记忆与外显记忆的区别。

实验十二

动作技能的形成实验

一、实验原理

动作技能又称运动技能，是指通过练习而形成的一定的动作方式（彭聃龄，2004）。例如，写字、游泳、修理自行车、安装收音机等都属于复杂程度不同的动作技能。动作技能主要借助于骨骼、肌肉和相应的神经过程来实现。

动作技能的获得过程，即动作技能的形成过程。心理学家对动作技能的形成，曾提出过多种解释。在众多解释中，主要有以下两种理论：(1)认知派的整体结构理论，把动作技能的获得过程看做在特定情境（动作行为环境）下，有目的地对各种知觉的信息进行筛选，有意识地把所摄入的信息通过有机体的外导系统（视觉、听觉、触觉）和内导系统（动觉、平衡觉）输入到相应的中枢神经系统进行编码和校正，以及经过反复多次的反馈和整合之后，贮存这个完整信息的过程。(2)联结理论。该理论在纯生理学的基础上把动作技能的获得过程分为以下三个相互联系各具特点的发展阶段：掌握局部动作的动力定型阶段、初步掌握完整动作的阶段和动作协调、完善的阶段。所谓动力定型，是指条件反射的连锁系统。其特点是，当它形成以后，一旦有关刺激物作用于有机体，这个条件反射的连锁系统就自动地出现，所以，又称之为自动化的条件反射系统。形成了动力定型之后，可以大大地节省我们脑力和体力上的消耗，提高活动效率；而且，意识的控制作用减弱，或者只需要对个别动作起调节作用，只有当要求注意全部动作的情况下，每个动作成分才被清晰地觉察到。

练习是影响动作技能获得的重要条件之一。练习的进程及其效果可以用“练习曲线”表示出来。练习曲线亦称学习曲线。如果以单位时间内完成的工作量和正确数为纵坐标，由于工作量随着练习的进程而增多，练习曲线就呈上升的趋势（见图 4.12.1A）；如果以每次练习所需时间或每次练习的错误数为纵坐标，由于每次练习所需时间或错误数量逐渐减少，练习曲线则呈下降趋势（见图 4.12.1B、C）。

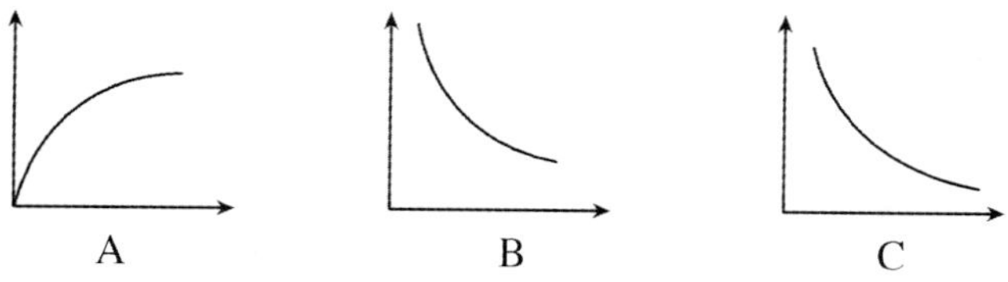

图 4.12.1 典型的练习曲线

二、实验目的

学习使用双臂调节器、触棒迷津，探讨动作技能形成的进程。

三、实验方法

（一）实验仪器与材料

EP714 双臂调节器（见图 4.12.2），JGW－B 型心理实验台（见图 4.12.3）迷津实验单元、计时计数器单元、打印单元。

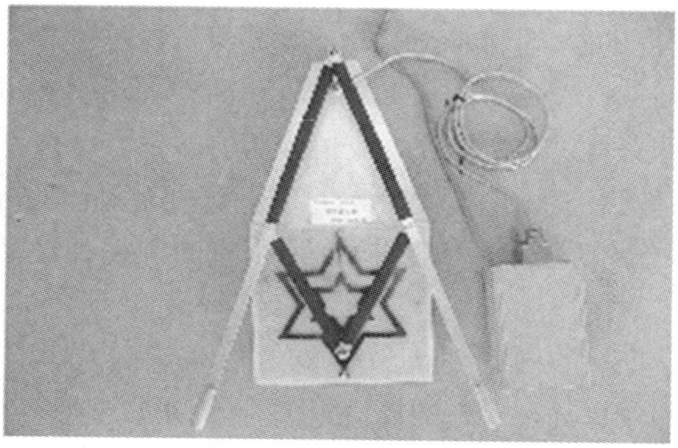

图 4.12.2 EP714 双臂调节器

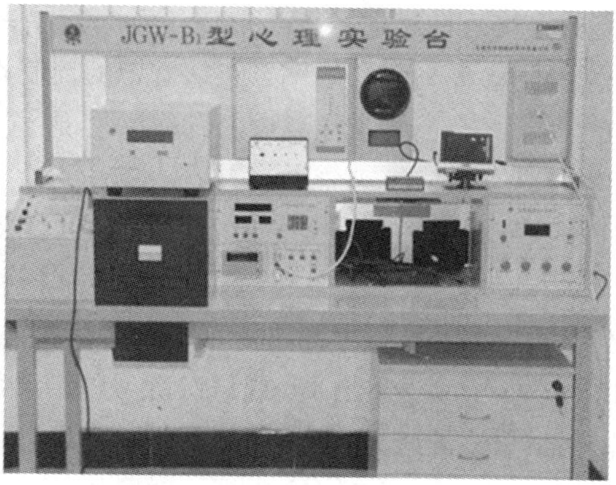

图 4.12.3 JGW－B 型心理实验台

(二)实验程序

1. 鉴别双臂协调能力。

(1)准备工作。将双臂调节器的部件与计时器用缆线连接,将插头插入插座时须对准位置。即插头中凹槽与插座中的凸起部吻合,手握插头尾部用力插入,直到听到"咔嚓"声,接通电源。打开开关,计时器显示00000.00。

(2)被试双手握住两个手柄引导探讨头进入轨迹起点,探头离开起点即开始计时计数。完成一周后,探头进入终止位,蜂鸣器响,停止计时计数,显示工作时间或出错次数。每位被试可练习一次,不记录时间或错误次数。

(3)主试按 N/T 键,显示错误时间或次数。

(4)记录完毕后,主试按复位键,记录显示00000.00,可重新开始下一次实验。

(5)每个被试做10次,每两次中间可休息几秒钟。

2. 使用触棒迷津。

(1)将迷津单元实验台中部操作箱下方凹槽。插入时迷津定位标志孔放在左侧。将迷津沿槽推进,使标志孔全部进入槽内。将触棒导连线插头插入操作箱下方"探笔"插孔内。接通系统电源,按下计时计数器单元的计时计数键。

(2)事先不让被试看见迷津。被试坐在主试侧,优势手臂伸入套袖式测试口。主试将触棒交给被试,令其握好,并将棒引至槽内起始点。主试宣布指导语:"当我发出开始口令后,请你操纵触棒沿槽前进,触棒进入盲巷,将发出一个声音,并计1次错误。你要改变路线探索前进,直至终点,计为学习一遍。请你一遍一遍地学习,直到连续3遍不出现错误为止。注意:①触棒不准离开迷津槽跳跃前进;②悬肘操作,被试手及手臂不能触及迷津。"主试除非发现跨越一个象限的迂回,否则不予以提示。主试发出"开始"口令,同时按下操作箱内左侧下方"启动"键,计时计数器开始工作。

(3)每遍结束后,按下"打印"键,打印输出此次数据。

(4)打印完毕后,主试按计时计数器的"复位"键,复零后开始下一遍的学习。

四、实验结果与整理

1. 计算被试双臂操作的时间平均数(S),并画出时间曲线。

2. 计算被试双臂操作的平均错误次数,并画出错误曲线。

3. 列表整理每遍的练习结果,将结果记录进表4.12.1中。

表 4.12.1　　实验结果记录表

练习次数	1	2	3	……	平均数
错误次数					
所用时间(s)					

4. 根据结果画出平均错误次数曲线和时间平均曲线。

五、问题与讨论

1. 两个实验所得结果及练习曲线属于哪种形式?

2. 根据本实验的练习曲线,分析在视觉参与及排除视觉的调节下动作技能形成的进程及趋势。

3. 根据以上实验结果,可以得出什么结论?

实验十三

记忆的复述策略训练实验

一、实验原理

复述策略是在工作记忆中为了保持信息而对信息进行反复重复的过程（陈琦，刘儒德，2005）。在学习中，复述是一种主要的记忆手段，许多新信息，如人名、地名或外语单词等，只有经过多次复述后，才能在短时间内或长期记住。复述策略所涉及的认知过程主要是：（1）选择，把注意力放在一定的对象上；（2）获取，使材料转入工作记忆。

具体来说，复述策略有很多种具体形式，经常被用到的复述策略有：（1）利用随意识记和有意识记；（2）排除相互干扰；（3）多种感官共同参与；（4）尝试背诵；（5）利用整体识记和分段识记；（6）重复学习；（7）及时复习；（8）反复复习；（9）使复习形式多样化；（10）反复实践等。

有关研究表明，复述策略的掌握对小学生记忆成绩的影响表现如下：（1）复述可以提高各年龄阶段个体的记忆成绩；（2）只要采取复述策略，学生的记忆成绩就比没有采取任何复述策略的学生记忆成绩好；（3）通过对不会使用任何复述策略的学生进行培训，可以提高其记忆成绩；（4）对只会采取较简单复述策略的学生进行较高级的培训，可进一步提高记忆成绩；（5）通过对智力落后的儿童进行有关复述策略的训练和大量练习，可以使回忆量达到没有经过训练的、具有中等 IQ 的成人的水平（陈英和，1996）。但是在实际训练过程中，一些高级的加工过程可能会对复述产生干扰，所以复述策略的训练也应注意同时权衡各种因素。

二、实验目的

探究在词汇的记忆训练中，能否通过训练的方式使学生掌握复述策略。

三、实验方法

（一）实验仪器与材料

10 组汉语词语，每组 10 个，均为常见的名词，如苹果、椅子、花猫等。这些词语分别写在20张10cm×20cm的卡片上；秒表。

（二）实验程序

1. 选取被试。选取一、三年级的小学生各30名。将每个年级的学生都分为三个组，每组10人。根据要训练的具体复述策略的不同，划分为控制组、反复记忆组和多通道感觉组。

2. 施测。每组有两名主试，其中一名控制实验进程，另一名记录被试的记忆情况。每个被试单独接受测试。施测时先由主试说明指导语（详见下文），然后将卡片依次呈现给被试，每张卡片出示30秒。30秒后，主试将卡片收回，让被试在20秒之内尽可能多地回忆并说出卡片上的词语。记录被试回忆出的词语的数量和准确情况。在出示下一张卡片之前可让被试稍作休息。

3. 指导语。

（1）控制组："下面我们来做个游戏。我先后将10张卡片发给你，拿到每张卡片之后你有30秒钟的时间来记住卡片上的词语，但是在记词语的过程中不能发出声音。30秒钟之后我会把卡片收上来，接下来你要在20秒钟之内尽量多地把记住的词语告诉我。"

（2）反复记忆组："下面我们来做个游戏。我先后将10张卡片发给你，拿到每张卡片之后你有30秒钟的时间来记住卡片上的词语。在记词语的过程中，你需要反复地看卡片上的词语，但是不要读出声音。30秒钟之后我会把卡片收上来，接下来你要在20秒钟之内尽量多地把记住的词语告诉我。"

（3）多通道感觉组："下面我们来做个游戏。我先后将10张卡片发给你，拿到每张卡片之后你有30秒钟的时间来记住卡片上的词语。在记词语的时候，你需要把卡片上的词语反复地朗读出来。30秒钟之后我会把卡片收上来，接下来你要在20秒钟之内尽量多地把记住的词语告诉我。"

四、实验结果与整理

1. 统计每组被试回忆起的词语的数量（结果列入表4.13.1中），将反复记忆组和多通道感觉组的记忆情况与控制组相比较。

表4.13.1　　实验结果记录表

	被试回忆起的词语数量										
	1	2	3	4	5	6	7	8	9	10	平均成绩
控制组											
反复记忆组											
多通道感觉组											

2. 比较不同年龄的被试组的记忆情况。

五、问题与讨论

1. 使用复述策略的被试的记忆情况是否比控制组的更好一些?

2. 对于三年级的被试,控制组与其他两个实验组的记忆情况的差距是否比其他两个年级的更小?

实验十四

精加工策略的训练实验

一、实验原理

所谓精加工,就是通过把所学的新信息和已有的知识联系起来,以此来增加新信息的意义,也就是说我们应用已有的图式和已有的知识使新信息合理化(陈琦,刘儒德,2005)。精加工策略能帮助学习者将信息存贮到长时记忆中去,它是通过在所学各项信息之间建立联系来实现的。精加工策略和组织策略同属于深加工策略,但组织策略是在于构建或突出新知识点之间的内在联系,使信息易于接收;精加工则是使新知识与已有知识取得联系,增进对新知识的理解。经过精加工的信息进入已有知识结构中,在以后用到的时候更加容易被提取,即使直接提取出现困难,也能够通过知识结构间接地推导出来。因此,精加工在学习过程中发挥着重要的作用,是高效率地获得陈述性知识的基本条件之一。已有较多研究表明,能否使用精加工策略是成功学习者与非成功学习者的重要区别之一。

综合已有的研究,可以发现精加工的主要方法有:(1)对新信息进行联想;(2)产生关于新信息的视觉表象;(3)将新信息的字面意思进一步扩展;(4)把新信息同别的事物进行比较;(5)举出一个新信息的实例;(6)补充新信息的某些细节;(7)找出新信息的上位概念或下位概念;(8)对新信息进行合乎逻辑的推理等。总之,精加工策略是为知识的建构提供更多的信息,为知识的提取提供更多的途径,以此来增强学习和记忆的效果。

二、实验目的

验证能否通过训练的方式使学生掌握精加工策略,以及精加工策略的训练是否带来学习成绩的改善。

三、实验方法

(一)实验仪器与材料

在日常生活中常见的物品或动物的配对词40对。其中,两词之间不存在明显意义联系的20对，如狗—桌子；两词之间在一定程度上存在某种联系的20对，如牙膏—香皂。这些配对词分别写在40张14cm×8cm的卡片上，其中两张卡片用做示范。

（二）实验程序

1. 被试分组。实验对象为二、四、六年级的小学生，每个年级30人。将每个年级的学生都分为三个组，每组10人。每组根据要训练的具体精加工策略的不同，分为控制组、造句组和表象组。

2. 施测。每组有两名主试，其中一名控制实验进程，另一名记录，每个被试单独接受测试。施测时先由主试说明指导语（详见下文），并用两张卡片进行示范，确认儿童已经理解之后，依次出示38张卡片（其中，存在一定联系的配对词和不存在明显意义联系的配对词随机出示），每张卡片出示时间为10秒。在出示卡片的时候主试记录被试的反映内容。38张卡片呈现完毕之后，主试说出第一个词，被试回答与之配对的词，并对被试回答的正确与否做记录，列入表4.14.1中。

表4.14.1　　　　实验结果记录表

	被试回忆起的词语数量					
	被试编号	1	2	3	……	正确率
控制组	被试的反映					—
	正确与否					
表象组	被试的反映					—
	正确与否					
造句组	被试的反映					—
	正确与否					

3. 指导语。

（1）控制组："下面我们来做个游戏，目的是了解你的发音是否准确。我将给你看38张卡片，请你将每一张上的词大声地念出来。如果有的字不认识，请跟着我念。在我给你看卡片的时候，你要一直注视卡片。例如，我给你看'狗—桌子'，你就念'狗—桌子'，并且一直看着它。"

（2）造句组："我们来做个游戏，目的是了解你用词造句的能力。我将给你看38张卡片，每张卡片上都写着两种物品或者动物的名称。你的任务是用每张卡片上的两个词造一个句子。例如，我给你看'狗—桌子'，你可以说'桌子旁边趴了一条狗'。"

（3）表象组："我们来做个游戏，目的是了解你的想象能力。我将给你看38张卡片，每张卡片上都写着两种物品或者动物的名称。你的任务是想象一幅画面将它们联系起来，并且要将想象的画面讲出来给我听。比如我给你看‘狗—桌子’，你可以想象一条狗跳上了桌子，并且告诉我你想象的画面是狗跳上了桌子。”

四、实验结果与整理

1. 计算各组被试的正确率，将造句组和表象组的成绩分别与控制组相比较。

2. 比较出示不存在明显意义联系的配对词和存在一定程度上的某种联系的配对词的被试成绩。

3. 比较不同年龄的被试组的成绩。

五、问题与讨论

1. 使用精加工策略是否使学生对配对词组的记忆成绩有所提高？

2. 精加工策略的使用使所有年龄段被试的记忆成绩都有所提高吗？

3. 配对词之间的联系程度对被试的记忆成绩有影响吗？为什么？

实验十五

分类组织策略的训练实验

一、实验原理

个体在学习某项新知识或新技能时，有相当一部分必须依赖于他们已发展起的各种学习策略。他必须知道要用到哪种学习策略。有效的学习涉及学生能否有效地使用特定学习策略。而他们能否有效地使用学习策略，这既与学生的认知能力的发展（尤其是元认知能力）有关，也与教师的教学指导有密切关系。

所谓组织策略，简单来说就是个体能将所接收的信息，主动并有意地重新排列组合，形成对其有意义的信息处理模式，并能使这些信息进入长时记忆，形成有效的学习。它主要包括两种形式：分类和语义组织。目前常用分类方法有意义分组、主题联想归类、词语的首位字母分组记忆、位置分组记忆、发音相近分组记忆等；语义组织常见的形式有主题纲要法、流程图等。

具有组织策略能力的学生能将所接收的信息重新安排成几个类别，来帮助自己完成有效学习。不过值得教师注意的是，必须了解学生是否未具备组织策略的能力（可用性缺陷）或者不能适当地使用组织策略（产生性缺陷）。对于前者，属于学生的发展问题，而针对后者，教师如果加以指导和有效训练，相信必能帮助他们解决学习的困难。根据莫里等人（Moely, Olson, Halwes & Flavell, 1969）针对5～11岁儿童所做的自由回忆研究，他们发现5～7岁的儿童对于组织策略的自发使用并不强烈，到8～9岁时则开始显现，10～11岁时变得强烈。因此教师在实际策略教学中，必须特别注意学生的发展阶段，再拟订适当的教学策略。当然每个学生都有其发展的个体差异，因此教师除了指导并训练学生如何使用组织策略外，还应切实去了解学生的具体困难所在。

教师在进行组织策略训练时，一方面要适应学生已有知识水平和认知水平，在最近发展区内实施策略训练。另一方面还应辅以认知能力的培养，如概括归纳能力、判断能力和想象能力等，使两者结合起来，来促进学生整体认知水平的提高。同时应注意有目的、有计划地进行长期不断的组织策略训练，以不断增强学生应用组织策略的自觉性。而词汇学习策略是外语教学的重要方面。本实验是在国内外已有研究基础上，拟探讨运用分散和集中训练法来实施分类组织策略训练对英语词汇学习的积极效果。

二、实验目的

掌握学习策略的教学技巧，针对学生的个体发展阶段，通过示范、演练、反馈等方法训练学生形成运用分类组织学习策略的技能。

三、实验方法

（一）实验仪器与材料

不同类别的英语单词，如鸟类、花草类、蔬菜类，及词形相近、意义相近、发音相近、词缀相同的词共60个。注意被试需均未学过这些单词，这些单词在词汇表上的排列应随机。

（二）实验程序

要求学生使用集中训练和分散训练两种方法自行设计出对分类组织策略的训练方案，自行选择英语单词在课下以班级为单位分小组形式完成本实验，自行记录训练的数据。策略训练总计时间限定为60分钟。集中训练组1次完成训练；分散训练组在两周内分6次完成（每次10分钟）；对照组不实施训练。其余同学为策略指导员。

注意问题：前测和后测及训练单词表的确定。其中前后测单词应大致难度相同。

四、实验结果与整理

比较集中训练组和分散训练组学生训练前后以及训练组和对照组学生之间单词记忆成绩的变化（见表4.15.1）。

表4.15.1　　　　实验结果记录表

组别	被试编号	前测成绩	第一次	第二次	第三次	第四次	第五次	第六次	后测成绩
1									
2									
3									
⋮									

五、问题与讨论

1. 讨论自己的一些学习策略。
2. 学生形成运用分类组织学习策略的技能。
3. 讨论策略训练中应注意的一些问题。

实验十六
认知方式测定实验

一、实验原理

所谓认知方式,是指个人所偏爱使用的信息加工方式(彭聃龄,2004),主要是个体依靠外在参照还是依靠身体内在参照的倾向。关于认知方式,国内外研究者进行了大量研究。认知方式最早由 H. Witkin 提出,他将认知方式划分为场依存性和场独立性。场独立性强的人知觉判断时较少受周围事物的干扰,具有很强的自我同一感,拥有这种认知方式的个体能清楚地将自我的需要和价值观与他人的区分开来;他们在与环境的感知觉交互作用中,能够明确地区分自我与周围环境的界限;他们善于分析环境,而且不容易受环境的干扰。场依存性的人知觉判断缺乏独立性,易受环境因素和其他人的影响。场独立性和场依存性的研究不仅对心理学理论研究有重要意义,而且也可以广泛地应用于教育、医疗、职业选择和人才选择等许多应用领域。

棒框实验是用来测定场依存性和场独立性的常用方法之一。该实验是通过棒框仪在暗室中进行的实验,具体操作是通过调节棒框仪的棒和框的倾斜角度,让被试把棒调整到与水平面垂直状态。根据其调整时误差的大小,确定被试使用的参照是内在的还是外在的,从而确定被试的认知方式属于场依存性还是场独立性。

此外,镶嵌图形测验也可以测量个体的认知方式。镶嵌图形测验(Embedded Figure Test)也叫隐蔽图形测验,这是目前研究者采用较多的方法。它要求被测者在较为复杂的图形中用铅笔勾画出镶嵌或隐蔽在其中的简单图形。在这一测验中,场独立性者能排除背景因素的干扰,从复杂图形中知觉到指定的简单图形,得分较高;而场依存性者完成这项任务则较为困难。

二、实验目的

学习认知方式的测定方法——棒框实验和镶嵌图形测验,并理解分别使用这两种方法测量场依存性的结果之间的相关性。

三、实验方法

（一）实验仪器与材料

BD－Ⅱ－503 棒框仪（见图 4.16.1）、秒表、镶嵌图形测验图形三套。

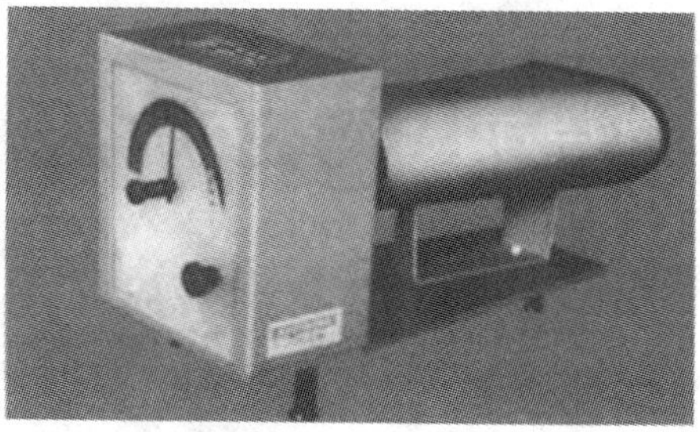

图 4.16.1　棒框仪

（二）实验程序

1. 棒框实验。

（1）主试通过调节底部的升降螺丝，先将棒框仪调节到水平状态。将方框调到向左倾斜 17°，把框内的棒调到向右倾斜 20°左右。

（2）让被试端坐、放松、双眼紧贴观察窗，暗适应 2～5 分钟后施测。主试向被试陈述指导语："这是一个调整小棒方向的实验，你会看到里面有一个方框，框里有一根小棒。你调节旋钮，那根棒能够转动。现在让你把那根棒调得与地面呈垂直状态。调好后眼睛就离开观察孔，不要再往里看，等待下一次实验。每次都是我说'开始'，你就开始往里看，并将那根棒调到与地面垂直的方向。"

（3）框按左、右、右、左的顺序倾斜 17°，棒的倾斜度数是 20°左右，倾斜的方向按表 4.16.1 的顺序排列。

表 4.16.1　　实验记录表

方框的倾斜度	17°							
方框的倾斜方向	左	右	右	左	右	左	左	右
棒的倾斜度	20°左右							
棒的倾斜方向	左	右	左	右	右	左	右	左
误差的度数								
误差的方向								

（4）每次被试调好后，主试都要将误差的度数和误差的方向记入上表中。注意不要将结果告诉被试。

2. 镶嵌图形测验。

(1)给被试彩笔,交待如下指导语:"我现在请你做一个从复杂图形中找出一个简单图形的实验。这张纸上8个图形是简单图形,等实验开始时再给你复杂图形。每个复杂图形中都包含有简单图形,要求你在每个复杂图形中找出一个简单图形,并且用笔把它描出来,可以随时对照简单图形找。第一次给你的复杂图形有7个,给你2分钟的时间,要求你尽快地找和画。要听我的口令开始和停止。"

(2)主试把复杂图形1~7号交给被试,喊"开始"的同时开动秒表,直到2分钟时喊停止,并将复杂图形收回。接着再对被试说:"下面还有十几张复杂图形,要求你从每个复杂图形中找出一个指定的简单图形,在每个复杂图形下面都写出着要你找的简单图形是哪一个。找出后就用彩笔把它画出来。一共给你9分钟的时间。其余做法和上面做过的一样。"

(3)主试把复杂图形8~25号交给被试,直到9分钟时停止。

四、实验结果与整理

1. 分别计算每一个被试棒框实验8次误差的平均数。

2. 核对每个被试在镶嵌图形测验中画对的图形,并按以下标准计算分数。

(1)核对每个被试在镶嵌图形测验中画对的图形,并按以下标准计分数:

①1~7号做对1个得1分,满分7分;

②8、9、ll、12、15、16、17、19、20、22、23号做对1个得6分,满分66分:

③10、13、14、18、21、24和25号做对1个得7分,满分49分

(2)分数越高越接近场独立性,分数越低越接近场依存性。

3. 将每个被试的两个实验结果列表,然后计算棒框实验误差度数和镶嵌图形测验分数的相关系数,并说明它的可靠性。

4. 根据以上测试结果说明这两种方法测量场依存性的结果之间的相关性。

五、问题与讨论

1. 除通过棒框实验和镶嵌图形测验之外,还有哪些方法可以测定场依存性与场独立性?

2. 场依存性与场独立性对人的空间知觉过程会有什么影响?

3. 你所测定的男女场依存性是否有差异?原因何在?

实验十七

人工概念的形成实验

一、实验原理

大量的认知学习都涉及概念获得。人工概念是指在实验室的条件下,为模拟自然概念的形成过程而人为地制造出的一种概念,它的内涵和外延常常可以人为地确定(彭聃龄,2004)。心理学家已先后提出几个理论来说明概念形成的具体过程,共同因素说认为概念形成是将一类事物的共同因素抽象出来并对它做出相同的反应;共同中介说认为概念形成是获得对一组刺激的共同中介反应;后期假设检验说认为人在概念形成过程中,需要利用现在获得的和已存贮的信息来主动提出一些可能的假设,即设想所要掌握的概念可能是什么。

概念是思维的"细胞"。概念的产生是认识过程中的质变。由于概念反映事物的本质,因而研究概念的形成不仅具有重大的理论意义,而且还具有重大的应用价值。具体地说,研究概念的研成,有助于从理论上揭示思维的规律。同时,如果学校和教师能够又多又快地帮助学生掌握科学概念,就能大大地提高教学质量。关于概念形成的一些条件及影响形成的因素,不少心理学家做过许多实验研究。由于在自然环境条件下形成一个概念需要很长时间,有的甚至需要几十年的工夫,再加上实验条件不易控制,因此心理学家更多地采用实验方法来研究人工概念形成的过程。这类研究于1920年由赫尔创始。随后,布鲁克斯等不仅对概念形成的过程作了重要研究,而且也对概念形成的研究方法和模型作了探索。莱文等人的研究指出,假设检验模型是目前研究概念学习的最佳模型,这种模型指出在概念形成过程中,概念的学习者是一个主动的问题解决者。布鲁克斯的研究则指出了概念形成中记忆的潜在作用。本研究从上述线索出发,探索概念形成的特点和研究方法,为教育实践提供某些参考依据。

二、实验目的

1. 探讨个体掌握人工概念的策略。
2. 比较简单和复杂的人工概念形成的速度。

三、实验方法

(一)实验仪器与材料

耶克斯选择器(见图 4.17.1)、秒表、简单和复杂的空间位置关系。

图 4.17.1 耶克斯选择器

(二)实验程序

1. 主试事先确定需要被试形成的空间位置关系(人工概念),选择或自己设计几种方案,并排好呈现顺序。其中一半是简单的空间位置关系,另一半是比较复杂的空间位置关系。

2. 被试坐在仪器的百叶窗前,主试在百叶窗后操作。按照事先选定的方案,将几个活动电键推出,并将其中的一个键与声音相连,不能让被试知道。

3. 告诉被试:"这些电键中有一个按下后会发出响声,请你找出与声音相连的那个电键。如果你按下电键没有声音,就按另外的电键,直到按响为止。你要记住声音是和什么位置的电键相连的。在你这一遍做完后,请说出你的想法。"

4. 待被试找到与声音相连的那个电键后,按照选定的方案再推出几个活动电键,并告诉被试:"这次我换了几个电键,做法和第一次一样。实验就这样做下去,直到你连续三次第一次按下去对了并能说出声音键的空间位置关系为止。"

5. 主试说"开始"的同时开动秒表,当被试按键发出声响时,停秒表。主试记下每次被试找到声音键所用的时间以及被试的口头报告,填入表 4.17.1 内。

6. 选择或设计新的空间位置关系,换其他被试,重复以上实验。

四、实验结果与整理

1. 统计被试每次所用的时间、按错的数量及达到形成空间位置关系所需要的遍数(见表4.17.1)。

表4.17.1 **实验结果记录表**

实验次数	空间位置关系	时间(秒)	错误总次数	被试口头报告
1				
2				
3				
⋮				

2. 根据所得实验材料,分析简单和复杂空间位置关系概念形成的过程。
3. 根据被试的口头报告,分析在概念形成过程中所使用的策略。

五、问题与讨论

1. 讨论掌握人工概念的方法与策略。
2. 比较简单与复杂人工概念的形成。

实验十八

问题解决的思维过程实验

一、实验原理

学习过程中经常发生的一种重要认知过程就是问题解决。问题解决是一种情境,个体要竭尽所能去达到一个目标,而且必须找到解决目标的途径。思维总是和解决问题解决紧密联系的,是通过一系列比较复杂的操作来实现的。思维过程就是人们运用在头脑中存储的长时记忆中的知识经验,对外界输入的信息进行分析、综合、比较、抽象和概括的过程(彭聃龄,2002)。

问题解决的过程依赖于问题的复杂程度,要经过反复思考和实践检验。在每次行动之前,都要在思考中寻求解决问题的途径,然后在行动中检验解决的情况和程度,直到问题得到解决为止。本实验要考察的就是问题解决中的思维过程。

关于解决问题的思维过程,心理学上曾有过不少研究:机能主义者桑代克(Thorndike)认为,这是常识错误的渐进过程;而格式塔心理学家柯勒(Kohler)则认为这是突然实现的,即顿悟的结果。信息加工论者把问题解决看做信息加工系统对信息的处理,把最初的信息转换成最终状态的信息。阶段论者一般把解决问题的思维过程划分为4个阶段:觉察问题、分析问题、提出假设、检验假设。现代认知心理学家则认为,解决问题就是在问题空间中进行搜索,以求通过搜索,最后达到目标。解决问题包含了两种基本策略:手段—目的分析和形成次级目标。手段—目的分析是指问题解决者通过选择算子,使当前的问题状态与目标状态之间的差异缩小;次级目标的形成有助于降低搜索空间的大小,以免思维进入死胡同。在解决问题的过程中,这两种策略虽频繁运用,但并不能保证一定成功地解决问题。不仅问题的性质、呈现方式,而且问题解决者的知识经验、动机强度、心理定势等都会影响问题的解决(黄希庭,1989)。

二、实验目的

本实验的目的是运用口述记录法分析问题解决的思维过程。

三、实验方法

(一)实验仪器与材料

1. 录音机、手表和磁带。

2. 印制清晰的纽厄尔(Newell)等的数谜问题:有 10 个字母(DONALGEBRT),每个字母代表字 0 ~9 中的一个数码,但不重复。他们组成了如图 4.18.1 的竖式,其中已知条件是 D =5。请解出这些字母代表什么数码。

```
  6 5 4 3 2 1
  D O N A L D
+ G E R A L D
-------------
  R O B E R T
```

图 4.18.1　纽厄尔数谜

(二)实验程序

1. 本实验的被试为随机抽取的大学本科生。在实验开始前,主试对被试宣布指导语:"请你仔细阅读数谜问题……想一想能用什么方法来解这个数谜?你能否用最简便的方法来解?如果你的解法是正确的话,那么得出的相应的数码就完全可以代入这个竖式。请注意:你在解题的时候要大声说出自己的想法。一边解题一边大声说出自己的思路。明白了吗?(解答问题)开始!"

2. 主试打开录音机录音,并注意观察其行为反应,用手表计时。

四、实验结果与整理

1. 对原始记录进行分析,在表 4.18.1 中列出被试问题解决的各个步骤和所用策略。

表 4.18.1　实验结果整理表

被试编号	步骤 1	步骤 2	步骤 3	……	正确与否	所用策略
1						
2						
3						
⋮						

2. 分析被试的解题策略和尝试错误的情况。

3. 分析被试问题解决的思维过程的个别差异。

五、问题与讨论

1. 分析问题解决的实质。

2. 根据实验材料,谈谈你对问题解决的思维过程的理论的看法。

实验十九

学生品德自我评价的倾向实验

一、实验原理

自我评价是自我意识的一种形式,是个体对于自己的心理特征和生理特征的价值的判断(黄希庭,1989)。儿童把自己当做认识主体从客体中区分出来,开始理解"我与物"和"非我"关系后,通过别人在对自己评价和对别人言行评价的过程中,逐渐学会自我评价。根据罗杰斯的人本主义心理学思想,自我评价是意义学习的重要条件。

人对自己的思想、动机、行为和个性的评价,会直接影响到其学习和参与社会活动的积极性,也影响着与他人的交往关系。一个人如果能够正确地认识和评价自己,就能正确地对待和处理个人与社会、集体及他人的关系,有利于自己克服缺点、发扬优点,在工作中充分发挥自己的作用。实事求是地进行自我评价是进行自我教育、自我完善的重要途径之一。自我评价的基本目标和价值,就在于帮助学习者成为主动的、自我负责的学习者。

自我道德评价一般是指行为者本人依据一定的道德标准,对自己的道德品质、行为意向以及已经发生的行为及其后果的一种自我认识、评价和判断。这是个性评价系统中最主要的评价方面之一。良好的、适当的自我评价使个体的社会适应性能够得到合理而健康的发展,成为合格的社会成员。因此,青少年的道德品质的自我评价倾向就成了教育心理的主要课题。

二、实验目的

本实验的目的在于验证学生对道德品质的自我评价的倾向性。

三、实验方法

(一)实验仪器与材料

道德品质评价量表有自评和他评两种。

品德自评表有8种积极的品质:诚实、做事认真、帮助人、礼貌、大公无私、勤劳、清洁卫生、遵守纪律(见表4.19.1)。

表4.19.1　　　　　　　　　　品德自评量表

序号________　　性别________　　班级________

等级 / 项目	5　很好	4　较好	3　一般	2　较差	1　很差
诚实					
做事认真					
帮助人					
礼貌					
大公无私					
勤劳					
清洁卫生					
遵守纪律					

品德他评表包括良好和不良好品质各4种:严格要求自己、团结友爱、学习努力、文明礼貌;损人利己、欺骗、办事拖拉、不讲卫生(mqb 表4.19.2)。

表4.19.2　　　　　　　　　　品德他评量表

序号________　　性别________　　班级________

等级 / 项目		很符合	较符合	一般	不大符合	很不符合
		5	4	3	2	1
优良品质	严格要求自己					
	团结友爱					
	学习努力					
	文明礼貌					
不良品质	损人利己					
	欺骗行为					
	办事拖拉					
	不讲卫生					

(二)实验程序

1.准备。在初中同年级2~3个班中选50人为被试,男女各半。

指导语:"同学们,我们将发给你们两张表,表上列有关于道德品质的词汇。第一张表(表4.19.1)用来进行自我评价。比如,用表上'诚实'一项对照自己,如果你觉得自己很诚实,就在‘诚实’那一横行中,在‘5 很好’下面画上‘√’;如果你觉得自己是比较诚实的,就在‘4 较好’下画上‘√’;如果你觉得自己是很不诚实的,就在‘1 很差’下画上‘√’;如果你觉得自己比较不诚实,就在‘2 较差’下画上‘√’;如果你觉得自己谈不上诚实或不诚实的,就在‘3 一般’下画上‘√’。请逐项对照。做完第一张表后,请举手。我再发第二张表(表4.19.2)。这张表是让你评价邻座同学,填写方法与第一张表相同。”

2.施测。将被试集合在一间教室内进行书面回答,竖行间隔开,使熟悉者彼此隔离。被试坐好后,按指导语要求发放评价表进行测查。

主试同做完评价的同学进行个别谈话:“你对这项活动有没有兴趣?这项活动对您认识自己有没有帮助?”观察被试的态度,记录谈话的内容。

四、实验结果与整理

1.对两种表进行统计。

2.在自我评价与他人评价间进行比较。

3.在男女被试的两种评价间进行比较。

4.比较被试关于优良品质和不良品质的自我评价。

五、问题与讨论

1.被试的自我评价与对他人的评价,在其倾向性方面有什么区别?试据此提出教育方面建议。

2.男女被试在评价自我的优良品质和不良品质方面有什么区别?试据此提出教育方面的建议。

3.根据被试结果检验时蓉华等人(1985)的结论。

实验二十

榜样在个性形成中的作用实验

一、实验原理

研究表明,人们的学习不仅在于通过自身的实践获得直接经验,通过他人的言语表达获得间接经验,还可以通过直接观察来间接了解他人的行为活动进行。在这种通过榜样示范的学习模式中,他人的思想、情感和行为作为一种替代性经验,会对学习者的思想、行为产生巨大的影响。这种影响的心理机制在于人所具有的一种模仿能力。

模仿,指按照一种已有的行为模式习得与之相类似的模式的活动。尽管心理学家对模仿活动心理成分的看法各不相同,但他们都认为模仿是一种重要的社会学习形式。通过模仿,不仅会使一个人原有的行为模式得以巩固或改变,使原来潜在的行为倾向得到表现,而且会使人学到新的、原来没有的行为。正是如此,心理学家认为,人在一生中不仅其外显行为来自对别人的模仿,其态度和价值观念、好恶行为习惯乃至道德品质、性格特征,都可能来源于模仿。模仿是榜样影响力的基础。由此,通过榜样教育达到对人的思想道德影响才成为可能。

榜样作为一种诱因,具有明显的培养和激发动机的作用。先进榜样的影响力在于:榜样的真实性,模仿者能正确地对待榜样,对榜样形成的条件有一个明确的认识;榜样的美学特征和榜样的生命力。在学校教育中,好的或坏的榜样在形成和发展学生的个性方面,影响都是相当显著的。教育心理学有必要深入查明榜样教育的机制,为教育提供依据(黄希庭,1989)。

二、实验目的

本实验的目的在于结合教育实际,探讨榜样教育对中学生道德认识和道德习惯的作用,查明利用榜样进行教育的有效方式与途径。

三、实验方法

(一)实验仪器与材料

问卷。内容如下：

1. 选用科尔伯格(Kolberg. L.)用过的“海因茨为病妻偷药”的故事做题材，制成幻灯片，配上录音解说。

2. 编写“XX 扯谎”的故事，制成配有录音的幻灯片。

3. 以哈特森和梅(Hartson. L. & May. M. A.)诚实性测验(图 4.20.1)了解被试的诚实行为。

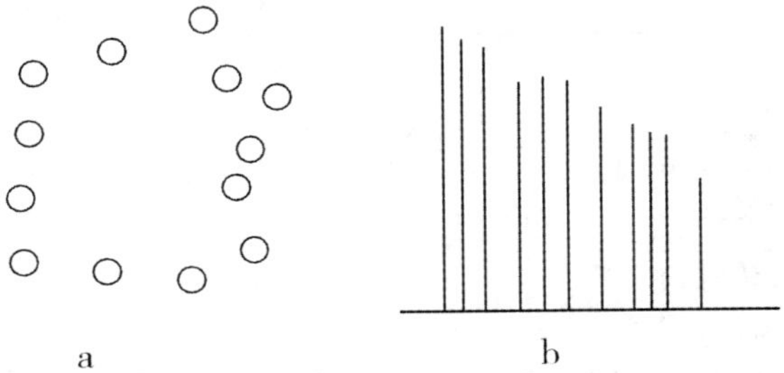

图 4.20.1　正直性测验

a. 让被试闭上眼，在小圆圈之间画一个大圆　b. 让被试闭眼沿竖线上端联线

(二)实验程序

从初中一年级中随机选择 90 名被试，用随机分配方法平均分为 3 个实验组：榜样—认识组，榜样—卷入组，榜样—练习组。

1. 初测。用个别谈话法或书面作业法施测。

用幻灯片以故事法测查被试的道德判断水平。让被试判断海因茨行为的对错，并说明理由。以科尔伯格道德发展阶段前习俗水平、习俗水平、后习俗水平为指标确定被试的道德判断水平。

以“XX 扯谎”的故事为题材让被试判断 XX 的行为，并说明理由。据此确定被试的道德认识水平：准则性水平、非准则性水平。

用书面作业法进行诚实性测验。这一测验在自然教学过程中进行，测验意图与结果对被试保密。

2. 教育性实验。让全体被试者观看电视片，然后分组进行实验。

在榜样—认识组，被试就剧中人的行为和品质进行讨论，并写出“观后感”。在讨论中主试注意掌握讨论方向。讨论结束时，主试总结概括榜样任务的道德品质。

在榜样—卷入组，组织与榜样—认识组相同的讨论和作文。在讨论和作文中，要求被试把自己与榜样人物进行对比，说明自己今后的打算。

在榜样—练习组，除组织与榜样—卷入组相同的讨论和作文外，还要被试做两件学习榜样的“好事”，并把所做的事情能够写下来，在壁报上发表。

以上活动，安排在班集体的活动中自然而然地进行，比如组织安排成立一周或一个月活动的中心等。

3. 复测。方式和内容与初测时相同。

复测的指导语需要精细设计，以克服被试的厌烦情绪：“老师今天要组织一个测验，内容都是同学们做过的。为什么还要做一次呢？因为老师和心理学家们在一起从事一项科学研究，这是科研工作的需要。它的结果以后你们会知道，请大家认真来完成这项测验。现在就请大家来做。”（见表 4.20.1）

表 4.20.1　　实验结果记录表

被试编号		1	2	3	……	30
道德判断水平	初测					
	复测					
道德认知水平	初测					
	复测					
自我评价水平	初测					
	复测					
道德行为是否变化						

四、实验结果与整理

1. 统计 3 个实验组在实验前、后属于前习俗、习俗、后习俗三种道德判断水平的人数和百分数，并做差异显著性检验。

2. 统计 3 个实验组在实验前、后属于准则性道德判断和非准则性道德判断的人数和百分数，并做差异显著性检验。

3. 统计 3 个实验组在实验前、后在自我评价水平方面的变化（准则性判断和非准则性判断）的人数和百分数，并做差异显著性检验。

4. 统计 3 个实验组在实验前、后在道德行为方面发生变化的人数和百分数，并做差异显著性检验。

五、问题与讨论

1. 榜样教育在儿童个性形成中起什么作用？

2. 榜样人物对人的感染教育作用主要表现在哪些方面？

3. 道德认识、道德情感和道德行为之间的关系。

4. 对本研究提出进一步的改进意见。

实验二十一

矫正儿童不公正行为的短期训练实验

一、实验原理

儿童的“不公正”行为是儿童自我中心观念的一种表现。皮亚杰采用“自我中心”这一术语来指明儿童不能区别自己的观点和别人的观点,不能区别自己的活动和对象的变化,把一切都看做与自己有关的,是自己的一部分。儿童自我中心主义的状态最直观的表现就是:儿童以自己的感知动作、情绪情感、主观意愿等为中心,从自己的视角或立场对待周围世界中的一切,没有也不能意识到需要从其他的角度去理解和对待外在的人、物、事。这样,在儿童的内心里,外部的世界便成为因他(她)而存在、以他(她)为中心、围绕他(她)而联结着的世界(丁海东,2006)。

但是,在5~6岁的儿童身上,这种“不公正”行为与他们未能充分积累起有关“公正”问题的道德经验的事实相联系着。皮亚杰把公正作为道德概念的核心。在《儿童的道德判断》一书中,皮亚杰对儿童的公正概念的发展作出了阐述。根据皮亚杰的观点,5岁的儿童属于道德发展的第一阶段,在惩罚公正的领域,认为所有的惩罚都是作为完全合理,甚至作为构成道德本质的东西而加以接受的;在内在公正的领域,总是赞成服从,权威居于对平等的优先地位;在儿童之间公正的领域里,虽然已经感到平等的需要,到这种平等的需要只有在与权威不可能发生冲突的情况下才能产生。而在此阶段,儿童游戏时往往各自制定规则,造成两种通常的现象:(1)名义上是“我们一道玩”,实际上是各归各地玩;(2)当儿童在游戏中发生冲突或矛盾时,各自以为对方会当然地承认“我”的规则而坚持不妥协,结果闹得不欢而散。所以,“前道德阶段”这个名称表明此时的儿童根本不懂得道德的基本作用是协调人们的社会行为和关系。

二、实验目的

本实验的目的在于探索通过短期训练促使儿童摆脱“自我中心主义”并初步积累有关“公正”问题的道德经验的方法。

三、实验方法

（一）实验仪器与材料

玩具按被试组数配给，一组配6套，6套各不相同，每套7件；故事12则。

（二）实验程序

1. 选择被试（初测）。用分玩具方式挑选出“不公正”儿童为被试。具体做法是：以中班或大班儿童为预选对象，分别给每个儿童编号，并将其每3人分为一组。在各组中，要其中一人（第一被试）将6个玩具给3个人玩。分玩具前，主试对第一被试的指导语是：“给你6个玩具，3个小朋友玩，由你来分。另外两人至少给一个，多给也可以。”让所有参加预选的儿童轮流当第一被试。在所有儿童都当过第一被试后，挑出其中的“不公正”者（把6个玩具中2~3个分给另外二人者）。第二天，用同样方法对这些儿童再次进行测试。把在两次测试中均表现出“不公正”行为的儿童作为教育训练的被试。最终选出的被试数量应在20人左右。

2. 教育训练。将选出的被试随机分为3组：讨论组、练习组和对照组。训练过程如下：

讨论组每天下午讲两个结构不同的故事：结构A为3只动物分食物或分配劳动任务；结构B为两个孩子分玩具。A的故事情境与初测时分玩具的情境基本相同；B的故事情境应该使被试认识有关“公正”的一些道德原则。讲完A后不讨论；讲完B后，以提问形式展开讨论。故事共讲一周，每天的故事，结构雷同而具体内容不同。

练习组先看表演，然后进行评论。每天下午，从另外的班里挑3个儿童，经指导后让他们表演不公正分玩具行为。看表演前对被试的指导语：“今天，让你来当他们（演员）3人的小老师，你来看看他们这样分玩具对吗？”在目睹不公正行为之后，让被试对其行为作出评价。如果被试不能主动作出评价，主试就向他提问以引出回答。训练进行一周。

对照组不进行训练。

3. 复测。训练结束之后即进行复测，方式与初测相同，3个组全部参加。

测验中，玩具均不宜重复。应变换更好的或更为被试喜爱的玩具，以避免游戏兴趣减低。实验需保持自然教学状态。最好在寄宿制幼儿园中进行。

四、实验结果与整理

1. 统计各组被试在两次初测中分给另外二人玩具的数量占全部玩具（6个）的百分数，以及各组之间的差异（见表4.21.1）。

表 4.21.1　　　　初测结果记录表

	参与初测的儿童分给其他组员的玩具数量			
	1	2	3	……
初测 1				
初测 2				

2. 统计各组被试在复测中分给别人玩具的百分数及各组之间的差异（见表 4.21.2）。

表 4.21.2　　　　复测结果记录表

		各组儿童分给其他人的玩具数量			
讨论组	儿童编号（与初测一致）				……
	玩具数量				
练习组	儿童编号（与初测一致）				……
	玩具数量				
对照组	儿童编号（与初测一致）				……
	玩具数量				

3. 比较各组被试在初测和复测时的公正水平。其指标利用前两项统计的结果。

五、问题与讨论

1. 试评价故事讲解加讨论法和练习评价法在培养儿童公正行为上的意义。

2. 试分析本实验所采用的短期训练在改变儿童不公正行为和培养公正行为方面的心理机制。

实验二十二

好学生游戏实验

一、实验原理

好学生游戏(the Good Student Game)是由乔治亚州大学的教授艾利逊·贝比艾克(Allison E. Babyak)等人从巴瑞什等人的良好行为游戏(Barrish, Saunders & Wolf,1969)和自我监督策略发展而来的。它在教育实践中被证明是一种有效的班级管理工具,适合于满足当今学校班主任的不同需要。

好学生游戏作为一种班级管理工具,它是用一种游戏的形式来帮助学生监控适当的班级行为,如,规规矩矩地坐在座位上、安静地完成学习任务等。好学生游戏允许学生自我监督;它提供机会让学生对自己的行为进行自我评价。研究证明,在一般的教育环境中,自我监督对于提高学生对自己任务的关注、增进积极的班级行为和发展学生的社会技能是一种有效的策略。在好学生游戏中,教师通过观察和让学生记录守纪行为而更多地关注积极的学生行为。

好学生游戏主要是为小学生自习时(15~25分钟)设计的。教师应该每天至少开展一次这种活动。要想有效地开展好学生游戏,老师还应该遵循以下建议。首先,在确定目标行为时,应该用可观察的、积极的词语来陈述目标行为。在确定游戏获胜的标准时,行为标准要合理并且要逐渐提高这个行为标准。在游戏过程中,行为监督的时间间隔要适当。刚开始,1~3分钟的时间间隔应该是比较适当的。时间间隔也应该逐渐增加。在行为监督的过程中,教师一定要提供适当的反馈信息,给获胜者以奖励。但给学生颁发奖品的时机,也需要好好把握。可以在学生达到目标之后马上给予奖励,也可在总结一周的情况之后再给学生颁发奖品。

在游戏进行中,任何学生都不允许与组长、其他组员或教师争论。如果争论,则减去5个百分点。游戏还要有一个清晰的开始和结束。在游戏结束时,教师要让学生知道自己对他们的期望是什么;要让学生明白,终止好学生游戏并不表示终止好学生行为。

二、实验目的

通过好学生游戏的开展，教师可以用来强化得当的班级行为。

三、实验方法

（一）实验仪器与材料

计算器，行为监督表。

（二）实验程序

1. 教师确定什么时候开展这个游戏，并选择2～3个目标行为。目标行为应当得到清晰的界定，让学生知道哪些行为是教师所期待的。

2. 教师确定赢得游戏的标准和奖品。标准可以是个人层面的，也可以是班级层面的。在个人层面，教师可以决定，如果学生安静地坐在座位上的时间占总时间段的80%，那么这些学生就可以获得5分钟的额外"休假"。在班级层面，教师可以要求整个班级达到这个80%的标准，所有的学生才能获得5分钟的额外"休假"。依据学生的特殊需要，教师可以逐渐提高目标要求。奖励的选择应该由学生和教师共同决定。实践中使用到的奖励包括有形和无形两类形式：前者如不干胶贴纸、食品以及画片等，后者如额外的"休假"、安静的室内活动和聚会等。

3. 教师还需要决定是以小组为单位开展游戏还是以个人为单位。如果以小组为单位，建议每个小组3～6个人。如果以个人为单位，每个学生就仍待在自己原来的小组，不重新分组。

4. 教师要教会学生如何开展游戏。步骤如下：

（1）定义"好学生行为"。与学生讨论到学校来学习的重要性，让学生描述什么叫学习，如听讲、认真完成作业、遵守纪律、注意力集中、努力等。列出一些有助于学生学习的行为。在这里，确定和讨论"好学生行为"的重要性是非常关键的，教师应该明确自己的期望，并确保所有的学生都能理解这些期望。

（2）给出"好学生行为"的正例和反例。

（3）模拟演示和监督好学生行为。所谓监督就是判断自己和小组成员是否表现出目标行为（即好学生行为）。让学生知道他们将以小组为单位参加游戏，每个小组设有一名组长，组长每次都会变更。给学生展示行为监督表，并告诉他，计算器每发出一次信号，组长就要记录一次行为监督表；如果在这个时间间隔里，所有组员都表现出好学生行为，那么就画上一个钩，如果一名或多名组员违反了行为规定，那么就画上一个叉。

之后，还需要进行模拟演习。

（4）练习"好学生游戏"。由教师决定学生以什么样的形式参加游戏。如果以小组为单位，每个小组设一名组长，负责记录小组的行为。教师为每个组长提供一张行为监督表和好学生行为标准卡，并告诉学生好学生游戏即将开始。然后，教师选定目标行为并将它们写在黑板上，确定游戏胜出的标准，并告诉学生奖品是什么。任务分配好之后，教师将计算器设定为 1 ~2 分钟的间隔。每过一个时间间隔，教师就提醒组长记录行为监督表。

在此期间，教师应该用表扬和鼓励来刺激学生表现出好学生行为。既可以用口头的语言，也可以用非口头的暗示。对于那些没有表现出好学生行为的学生，教师可以给予一些暗示。

(5)15 ~20 分钟后，老师宣布游戏结束，并将行为监督表收上来，由教师或者指定某个学生来计算出好学生行为的百分比。然后，教师宣告哪些学生或者小组获得了活动胜利，并给获得胜利的学生或小组颁发奖品。

四、实验结果与整理

将各次游戏的结果整理到表 4.22.1 中，并计算出好学生行为的百分比。以此看是否获胜。

表 4.22.1　　好学生行为监督表

游戏次数	1	2	3	……
是否表现出好学生行为				
好学生行为百分比				

五、问题与讨论

1. 如何在班级管理中推广好学生行为游戏？
2. 班主任教师在实施好学生行为游戏时应注意些什么事项？
3. 好学生行为游戏所体现的教育心理学原理是怎样的？

实验二十三

学习动机诊断测验

一、实验原理

学习动机在学习中发挥着重要作用。第一,学习动机决定着学习方向,学习动机是以学习目的为出发点的,它是推动学生为达到一定的学习目的而努力学习的动力。没有明确学习目标的学生自然不会产生动机力量,因此学生动机首先要求学生懂得为什么学,朝着什么方向努力。第二,学习动机决定着学习过程,有研究表明,有学习动机的学生会运用更高级的认知活动,进而学习和记忆更多的内容(Harp, Mayer,1997;Jetton, Alexander,2001)。第三,学习动机影响着学习效果,学习动机可以促进学习,提高成绩;而且,学习动机不同,学习效果就不一样。研究表明,优等生的学习动机不但内容较广,而且水平亦较高,他们既具有近期的具体目标,又具有远期的具体目标,两种目标有机结合,使得学习成绩较好(路海东,2002)。

在学习动机的测量中,将学习动机分解为以下几方面的因素:(1)成就动机。即追求成功的动机强度。成功动机中包括有"成功要求"、"成功预想和期望"、"成功重要性的认识"和"克服成功障碍的态度"等。(2)考试焦虑。学习和参加考试时,对其结果的关心程度是有个别差异的。对这个问题过去进行过许多研究。这些研究表明,考试焦虑(即担心会不会失败)对学习有一定阻碍作用。但是,考试时的焦虑有时相反地也会促进学习。(3)自己的责任性。经历过成功和失败,或受到赏罚时,是把原因归之于自己的行为,还是归之于别人的行为(与自己行为无关的行为)和其他的环境因素。(4)要求水平,就是个人期望的完成课题的水平,即预想的"能完成多少"的水平。这种要求水平的高度是由场面的性质和人具有的诸种特点决定的。

教育上的许多问题与学习和性格形成有关。在研究中,科学地了解学生的学习动机具有重要作用。例如,在研究学习不良和优秀学生时,对学生的学习动机、学习、智力、性格进行全面测定,就可能弄清主要因素,有利于研究工作。

二、实验目的

了解学生追求成功动机与回避失败动机及其与学生学习成绩的关系。学习诊断学生成绩不良。

三、实验方法

(一)实验仪器与材料

《学习动机诊断测验》(MAAT ,周步成等修订,1991),SPSS 软件。

(二)实验程序

1. 主试下发测验和答卷用纸。

2. 主试宣布指导语:“本测验每一测题都有 3 个可供选择的答案(a、b、c),每一测题在‘MAAT 回答用纸’上相应地附有 a、b、c 3 个可供选择的英文字母,请你仔细阅读每一测题,把你认为最符合实际情况的答案在回答用纸相应的英文字母上画钩,即:如果你选择第一个答案‘a. 常常是’,就在回答用纸该题号相应的‘a’上面钩;如果你选择第二个答案‘b. 有时是’,就在回答用纸该题号相应的‘b’上面钩;如果你选择第三个答案‘c. 不是’,就在回答用纸该题号相应的‘c’上画钩。”

3. 主试宣布注意事项:“按你平时所想的如实回答。每一问题都要回答,但只能选择一个答案。难以决定时,请选择与你的想法较接近的答案。有不明白的地方可以举手问主试。修改答案时,要用橡皮擦干净。回答时间没有限制,但不要过分考虑,请写出你最开始想到的答案。”

4. 主试宣布开始答题。

5. 主试回收测验。

四、实验结果与整理

1. 使用 SPSS 软件将原始测验结果录入计算机。

2. 计算学习动机总分和各维度得分。

3. 计算学习动机总分和各维度得分与学习成绩的相关系数。

五、问题与讨论

1. 学生学习动机测验得分与其学习成绩是否呈现相关?相关程度如何?

2. 学习动机的哪个维度与学习成绩的相关程度最大?这对于教育有着怎样的启示?

实验二十四

成就动机的短期训练实验

一、实验原理

成就动机指人们希望从事对自己有重要意义的、有一定困难的、具有挑战性的活动,在活动中能取得完满的优异结果和成绩,并能超过他人(彭聃龄,2002)。成就动机能促使人追求较高的目标;成就动机能促使人以较高的水平达到其目的;成就动机能促使人追求成功并回避失败。成就动机的高低还往往影响到个体对职业的选择。成就动机低的人,倾向于选择风险较小、独立决策少的职业;而成就动机高的人,喜欢从事具有开创性的工作,并且在工作中勇于作出决策。一般而言,拥有高成就动机的学生,能刻苦努力,战胜学习中的种种困难和障碍,取得优良成绩。而缺乏成就动机的学生则不会积极而高效率地学习,从而影响着他们对知识的掌握程度和掌握的数量多少。

由于成就动机是在一定的社会、教育条件下形成的,所以也能够通过一定的训练程序来加以培养和提高。科尔布曾将成就动机训练分成以下 6 个阶段:(1)意识化:通过讨论(包括教师与学生的谈话及学生之间的讨论),使学生注意到与成就动机有关的行为,如刻苦、拼搏等。(2)体验化:让学生进行一些活动(如体育、文艺及综合实践活动等,具体的如数字填充游戏),在活动中使学生特别注意体验成功与失败、选择目标与成败的关系,成败与感情上的联系,特别是体验为了取得成功所必须掌握的行为策略,如吃苦、有毅力等。(3)概念化:使学生在体验的基础上理解与成就动机有关的概念,如"成功"、"失败"等。(4)练习:为前两个阶段的重复,多次重复能使学生不断加深体验和理解。(5)迁移:使学生在尝到的行为策略应用到学习场合,不过这时往往是一些特殊的学习场合,这一场合要具备自选目标、自己评价、能体验成败的条件。(6)内化:通过以上活动,取得成就的要求成为学生自身的需要,于是学生可以自如地运用所学到的行为策略(路海东,2002)。

二、实验目的

通过训练提高学生的成就动机水平,同时让学生体验到成就动机的高低与学习之间的关系。

三、实验方法

（一）实验仪器与材料

数字填充游戏，思维能力测验题，成就动机量表。

（二）实验程序

1. 选取50名初中二年级学生作为被试，用“成就动机量表”对学生进行测量，了解被试的成就需要水平。

2. 通过讨论（包括主试与被试的谈话及被试之间的讨论），使被试注意到与成就动机有关的行为，如刻苦、拼搏等。

3. 让被试进行数字填充活动，在活动中使被试特别注意体验成功与失败、选择目标与成败的关系，成败与感情上的联系，特别是体验为了取得成功所必须掌握的行为策略，如吃苦、有毅力等。

4. 主试通过讲解，使被试在体验的基础上理解与成就动机有关的概念，如“成功”、“失败”等。

5. 重复前两个阶段的活动，以加深被试的体验和理解。

6. 使用思维能力测验题对被试进行测验。

四、实验结果与整理

1. 使用SPSS软件录入被试测验的原始数据，并计算测验得分等。

2. 活动完毕后，让学生说出或写出本次活动的体验或收获。

五、问题与讨论

1. 训练结束后，学生讨论本次训练过程的优缺点并改正。

2. 思考本次成就动机训练的收获。

3. 思考如何提高学生的成就动机。

实验二十五

评价对动机激发的影响实验

一、实验原理

在教学中,学生学习动机的激发与维持是教师的教学任务之一,是保证教学效果的前提,是教师调动学生学习积极性的主要表现。所谓学习动机的激发,是指利用一定的诱因,使已经形成的学习动机由潜伏状态转为活动状态,使其成为实际上起推动学习作用的内部动因(陈琦,刘儒德,2005)。激发学生学习动机的诱因包括各种奖赏如高分数、获奖证书、家长老师及同伴的肯定等。其中教师的积极或消极评价会影响到学生的学习动机。

现代强化理论认为,人们做出某种行为或不做某种行为,完全取决于先前这种行为和刺激因强化而建立的牢固联系。如果学生因学习而得到强化(如得到好成绩、教师和家长的赞扬等),他们就会有较强的学习动机;如果学生的学习未得到强化(如没得到好分数或赞扬),就缺乏学习的动机作用;如果学生的学习受到了惩罚(如遭到同学或教师的嘲笑、批评),则会产生避免学习的动机。研究还表明,教师积极的评价如表扬会激发学生的学习动机,而教师消极的评价如批评则不利于激发学生的学习动机,教师的批评与表扬还会影响到学生的学习成绩(陈琦,刘儒德,2005)。

社会认知理论认为,儿童通过观察他们生活中重要人物的行为而进行学习,这种学习不一定要有直接强化,也可通过替代性强化或自我强化而学习或习得社会行为。所谓替代性强化是指观察者因看到榜样受强化而受到的强化(陈琦,刘儒德,2005)。如教师强化学生受到表扬或批评的行为时,其他学生在以后的学习中可能会表现出受到表扬的行为而避免受到批评的行为。从学习动机的角度讲,学习者仅看到其他学生受到表扬或批评,则可能会使学习者或观察者表现出积极的或消极的学习动机,从而影响着学生的学习效果或学习成绩。

二、实验目的

综合现代强化理论和社会认知理论,验证不同诱因对学习动机的激发起不同的效果。

三、实验方法

（一）实验仪器与材料

难度相等的加法题5套。

（二）实验程序

被试是小学中高年级学生100名，等组分为4组。

甲组（控制组）：让被试练习难度相等的加法6天，每天15分钟，单独练习，不予任何评价。

乙、丙、丁组在一起进行实验，与甲组相同练习5天，每天15分钟，但主试给予评价不同。

乙组（受表扬组）：主试予以点名表扬和鼓励，只给正面评价。

丙组（受斥责组）：主试予以点名批评，严加训斥。

丁组（受忽视组）：主试不注意该组儿童，只让他们静听乙、丙两组受表扬和训斥。

记录下各组各被试儿童的成绩。

四、实验结果与整理

1. 把各组被试逐次练习的成绩填入表4.25.1内。

表4.25.1　　各组被试成绩表

被试编号 / 练习次数	1	2	3	……	25	平均成绩
1						
2						
3						
4						
5						

2. 分别对各组被试各次练习成绩平均数做 F 检验，看是否有差异。

3. 对各组被试第5次练习成绩平均数做 F 检验，看是否有差异。

五、问题与讨论

1. 分析各组被试经5次练习成绩变化趋势。

2. 分析各组间被试成绩差异的原因。

实验二十六

习得性无助实验

一、实验原理

习得性无助(learned helplessness)最早是由美国心理家 Steven F. Maier 和 Martin E. P. Seligman 在 20 世纪 60 年代提出的。它是指动物或人面临不可控情境时,形成了无论怎样努力也无法改变事情结果的不可控认知,继而导致放弃努力的一种心理状态。

Seligman(1967)指出,习得性无助导致了一种消极的认知定势,人们认为成功与失败是不依赖于自己的行为的,因而在以后的不可控情境中倾向于放弃努力。从 20 世纪 60 年代后期开始,国外对这个问题进行了大量研究。研究者最初以动物为实验对象,后来扩展到以人为研究对象,均证明了习得性无助在动物和人身上都会出现,并形成了系统的理论。

对于习得性无助产生的原因,Seligman(1967)认为,人或动物总是在对外部事件进行着各种反应,这些反应又往往能带来一定的结果,而如果机体的反应总是不能带来成功,那么就无法通过自己的行为反应去控制某一结果或外部事件,这时便会感到自己的反应与结果无关,产生"自己无法控制行为结果或外部事件"的认知,以及"对将来的结果也无法控制"的期待。这样一来,机体就会觉得自己对外部事件无能为力,行为反应无效,即使努力也不能取得成果、前景无望,从而产生了习得性无助感。与动物相比,人类的习得性无助感的产生原因更为复杂,因为这与个体的性格、归因方式和价值观等等众多因素都有密切的关系。

在教育中,习得性无助主要表现为低成就动机、低自我概念、低自我效能感和消极的定势等,对于学生的发展有相当严重的消极影响。教师要避免减轻或预防学生的习得性无助,可以通过:(1)将学习任务分成小步,给学生提供成功的机会;(2)提供及时反馈;(3)最为重要的,对学生要有积极的、一贯的期待(Alderman, 1990)。

二、实验介绍

（一）Seligman 对动物的实验

1967 年,Seligman 用狗做了一项经典的习得性无助实验。被试是 24 只狗,它们被分成 3 组,每组 8 只。第一组称为可逃脱电击组,第二组称为不可逃脱电击组,第三组是不进行电击的控制组。前两组狗都被安置在有狗套的装置上,并且在头部放置一个垫子,狗可以移动头部来挤压垫子。第一组狗可以通过挤压垫子去逃避给予它的电击刺激。而第二组狗则无论做什么动作,电击都将持续进行。

对它们进行的刺激是,第一组和第二组的狗在 90 秒的时间内,都接受了 64 次电击。第一组可逃脱电击组的狗很快就学会了通过挤压垫子来终止电击,而不可逃脱电击组的狗却在第 30 次电击后停止了逃脱电击的行动。

之后,将这 3 组狗一共 24 只,分别放在一个箱子的一边,箱子有一个隔板将狗挡在这一边,但狗可以跳过隔板到箱子的另一头。箱子的一边装有灯,当灯熄灭 10 秒钟后,电击开始。如果狗跳过隔板,它就能完全避免电击。如果不这样做,它将持续遭受电击直到 60 秒的电击结束。每只狗在箱子中进行 10 次这样的实验。

结果表明:3 组狗平均跳过隔板的时间分别为 28 秒、50 秒、25 秒。3 组狗没有学会跳过隔板可以逃避电击的百分比分别为 0%、80%、15%。

Seligman 用狗证明了,在动物多次努力却不能获得改变环境或者避免负性刺激后,它将不再进行改变的尝试努力,而是默默地用无助的行为去应对所处的环境。

（二）Seligman 对人的实验

1975 年 Seligman 用人当被试,结果也发现了习得性无助现象。实验的被试是大学本科生,研究者把学生分为 3 组:让第一组学生听一种噪音,这组学生无论如何也不能使噪音停止;第二组学生也听这种噪音,不过他们通过努力可以使噪音停止;第三组是对照组不给被试听噪音。当被试在各自的条件下进行一段实验之后,即令被试进行另外一种实验:实验装置是一只“手指穿梭箱”,当被试把手指放在穿梭箱的一侧时,就会听到一种强烈的噪音,放在另一侧时,就听不到这种噪音。实验结果表明,在原来的实验中,能通过努力使噪音停止的被试,以及未听噪音的对照组被试,他们在“穿梭箱”的实验中,学会了把手指移到箱子的另一边,使噪音停止;而第二组被试,也就是说在原来的实验中无论怎样努力都不能使噪音停止的被试,他们的手指仍然停留在原处,听任刺耳的噪音响下去,却不把手指移到箱子的另一边。

为了证明习得性无助对以后的学习有消极影响,Seligman 又做了另外一项实验:他要求学生把下列的字母排列成单词,如 ISOEN、DERRO,可以排成 NOISE 和

ORDER。学生要想完成这一任务,必须掌握34251这种排列的规律。实验结果表明,原来实验中产生了无助感的被试,很难完成这一任务。

三、问题与讨论

1. 什么样的归因方式更不容易使人产生习得性无助?
2. 在教育中,教师可以从哪些方面入手来避免学生产生习得性无助?

实验二十七 学习归因实验

一、实验原理

归因理论是西方心理学一个新兴的研究领域，海德最早涉及归因现象，后来归因研究蓬勃发展，成为社会认知理论的主流。归因研究者认为，生活在复杂社会中的人总要力求控制环境，为了达到这个目的，首先必须认识环境，对周围环境中发生的事情有意识或无意识地作出解释。要理解和预测人类的行为，就不能只孤立地研究外显行为，而必须深入到内在的认知过程中去。因此，归因理论是一种以认知的观点看待动机的理论。近年来，心理学家认识到，归因理论要增强其活力，就要强调实践性。于是，归因心理学家开始将视野转向归因理论的应用研究，尤其重视归因训练的实验研究。众所周知，归因理论将内在的认知过程与外在的行为表现、主观状态与客观现实联系起来，认为归因对后继的行为有着强大的动力作用，这就暗示了一种可能性，即改变了个体的自我归因，进而能改变其后继行为。因此，归因训练的基本原则是归因的变化可以引起动机的变化，动机的变化则对行为又有直接影响（韩仁生，1996）。那么，归因的变化就应引起行为上的相应变化，而这种新的行为又会改变归因。

归因训练与归因理论的其他研究一样主要是在成就领域内进行的。根据归因理论，在成就背景中，学生会利用各种信息对自己的学习结果进行归因，这种归因会引起期望和情感方面的心理变化，影响学生的学习动机，进而影响其成就行为。新的行为又会引起新的归因，从而形成一种良性或恶性循环。因此，归因训练的意义是重大的，它预示着人们的不良归因方式是可以改变的（韩仁生，1997）。

归因训练作为归因研究中的一个活跃领域，吸引了西方众多学者的研究，但他们的研究是在假设情境中进行的，与实际情境相差甚远；即使在实际课堂中进行的训练也缺乏真实感，不能全面地调动学生主动参与的积极性，同时也忽视了个体差异，不能照顾到学生的具体情况和个体差异，训练程序过于刻板，缺乏灵活性和针对性，没有对学生的个别咨询、帮助，忽视了学生自我归因的主动调节能力对外部因素的制约作用。

二、实验目的

对归因训练模式进行探讨,探究良好的归因训练对学生归因的影响。

三、实验方法

(一)实验仪器与材料

1. 学业成败归因量表。该量表由孙煌明教授主持制定。成功和失败问卷都由原因归因、期望变化、情感反应3个部分组成,两者在内容上相反。

2. 成就动机量表。采用叶仁敏修订的奥斯陆大学 Gjesme 和 Nygard 编制的成就动机量表,分别测量追求成功的动机和回避失败的动机。

3. 知觉推理测验图。测验图共3张,要求被试描画时一笔描完,且任何部分不能重复。实际上前两张图能一笔描完,后一张图不可能一笔描完,但被试不知道。测验以被试在不可能一笔描完的那张图上尝试的次数以及所花费的时间作为坚持性行为的指标。

4. 秒表和 SPSS 软件。

(二)实验程序

1. 随机从某中学一年级两个平行班,随机选取60名学生,其中男女各半。使用上述三种量表和测验对所有被试进行前测。

2. 教育干预。分集体干预和个别干预两种。集体干预主要是通过演讲、示范、分组讨论、主题班会等方式定期进行,活动内容紧紧围绕着如何提高学生的自信心、充分认识到能力和努力对于成功的重要性而展开的;个别干预主要是通过咨询和定向训练等方式进行。一般来讲,教育干预有一个持续的过程,很少是由一次活动能达成的,在本实验中整个干预过程约为一个月时间。

3. 后测内容与前测相同。在前测和后测中,分别用秒表记录每个被试在知觉推理测验中尝试描完最后那张图所花费的时间,将结果记入表4.27.1中。

表4.27.1　　被试描图所用时间记录表

被试1	被试2	被试3	……	被试60	
前测验					
后测验					

四、实验结果与整理

1. 使用 SPSS 软件录入学业成败归因测试和成就动机测试的原始数据。

2. 使用 SPSS 软件对被试前测和后测的成败归因、期望变化、情境反应和成就动机进行比较,看有无显著差异。

3. 对被试前测和后测中的坚持性行为进行比较,看有无显著差异。

五、问题与讨论

1. 归因训练对学生的积极作用如何?
2. 不同学生的成败归因有哪些不同?
3. 性别对学生的归因是否产生影响?

实验二十八

教育中的过当效应实验

一、实验原理

在教育领域中,心理学家时常提倡要多鼓励学生,教师和家长也常常使用言语、实物或其他类型的奖励来增强学生的学业适当行为。但是,有些研究也认为在教室和其他某些特定情形下,奖励可能会对行为带来消极影响。莱珀、格林和尼斯比特(1973)曾经设置了一个实验情景,让儿童用有触角的指示器来画画。结果表明:奖励个体去做他们曾经喜欢做的事情,将会导致个体在无奖励时做此事的兴趣降低,并将这种现象命名为“过当效应”(overjustification effect),即过度的外部奖赏会影响内在兴趣。“过当效应”最直接的后果是降低学习者学习的内在动机和兴趣(王素梅,2000)。

国外学者从20世纪70年代开始,就对奖励的过当效应开展了大量研究。研究表明:首先,一个人的活动持久有效的动力来自内在兴趣和动机,外在奖励只能激发外部动机;其次,过度的外部奖励不利于儿童对学习意义的正确认识,容易使儿童片面认为学习的全部意义和价值在于外部奖励,并且奖励越多、价值越高,意义越大;第三,过度奖励不利于儿童良好个性的形成(何江军,2007)。

对行为结果的强化不当导致个体产生错误认知是造成“过当效应”的根本原因。按照“趋乐避苦”原则,人总是乐于从事能使人愉快的活动,由于外部奖励对学习结果的不断强化,促使儿童为了得到外部奖励 ,满足外在需要而努力学习,即学习结果→外部奖励→ 需要;但通过外部奖励而满足的“需要”,只是一种低层次的需要,而不是高层次的需要。当学习结果不断被强化,这种低层次需要不断被满足,学习者得到的经验是成绩好就能得到奖励 ,进一步形成“学习就是为了得到奖励”这样一种错误学习动机,最终结果就是削弱了学习者的内在认识兴趣和需要,使其内在学习动机得不到正常发展。因此在激励儿童学习时,重要的是要激发儿童学习的内在兴趣和动机,慎重使用外部奖励,以免形成“过当效应”。

二、实验目的

本实验的目的在于验证奖励的作用及过当效应的存在,探索兴趣(内部动机)

和奖品(外部动机)的差异影响。

三、实验方法

(一) 实验仪器与材料

20 套难度基本相同的智力测验题,每题包括 10 个小题,70 份奖品。

秒表,录像机,记录纸。

(二) 实验程序

1. 准备。在高中一年级中选择喜欢智力竞赛和游戏的 20 名学生做被试,分为两组:控制组和实验组,分别进行实验。

为了实验在自然条件下进行,在整个实验过程中,被试不知道自己在参与实验。

2. 智力活动。控制组和实验组每天都做两套智力测验题。控制组做完第一套题后休息 5 分钟。主试对被试的失误进行纠正,不进行表扬和奖励。

实验组在做前 7 套题时,每做完 1 套,主试就向完成任务的被试发奖。发奖后对被试的失误进行纠正。但在做完后 13 套题时不再发奖。

主试在两组被试进行作业时,注意记录被试的成绩和完成时间,并对被试活动情况进行录像。

整个实验过程一共进行 20 天。

最后一次智力测验结束后,主试逐个问被试:“对智力测验有没有兴趣? 还愿不愿再参加下一轮的游戏?”询问时注意观察被试情绪并做好记录,将结果列入表 4.28.1 中。

表 4.28.1　　被试成绩记录表

		测验一	测验二	……	测验二十	平均成绩
控制组	被试 1					
	被试 2					
	⋮					
	被试 10					
实验组	被试 1					
	被试 2					
	⋮					
	被试 10					

四、实验结果与整理

1. 根据被试的成绩，统计每一次的总成绩和平均成绩。

2. 描绘两个组成绩变化趋势的曲线。

3. 对两组成绩变化的趋势进行差异显著性检验。

五、问题与讨论

1. 实验组的被试在前 7 次测验和后 13 次测验中的成绩和兴趣有无差异？为什么？

2. 控制组和实验组后 13 次成绩的差异与前 7 次成绩的差异相比有无变化？为什么？

3. 讨论如何激发内部动机，预防过当效应的发生。

实验二十九

教师期望效应实验

一、实验原理

在希腊神话中,雕塑家皮格马利翁爱上了他所创作的女雕像,每天以深情的眼光观赏不止;看着看着,美女最后竟活了。这种效应称"皮格马利翁效应"或"罗森塔尔效应"。当这种现象出现在教育活动中时,也被称为教师期望效应。罗森塔尔和他的助手雅各布森(1968)在一项经典研究中证明:当教师期望某个孩子会表现出较大程度的智力提高时,这名学生就会的确出现较大程度的智力提高。这充分说明了教师期望的重要性。

教师期望对学生的学业成绩及心理发展等诸方面影响都极为显著,国内已有研究表明,教师对学生智力的评价与学生智力水平的相关显著(宋广文,于新平,1995)。另外,教师期望对学生的学业成绩所产生的影响,是通过学生的学习能力感及学业成就动机发生作用的。同时,在教师期望效应的产生过程中,教师期望、学习能力感、学业成就动机及学业成绩等因素之间是相互影响和相互作用的(刘丽红,陈澍,1997)。

教学过程中教师期望效应的功能主要有以下几方面:(1)激励功能,促使学生朝着教师所期望的目标发展,形成一种良性循环;(2)调整功能,即调整师生间的关系,形成认识、情感及思维上的"共振";(3)转化功能,即促进教师由传统的教育观念走向现代的教育观;(4)支援功能,即帮助学生解决在探索知识以及心理发展过程中所遇到的困难。

教师期望主要是通过教师行为来进行传递的。因此,教师应该明确了解哪些行为与高期望相联系,哪些行为与低期望相联系,并在教育中时刻保持高度的敏感性,教师应充分重视自己的期望对学生学业成就动机的影响,采用适当的激励方式,以激起和提高学生的学业成就动机。

二、实验目的

通过实验验证教师期望效应。

三、实验方法

(一)实验仪器与材料

与小学二年级学生数学能力相匹配的难度相同的标准数学测试卷两套(A、B卷)。

(二)实验程序

1. 对某小学二年级数学教师进行培训,向他们介绍教师期望效应的产生,教师期望的行为、态度表现和对学生学习、身心的影响,提高他们通过参加实验研究对教学作用的认识。

2. 前测。对二年级的全体学生使用A卷进行测验,并告知他们,这只是一次普通的数学测试,目的是了解他们的数学学习情况。

3. 阅卷之后,对所有学生成绩以班为单位进行排名。从每班随机抽取20%的学生,随机平均分为两个组,即实验组和控制组。每班的数学教师知道所教班级的两组被试名单,并被告知实验的目的是在控制组学生的身上验证教师期望效应。对其他人则保密,以免影响实验效果。

4. 为确保实验进行顺利,研究者每周去学校两天,每周每班听一节数学课,每周与数学教师座谈一次,发现问题及时解决。

5. 两个月后,对全体二年级学生使用B卷进行测验,同样告知他们这也是一次普通的测验,目的是了解他们的数学学习情况。

6. 阅卷后,对全体学生的成绩以班为单位进行排名。将所得后测的实验结果列入表4.29.1中。

表4.29.1　　被试前后测成绩变化记录表

			被试1	被试2	被试3	……	平均数
组别	成绩	前测					
		后测					
		变化					
	名次	前测					
		后测					
		变化					

四、实验结果与整理

1. 统计实验组和控制组的成绩及名次。

2. 对实验组和控制组学生前后两次测验的成绩和名次的变化分别进行对比,

看是否有显著差异。

五、问题与讨论

1. 教师在平时的教学过程中,应该如何充分利用教师期望效应对学生的学习和发展起到积极作用?

2. 与年长儿童相比,年幼儿童是否更容易受到教师期望的影响?为什么?

实验三十

优秀教师的心理特征

一、实验原理

优秀教师的心理特征是指他们的个性倾向性和个性心理特征。个性倾向性是推动人进行活动的动力系统,是个性结构中最活跃的因素。它决定着人对周围世界认识和态度的选择和趋向,决定人追求什么。而所谓个性心理特征,就是个体在其心理活动中经常、稳定地表现出来的特征,这主要是人的能力、气质和性格(陈琦,刘儒德,2005)。

心理学家认为,教师要充当知识传授者、团体的领导者、模范公民、纪律的维护者和家长的代理人等多种角色。如果学生把教师看成是家长的代理人,他们希望教师具有仁慈、体谅、耐心、温和、亲切、易接近等特征;如果学生把教师看成是知识的传授者,他们希望教师具有精通教学业务、兴趣广泛、知识渊博、语言明了等特征;如果学生把教师看成团体领导者和纪律维护人,他们希望教师表现出公正、民主、合作、处事有伸缩性等特征;如果他们把教师看成是模范公民,则要求教师言行一致、幽默、开朗、直爽、守纪律等。总之,要成为一名受学生欢迎和爱戴的好教师,不仅需要具有一般公民需要的良好品质,而且需要具备教师职业所需要的特殊品质。

优秀教师往往具有一些特定的心理特征,比如,能够积极地悦纳自我,有良好的教育认知水平,热爱教师职业,积极地爱护学生,具有稳定而积极的教育心境,能自我控制各种情绪与情感,和谐的教育人际关系,以及能够适应和改造教育环境等。这些心理特征既表现在他们的日常教育和生活等活动中,也反映在他们经历的重大的、特殊事件里。通过这些活动和事件,查明优秀教师固有的、为顺利完成其教育教学任务所必须的心理特征,对培养和造就新一代合格的教师以及评价教师的工作有重要的实际意义,对填补我国教育心理学中教师心理研究这项薄弱环节也有一定价值(黄希庭,1989)。

二、实验目的

掌握调查分析的一般方法,通过调查分析,了解优秀教师的心理特征。

三、实验方法

(一)实验仪器与材料

致调查对象(与优秀教师有关的学校、机关和个人、优秀教师本人)的便函。

(二)实验程序

1. 向有代表性的优秀教师发函请他们提供自传或被试评选为优秀教师的材料。

2. 向有关机关、学校和个人发函,索取优秀教师的书面材料。

3. 对附近的优秀教师进行访问。

四、实验结果与整理

1. 阅读并分析被调查优秀教师的有关材料,确认他们所具有的典型的心理特征,总结具有某项心理特征的优秀教师的人数。

2. 统计具有某项心理特征的优秀教师在有效的被试调查者中的百分数,并按百分数由大而小的顺序将这些心理特征排列成表4.30.1的形式。

表4.30.1　　优秀教师心理特征统计表

序号	心理特征	人数	百分比
1	忠诚人民的教育事业		
2	对学生有深厚的感情		
3	有克服困难的坚强意志		
4	善于了解学生个性的观察力		
5	进行思想政治教育的能力		
6	组织能力		
7	师生关系好,有威信		
8	有强的责任感		
9	教育后进生和改造乱班的能力		
10	全面掌握教材和运用教材的能力		
11	因材施教的能力		
12	引起学生学习兴趣和积极性的能力		

（续表）

序号	心理特征	人数	百分比
13	启发学生思维和解决问题的能力		
14	思维的创造性和独立性		
15	其他		

五、问题与讨论

1. 为什么优秀教师必须具备某些心理特征？
2. 从优秀教师不同的心理特征组合是否可以区分出优秀教师的不同类型？
3. 试将你的调查统计与以往研究成果比较，有何异同？为什么？

实验三十一

教学归因实验

一、实验原理

归因是分析和推断行为原因的过程。归因理论是有关人们对自己或他人行为原因的解释和推论的理论。人们通过这种因果归因来认识、预测和控制他们的环境以及随后的行为。因此，归因理论把客观实际和人们的心理活动联系起来，从认知的角度看待人类行为及其基本动力（徐速，朱燕，2001）。韦纳等人认为，研究人的成功与失败的原因，不仅要分析已知的、特定的原因，还应研究潜在的归因维度。因此，韦纳等人区分出特定归因和归因维度。特定归因是指具体的、个别的原因，如能力、努力等；而归因维度是指原因的性质，包括三个方面：稳定性、原因源和可控性。稳定性是指原因是否稳定；原因源是指原因来源于个人内部或外部环境；可控性是指原因是否容易为个体所控制。特定归因和归因维度都会影响到随后的情感、期望和行为（韩仁生，1996）。

所谓教师教学归因，就是教师在完成了一个相对独立的教学任务之后，对自己或他人教学结果的成败原因、原因关系、原因后果以及后续教学行为抉择倾向的一种"由果溯因"性的认识或回答，是一种动机性认识，是教学过程中的一种至关重要的教学观念（谷生华，1999）。教师正确的归因对学生而言非常重要，因为：第一，学生学业归因有赖于老师的指导，要学生会归因，首先老师必须会归因；第二，教学归因对教师教学行为有动力作用，要提高教学效能感，提高教学期望，就必须会归因；第三，学生学业的提高，有赖于教师提高教学效能感后带来的功效，要提高教学效果，教师也必须会归因。

为了使教学归因能更好地发挥其积极的认识效用，教学归因取向必须遵循一定的积极模式，如：

成功 $\xrightarrow{\text{归属于}}$ 能力强 $\xrightarrow{\text{情绪体验}}$ 自豪自信自尊 $\xrightarrow{\text{体验结果}}$ 增强教学效能感，期望永远成功，再接再厉。

失败 $\xrightarrow{\text{归属于}}$ 努力不够 $\xrightarrow{\text{情绪体验}}$ 惭愧内疚 $\xrightarrow{\text{体验结果}}$ 吸取教训，期望成功，发奋

努力。

从这个取向中，我们不难发现，教师教学归因是怎样影响教学效果的，即它是通过“情绪体验”和“教学行为”间接影响教学效果的。例如，如果将成功归因于能力强，就会体验到一种自豪感和自信感，就会促使自己再接再厉（努力行为），自然就会提高教学效果；如果将成功归因于运气好，就会感到侥幸不在乎，就不会再作努力（懒惰行为），自然就会降低教学效果。

二、实验目的

以初中数学教师为例，根据韦纳的归因理论，了解教师对最好学生和最差学生学习成败归因的特定因素与归因维度的异同。

三、实验方法

（一）实验仪器与材料

教师调查表。该表由4项内容组成：（1）请教师挑出所在任教班上数学学习最好的两位男生和两位女生，数学学习最差的两位男生和两位女生；（2）对最好的4位学生按好的程度排序，对最差的4位学生按差的程度排序；（3）在数学学习原因表中，针对每一位学生的学习状况选出3项影响最大的原因；（4）为每一位学生在归因维度的3个特征上进行5点评定。

（二）实验程序

1. 预备研究。通过开座谈会和个别访谈，了解初中教师对学生学习成败归因时的原因项目。经过整理筛选，形成一张数学学习成败的原因表，共有8个原因项目：能力、努力、动机、方法、基础、教师、家庭、其他。

2. 被试取样。初中数学教师20名以上。

3. 施测。让每位教师完成教师调查表中的4项内容。

4. 对数据整理，并用数据资料使用统计软件包SPSS 11.0对数据进行分析。

四、实验结果与整理

1. 统计整理教师对最好学生和最差学生的数学学习特定归因因素，填入表4.31.1中，填完后对各项目进行排序并进行 χ^2 检验，比较两者的异同。

表4.31.1　　教师对学生数学学习特定归因统计表

原因项目	最好学生		最差学生	
	选择次数	百分比	选择次数	百分比
能力				

（续表）

原因项目	最好学生		最差学生	
	选择次数	百分比	选择次数	百分比
努力				
动机				
方法				
基础				
教师				
家庭				
其他				

2. 统计整理教师对学生数学学习的归因维度评定因素，填入表4.31.2中，并计算各维度的平均数、标准差，进行t检验，以比较其异同。

表4.31.2　　教师对学生数学学习的归因维度评定统计表

原因项目	最好学生	最差学生
稳定性		
原因源		
可控性		

五、问题与讨论

1. 教师对最好和最差学生的特定归因的因素中有哪些异同？哪些因素有利于发挥积极作用？对教学有哪些启示？

2. 教师对最好和最差学生归因的3个维度上有哪些差异？有没有一般趋势？试据此提出教育方面的建议。

实验三十二

多媒体学习环境下的自我调节学习过程实验

一、实验原理

自我调节学习，即学习者为了成功而高效地达到学习目标，在学习过程中有意识地对自己的学习活动进行积极地计划、监视、检查、评价、反馈、调整和控制的过程，也是学习者激励自己适当使用学习策略的过程（刘儒德，2000）。它包括三个方面：事先计划和安排，实时监察、评价和反馈，修正和调控。有关学习的研究都是以一定的信息传递环境为基本背景的。传统的学习理论大多是以文字书本与课堂授课这样一种信息传递系统为前提的。多媒体网络环境是当代教育实践中开始逐步推广使用的新型学习环境，它给学习和教学提供了许多的潜在优越性，这些优越性都是传统教学媒体所不具有的。

多媒体学习环境能否真正促进学习，要取决于学生自身的自我调节学习能力。目前有关自我调节学习的研究越来越精细，越来越深入到自我调节的内部过程及其影响变量。研究者主要考察学习目标、学习任务以及外在的认知反馈如何通过学生已有经验的中介对自我调节内部过程产生影响，学生是如何认识任务、设置计划、选用策略、自我监视、自我评价以及自我调控等。这些研究都要求研究者能够对外在变量实时控制，实时记录学生内部过程的变化，从而考察两者之间的真实关系（徐娟，2009）。

多媒体学习环境的特点有利于适应性控制和反馈，有利于真实地反映并记录学习者的实时学习成绩与过程，并且多媒体能对所收集的数据加以分析，对这些数据的分析将加深我们对学习的理解。我们可以利用多媒体提供的交互式学习环境对自我调节学习进行深入细致的研究。我国已有部分学者（刘儒德，陈琦，1999，2000）对多媒体环境下学生自我调节学习的特点展开了初步考察。

二、实验目的

探讨在不同学习目标和时间压力下，具有同样自我调节学习能力的被试在学习同一学习材料时，其临场自我调节学习活动水平对两种层面（再认层面和回忆理解层面)的学习结果的中介影响。同时,利用多媒体环境的有利条件,深入研究多媒体环境下的自我调节学习过程。

三、实验方法

(一)实验仪器与材料

1. 多媒体计算机。

2. 刘儒德等(1999)开发的有关蛇的多媒体学习软件。其内容为有关蛇的多媒体信息,由文字、图片和动画组成。整个软件包括80个有关爬行动物的节点,其中有关蛇的节点为36个。为了控制学习任务的难度对于大学生处于中等水平,软件结构的复杂性尽量被控制在中等程度,节点之间按内在语义关系而相互连接。信息查找方式有:字母顺序、知识结构、热点跳转以及媒体形式4种。软件能够联机测查被试的学习结果、收集被试对有关学习过程问题的反应、记录被试的学习路径(包括所有所查访的节点、对节点的查访顺序以及在每个节点上停留的时间)。

3. 一般性自我调节学习能力问卷。该问卷取自Weinstein等人的学习策略量表(LASSI-HS),共33个项目,包括计划、监视、信息加工和时间管理4个方面。被试在5点量表上(从完全不像我到完全像我)对每个项目做出反应。量表的内部一致性信度为0.63。

4. 临场自我调节学习活动水平。实际记录的自我调节学习活动考察被试如何克服在多媒体环境中的两个学习问题的(即迷向和漫游)。根据自我调节学习的内部过程(即计划、监视与调控),对临场自我调节学习活动用4个由预先编制的计算机程序自动统计处理的项目加以考察:(1)预先浏览,即查访前5个中检索工具的比例,考察被试是否在进入学习之前已经从整体上了解了学习材料;(2)全程导航,即在所有查访中查访检索工具的比例,考察被试在整个学习期间是如何进行导航以及如何调节查询方式的;(3)内容选择,即相关性项目在所有查访项目中占的比例,考察被试如何抵制非蛇项目的图片和动画的诱惑而查访有关蛇的项目;(4)时间控制,即查访相关性项目所用时间占总学习时间的比例,考察被试如何监控学习时间。

5. 有关蛇的先前知识水平。给学生列出实验软件的80个节点的全部项目清单,让他们从中挑选出所有与蛇有关的项目。被试的水平用正确反应率与准确反应率的乘积衡量。正确反应率,就是被试所选定项目中的正确项目数与36(即所有与蛇有关的项目数)的比值;准确反应率,就是被试所选定项目中的正确项目数与被试所选定项目的总数的比值。

6. 选择题测验成绩。选择题测验由10道选择题构成,这些题都与实验软件的内容直接有关,其中理解和记忆方面均包含5道问题。为了排除猜测和事先知道这两个因素,本测验在被试回答每题之后,问被试:“你的回答是否基于刚才的学习而作出的?”被试在5个等级(从完全不是到完全是)上作出反应。只有做出“是”与“完全是”的反应时,该题的回答才算有效。

7. 作文成绩。在学习结束后,要求每个被试撰写一篇200字以上的短文,介绍蛇的基本情况,以考察被试对知识理解和建构的程度。被试对蛇的掌握情况是根据:蛇的一般概念、蛇的身体特征、蛇的生活习性、蛇的种类4项加以考察的,每方面1~4分。评分时,先由两名研究人员独立评分,然后两人进行对照,对有疑义的地方商讨,最终达成一致。

(二)实验程序

1. 初步设计。本实验包括2种实验处理。处理1为学习目标要求,包括2个水平:大致浏览和全面掌握。处理2为有无时限提示,包括2个水平:无时限提示和有时限提示。两者实际学习时间均为10分钟,并且事先告知所有被试学完后要进行测验,但前者不事先告知被试时间限制并不显示时间进程状态,后者则相反。组合将被试随机分成4个实验组(文理科基本对等分配),每组15人。实验的因变量为学业成绩(包括选择题测验和作文成绩),无关控制变量为一般性自我调节学习能力和有关蛇的先前知识,内部学习过程变量为临场自我调节学习活动水平。

2. 被试选取。大学生60人,文、理科各30人,都学过计算机基本操作技能。分组时,基本上要做到文理对等分配。

3. 实验程序。

(1)呈现实验指导语。

(2)测量被试的一般性自我调节学习能力与有关蛇的先前知识。

(3)让被试学习实验材料。

(4)根据每个被试的学习路径记录分析其临场活动水平(用计算机程序完成)。

(5)联机进行选择题测验。

(6)被试撰写短文。

(7)收集被试的短文并加以编码分析。

四、实验结果与整理

用SPSS for Windows软件对实验数据进行统计分析。

1. 一般性自我调节学习能力与有关蛇的先前知识的差异分析。对各组被试的一般性自我调节学习能力水平与有关蛇的先前知识水平进行单因素方差分析。

2. 选择题测验成绩与作文成绩的差异分析。对选择题得分和对作文题得分分别进行2(学习目标)×2(时间压力)的多元方差分析。

3. 临场自我调节学习活动的差异分析。对被试的 4 个实际活动项目分别进行 2(目的要求)×2(时限提示)的多元方差分析。

4. 对两种学习结果影响因素的回归分析。为了探明临场自我调节学习活动对两种学习结果的具体影响,将被试的先前经验以及临场自我调节学习活动作为预测变量,将被试的两种学习结果作为因变量,分别进行多重回归分析。

五、问题与讨论

1. 在不同学习目标和时间压力下,具有同样自我调节学习能力的被试在学习同一学习材料时,其临场自我调节学习活动水平对两种层面(再认层面和回忆理解层面)的学习结果有何中介影响?

2. 利用多媒体进行教学有何利弊?

参考文献

1. [美] D. R. 谢弗等著,邹泓等译. (2005). 发展心理学—儿童与青少年(第六版). 北京:中国轻工业出版社.
2. [美] D. R. 谢弗等著,邹泓等译. (2009). 发展心理学—儿童与青少年(第八版). 北京:中国轻工业出版社.
3. [美] Hock 著,白学军等译. (2004). 改变心理学的 40 项研究. 北京:中国轻工业出版社.
4. [美]Robert,E. ,Slavin 著,姚梅林等译. (2004). 教育心理学:理论与实践. 北京:人民邮电出版社.
5. [瑞士] J. 皮亚杰著. 傅统先等译. (1984,2000). 儿童的道德判断. 济南:山东教育出版社.
6. [瑞士] J. 皮亚杰 B. 英海尔德著,吴福元译. (1980). 儿童心理学. 北京:商务印书馆.
7. M. P. 德里斯科尔著,王小明等译. (2006). 学习心理学——面向教学的取向. 上海:华东师范大学出版社.
8. 陈敦淳. (1982). 儿童左右概念发展的实验研究. 心理科学通讯,6,29 ~ 33.
9. 陈帼眉,冯晓霞. (1991). 学前心理学参考资料. 北京:人民教育出版社.
10. 陈敬,张建成. (2008). 反馈频率对追踪任务技能学习影响的实验研究. 武汉体育学院学报,42(4),50 ~ 51.
11. 陈琦,刘儒德. (2005). 当代教育心理学. 北京:北京师范大学出版社.
12. 陈琦,张建伟. (2000). 论教育心理学研究方法的改进. 教育研究与实验,1,45 ~ 49.
13. 陈琦等. (1997). 当代教育心理学. 北京:北京师范大学出版社.
14. 陈瑞宁,刘岳江. (2002). 反馈学习对运动技能形成的意义. 心理科学,36(1),56 ~ 57.
15. 陈欣银,李正云,李伯黍. (1994). 同伴关系与社会行为:社会测量学分类方法在中国儿童中的适用性研究. 心理科学,4,198 ~ 206.
16. 陈英和. (1994). 关于婴儿期概念发生的研究方法. 心理发展与教育,3,21 ~ 24.
17. 陈英和. (1996). 认知发展心理学. 浙江:浙江人民出版社.

18. 程学超,王红美.（1986）. 老年心理学. 济南：山东教育出版社.
19. 程学超,王美芳.（1992）. 儿童亲社会道德推理的发展研究. 心理科学,8,13 ~17.
20. 邓赐平,桑标.（2003）. 不同任务情境对幼儿心理理论表现的影响. 心理科学,2,272 ~275.
21. 丁海东.（2006）. 论儿童精神的自我中心主义. 福建师范大学学报,2,151 ~155.
22. 杜丹,苏彦捷.（2005）. 性别刻板印象及刻板信息对3 ~9岁儿童玩具选择的影响. 心理学探新,4,56 ~61.
23. 范林,王庆华.（2002）. 英语词汇学习中的分类组织策略实验研究. 外语教学与研究,34(3),209 ~212.
24. 范珍桃,方富熹.（2006）. 学前儿童性别恒常性的发展. 心理学报,38(1),63 ~69.
25. 方富熹,方格.（2004）. 儿童发展心理学. 北京：人民教育出版社.
26. 方富熹,方格.（2005）. 儿童发展心理学. 北京：人民教育出版社.
27. 方富熹,齐茨.（1990）. 中澳两国儿童社会观点采择能力的跨文化对比研究. 心理学报,4,345 ~352.
28. 冯申禁,宋钧,佟乐泉.（1980）. 儿童运用归纳法概括句组内词语能力的实验研究. 心理学报,2,227 ~233.
29. 冯晓梅,张晓冬,张厚粲,徐雅文,张之芬.（1988）. 新生儿视觉分辨能力的研究. 心理学报,3,253 ~259.
30. 高红丽.（2007）. 运用反馈效应强化学习效果. 校园心理,6,59.
31. 谷生华.（1999）. 教师教学归因刍论. 上海教育科研,1,40 ~43.
32. 顾明远主编.（ 1990）. 教育大辞典(第五卷)(第一版). 上海:上海教育出版社.
33. 郭念锋主编.（2005）. 心理咨询师(三级). 北京:民族出版社.
34. 韩仁生.（1996）. 中小学考试成败的归因研究. 心理学报,18(2),140 ~147.
35. 韩仁生.（1997）. 小学生归因训练的实验研究. 心理科学,20,461 ~470.
36. 韩仁生.（1998）. 中小学生归因训练的实验研究. 心理学报,30(4),442 ~451.
37. 胡桂英.（2008）. 运动心理学. 浙江：浙江大学出版社.
38. 胡韬,张大均.（2006）. 教育心理学研究方法体系的发展历程与新取向. 西华师范大学学报(哲学社会科学版),3,96 ~99.
39. 黄希庭.（1989）. 心理学实验指导. 北京:人民教育出版社.
40. 黄希庭.（2002）. 人格心理学. 杭州：浙江教育出版社.

41. 季浏.（2006）. 体育心理学. 北京：高等教育出版社.
42. 金亚虹,章建成,孙耀华,任杰.（2001）. 延迟结果反馈对追踪任务技能学习的影响,心理科学,24(6),739～740.
43. 井上腾也,长嶋纪一.（1986）. 老年心理学. 上海：上海翻译出版公司.
44. 李林仙.（1995）. 关于性别角色刻板观念的一些研究. 心理学动态,4,17～22.
45. 李寿欣.（2006）. 认知方式的理论与应用. 北京：中华文献出版社.
46. 林崇德.（1995）. 发展心理学. 北京：人民教育出版社.
47. 林崇德.（2005）. 试论发展心理学与教育心理学研究中的十大关系. 心理发展与教育. 增刊,3～9
48. 林崇德主编.（2009）. 发展心理学. 北京：人民教育出版社.
49. 刘电芝.（1998）. 学习策略研究. 北京：人民教育出版社.
50. 刘华山主编.（1991）. 大学教育心理学概论. 湖北：华中师范大学出版社.
51. 刘建清.（1995）. 9～12 岁儿童类比推理能力的发展. 心理科学,18,56～58.
52. 刘金花,张文娴,唐人洁.（1993）. 婴儿自我认知发生的研究. 心理科学,16(6),355～358.
53. 刘静和,王宪钿,张梅玲.（1963）. 4～9 岁儿童类概念的发展的实验研究(Ⅰ)：分类与分类命名的实验研究. 心理学报,4,287～295.
54. 刘丽红,陈澍.（1997）. 教师期望效应传递机制的研究. 教育探索,2,20～22.
55. 刘儒德,陈琦.（1999）. 学习目标要求和时间压力对多媒体环境下自我调节学习活动的影响. 心理发展与教育,2,32～37.
56. 刘儒德,陈琦.（2000）. 不同情境下临场自我调节学习活动对学习结果的中介影响. 心理学报,32(2),197～202.
57. 刘儒德,陈琦.（2000）. 学习任务要求与时间压力对实际自我调节学习活动的影响. 心理科学,23(6),655～658.
58. 刘重庆.（2001）. 学生学习成就动机训练的实验研究. 心理科学,24(3),377～378.
59. 路海东.（2002）. 教育心理学. 长春：东北师范大学出版社.
60. 吕静,庞虹,汪文鋆,卢琬君.（1987）. 3～6 岁幼儿在分类实验中概括能力的发展. 心理学报,1,1～9.
61. 罗高峰,王涛.（2007）. 好学生游戏：班级行为管理的一种新方法. 教学与管理,3,10～12.
62. 马晓清,冯廷勇,李宇,李红.（2008）. 从知觉分心任务看儿童类比推理能力的发展. 心理学报,40(9),987～993.

63. 孟昭兰.（1997）. 婴儿心理学. 北京：北京大学出版社.
64. 莫雷,张金娇.（2001）. 文本阅读过程中组织策略迁移的研究,心理科学,24（4）,646～648.
65. 母小勇,张莉华.（2005）. 一个科学概念形成过程的初步实验研究. 心理科学,23(5),620～621.
66. 庞红.（1992）. 小学儿童记忆中组织策略发展的实验研究. 心理学报,4,355～362.
67. 庞丽娟.（1990）. 幼儿同伴交往类型、成因与培养的研究. 博士学位论文:北京师范大学
68. 彭聃龄.（2001）. 普通心理学. 北京：北京师范大学出版社.
69. 平心.（1997）. 舞蹈技能的学习曲线与高原现象——从"条件反射"到"动力定型". 北京舞蹈学院学报,2,29～35.
70. 桑标,缪小春,陈美珍.（1994）. 幼儿对心理状态的认识. 心理科学,6,328～362.
71. 桑标主编.（2003）. 当代儿童发展心理学. 上海：上海教育出版社.
72. 沈德立,白学军.（2004）. 实验儿童心理学. 合肥：安徽教育出版社.
73. 沈德立,阴国恩,林镜秋,刘景全.（1985）. 中小学生对于系列材料的长时与短时记忆的实验研究. 心理发展与教育,2,24～30.
74. 时蓉华,王伟.（1985）. 学生道德品质自我评价倾向性的研究. 心理学报,(2)：129～135.
75. 时蓉华.（1998）. 社会心理学. 浙江：浙江大学出版社.
76. 舒华,张学民,韩在柱.（2006）. 实验心理学的理论、方法与技术. 北京：人民教育出版社.
77. 宋广文,于新平.（1995）. 影响中小学教师评估学生智力水平的因素的研究. 心理发展与教育,3.
78. 汪向东等编.（1999）. 心理卫生评定量表手册. 北京：中国心理卫生杂志社.
79. 王丹宇.（1997）. 性别角色：男性气质、女性气质和双性气质的测量. 性格与社会心理测量总览,台湾远流出版事业股份有限公司.
80. 王甦,汪安圣.（2001）. 认知心理学. 北京:北京大学出版社.
81. 王甦等.（1998）. 中国心理科学. 长春：吉林教育出版社.
82. 王素梅.（2000）. 浅议学习激励中的"过当效应". 江苏教育学院学报,16(2),37～38.
83. 王宪钿,刘静和,范存仁.（1964）. 四至九岁儿童类概念发展的实验（Ⅱ）：儿童分类中的概括特点的实验研究. 心理学报,4：352～360

84. 王益文,刘岩,高艳霞,陈晶,张文新,林崇德.(2008).错误信念推理的时间过程与源定位.中国科学C辑:生命科学,38(1),93~100.
85. 魏华亭.(2009).课堂教学中教师反馈与语言学习动机.新课程,1,14~15.
86. 吴小叶.(2004).试论教育心理学研究方法的新发展.衡水师专学报,6(2),66~67.
87. 徐洪林,刘恩山.(2004).画概念图对高中二年级学生认知结构形成的影响.心理发展与教育,1,29~33.
88. 徐娟,刘儒德.(2009).计算机环境下的自我调节学习研究.中国电化教育,267,37~40.
89. 徐速,朱燕.(2001).初中数学学习中教师归因与学生自我归因的比较研究.心理科学,24(1),35~38.
90. 许淑莲,孙长华,吴振云,宋慕玲,阎希威.(1981).50~90岁成人的短时记忆研究.心理学报,4,441~445.
91. 许淑莲,孙长华,吴振云,王新德,蔡晓杰.(1982).老年人短时记忆特点的研究.心理学报,4,441~447.
92. 许淑莲,孙长华,吴振云,王新德,蔡晓杰.(1985).20岁至90岁某些成人的记忆活动的变化.心理学报,2,154~166.
93. 许淑莲.(1986).年老心理学研究概况.中国老年学杂志,3,12~15.
94. 杨丽珠,王江洋,刘文,Monica C. Airong Z.(2005).3~5岁幼儿自我延迟满足的发展特点及其中澳跨文化比较.心理学报,37(2),224~232.
95. 杨丽珠,于松梅.(2002).儿童自我延迟满足心理机制的研究综述.心理科学,25(6):712~71.
96. 杨治良.(2005).实验心理学.江苏:浙江教育出版社.
97. 姚平子,熊易群,启萃,邓惠英,于文琦.(1985).心理发展与教育,2,18~23.
98. 于海霞.(1998).在校大中学生自我价值感和自我评价关系的初步研究.心理发展与教育,1998,4.
99. 张全信.(1993).探索心理的奥秘——思维和情绪的实验.济南:山东教育出版社.
100. 张同延,徐嗣荪,蔡正宜,陈志敏,王翠莲,徐方忠.(1993).主题统觉测验中国修订版(TAT-R,C)编制与常模.心理学报,3,314~323.
101. 张文新,林崇德.(1999).儿童社会观点采择的发展及其与同伴互动关系的研究.心理学报,1(4),418~427.
102. 张文新.(1999).儿童社会性发展.北京:北京师范大学出版社.
103. 张学民,舒华.(2003).实验心理学纲要.北京:北京师范大学出版社.

104. 朱燕.（1996）. 配对词组的难度对策略使用效果的影响. 心理科学,1,23 ~ 27.

105. 朱滢.（2005）. 实验心理学. 北京：北京大学出版社.

106. 朱智贤,陈帼眉,吴凤岗.（1964）. 儿童左右概念发展的实验研究. 心理学报,3,229 ~ 236.

107. 朱智贤.（1982）. 小学儿童心理的发展. 北京：北京师范大学出版社.

108. 朱智贤.（2003）. 儿童心理学. 北京：人民教育出版社.

109. 邹泓.（1998）. 同伴关系的发展功能及影响因素. 心理发展与教育,2,39 ~ 44.

110. 左茜颖.（2008）. 反馈原理在体育教学训练中的应用. 许昌学院学报,27(5),152 ~ 154.

111. Alderman,M. K.（1990）. Motivation for at – risk students. Educational Leadership,48(1),27 ~ 30.

112. Antell,S. E.,Keating,D. P.（1983）. Perception of numerical invariance in neonates. Child Development,54,695 ~ 701.

113. Ari,U.,Yoshikazu,U.,Masaki,T.（2004）. Facial responses to four basic tastes in newborn rhesus macaques（Macaca mulatta）and chimpanzees（Pan troglodytes）. Behavioural Brain Research,154,261 ~ 271.

114. Arkman,E. M.,Hutchinson,J. E.（1984）. Children's sensitivity to constraints on word meaning: Taxonomic vs. thematic relations. Cognitive Psychology,20,121 ~ 157.

115. Bandura,A.（1965）. Influence of model's reinforcement contingencies on the acquisition of imitative responses. Journal of Personality and Social Psychology,1,589 ~ 595.

116. Barrish,H. H.,Saunders,M.,Wolf,M. M.（1969）. Good behavior game: Effects of individual contingencies for group consequences on disruptive behaviors in a classroom. Journal of Applied Behavior Analysis,2,119 ~ 124.

117. Bjorkland,D. F.,Bernholtz,J. Z.（1986）. The role of knowledge base in the memory performance of good and poor readers. Journal of Experimental Child Psyehology,41,367 ~ 393.

118. Bornstein,M. H.,Lamb,M. E. ed.（1992）. Developmental Psychology: An Advanced Textbook. 3rd ed. Hillsdale,New Jersey: Lawrence Erlbaum Associates Publishers,155 ~ 209.

119. Bussey,K.,Bandura,A.（1999）. Social Cognitive Theory of Gender Development

and Differentiation. Psychological Review, 106(4), 676 ~ 713.

120. Campos, J. J., Langer, A., Krowitz, A. (1970). Cardiac response on visual cliff in prelocomotor human infants. Science, 170, 196 ~ 197.

121. Coie, J. D., Dodge, K. A., Kupersmidt, J. B. (1990). Peer group behavior and social status. In S Rasher & J. D. Coic (Eds.). Peer rejection in Childhood. New York: Cambridge University Press.

122. Coie, J. D., Dodge, K. A. (1983). Continuity of children's social status: A five – year longitudinal study. Merrill – Palmer Quarterly, 29, 261 ~ 282.

123. Cournoyer, M. Trudel, M. (1991). Behavioral correlates of self – control at 33 months. Infant Behavior and Development, 14, 497 ~ 503.

124. Elkman, R, Tversky, B., Baratz, D. (1981). Developmental trends in the use of perceptual and conceptual attributes in grouping, clustering, and retrieval. Journal of Experimental Child Psychology, 31, 470 ~ 486.

125. Emmerich, W., Goldman, K. S., Kirsh, B., Sharabany, R. (1976). Development of gender constancy in economically disadvantaged children. Report of the Educational Testing Service, Princeton, New Jersey.

126. Fantz, R. L. (1961). The origin of form perception. Scientific American, 5, 66 ~ 72.

127. Flavell, J. H. (1985). Cognitive Development. Prentice – Hall Inc, Englewood Cliffs, New Jersey.

128. Flavell, J. M., Beach, D. H., Chinsky, J. M. (1966). Spontaneous verbal rehearsal in a memory task as a function of age. Child Development, 37, 283 ~ 299.

129. Garskof, B. E., Houston, J. P. (1963). Measurement of verbal relatedness: An idiographic approach. Psychological Review, 70(3), 277 ~ 288.

130. Gibson, E. J. & Walk, R. D. (1960). The "visual cliff". Scientific American, 202, 67 ~ 71.

131. Haffer, R. D. (1994). Social and Personality Development. Brooks/Coto Publishing Company.

132. Harp, S. F., Mayer, R. E. (1997). The role of interest in learning from scientific text and illustration: On the distinction between emotional interest and cognitive interest. Journal of Educational Psychology, 89(1), 92 ~ 102.

133. Hartup, W. W. (1992). Peer rejections in early and middle childhood. In V. B. Hasselt & M. Hersen (Eds.), Handbook of social development: A life span perspective.

134. Hoaken, P. N. S., Shaughnessy, V. K., Pihl, R. O. (2003). Executive cognitive functioning and aggression: Is it an issue of impulsivity? Aggressive Behavior, 29(3): 15 ~ 30.

135. Inhelder, B., Piaget, J. (1958). The growth of logical thinking from childhood to adolescence. New York: Basic Book.

136. Jetton, T. L., Alexander, P. A. (2001). Interest assessment and the content area literacy environment: Challenges for research and practice. Educational Psychology Review, 13(3), 303 ~ 318.

137. Keeney, T. J., Cannizzo, S. R., Flavell, J. H. (1967). Spontaneous and induced verbal rehearsal in a recall task. Child Development, 38, 953 ~ 966.

138. Leonard, L. L. (1997). Aphasia and Related Neutrogena Language Disorders. 2nd Ed. New York: Thieme.

139. Mckeachie, W. J., Pintrich, P. R., Lin Yi - Guang, Smith, David, A. F., Sharma, Rajeev (1990). Teaching and learning in the college classroom: A review of the research literature (second edition). Ann Arbor, MI: NCRIPTAL, University of Michigan.

140. Moely, B. E., Olson, F. A., Halwes, T. Cl., Flavell, J. H. (1969). Production deficiency in young children's clustered recall, Developmental Psychology, 1, 26 ~ 34.

141. Novak, J. D., Gowin, D. B. (1984). Learning how to learn. New York, NY: Cambridge University Press.

142. Papalia, D., Olds, W. A. (1990). Child's World: Infancy Though Adolescence. New York University Press.

143. Richards, D. D., Siegler, R. S. (1981). Very Young Children's Acquisition of Systematic Problem - Solving Strategies. Child Development, 52 (4), 1318 ~ 1321.

144. Rosenstein, C., Oster, H. (1988). Defferential facial responses to four basic tastes in newbouns. Child Development, 59, 1555 ~ 1568.

145. Rosenthal, R., Jacobson, L. (1968). Pygmalion in the Classroom: Teacher Expectations and Pupils' Intellectual Development. New York: Holt, Rinehart and Winston.

146. Roth, D., Leslie, A. M. (1998). Solving belief problems: toward a task analysis. Cognition, 66, 1 ~ 31

147. Rubin, K. (1978). Role taking in childhood: Some methological considerations.

Child Development,49: 428 ~433.

148. Sattler,J. M. (1990). Assessment of Children,Third Edition,Terome,M. Sattler Publisher,reprint.

149. Schaffer,H. R. (1996). Sense of self: Sense of Other. In A. Mudditt (Eds.), Social Development. Oxford: Blackwell Publishers.

150. Siegler,R. S. (1981). Developmental Sequences Within And Between Concepts. Monographs of the Society for Research in Child Development.

151. Steiner,J. E. (1979). Human facial expressions in response to taste and small stimulation. Advances in Child Development and Behavior,13,257.

152. Strauss,M. S.,Curtis,L. E. (1981). Infants' perception of numerosity. Child Development,52,1146 ~1152.

153. Walk,R. D.,Ginson,E. J. (1961). A comparative and analytical study of visual depth perception. Psychological Monographs,75,15.

154. Wimmer,H.,Perner,J. (1983). Beliefs about beliefs: Representation and constraining function of wrong beliefs in young children's understanding of deception. Cognition,13,103 ~128.

图书在版编目(CIP)数据

发展与教育心理学实验指导/王美芳等主编. —济南:山东人民出版社，2009.9(2024.8重印)
ISBN 978-7-209-05019-7

Ⅰ.发… Ⅱ.王… Ⅲ.①发展心理学—高等学校—教学参考资料 ②教育心理学—高等学校—教学参考资料
Ⅳ.B844 G44

中国版本图书馆CIP数据核字(2009)第166074号

责任编辑:王　晶
封面设计:张丽娜

发展与教育心理学实验指导
FAZHAN YU JIAOYU XINLIXUE SHIYAN ZHIDAO
主编　王美芳　司继伟　王惠萍　张　震

山东出版传媒股份有限公司
山东人民出版社出版发行
社　址:济南市市中区舜耕路517号　邮　编:250003
网　址:http://www.sd-book.com.cn
发行部:(0531)82098027　82098028

新华书店经销
山东华立印务有限公司印装

规　格　16开(169mm×239mm)
印　张　19.25
字　数　350千字　插页2
版　次　2009年9月第1版
印　次　2024年8月第4次
ISBN 978-7-209-05019-7
定　价　40.00元

如有质量问题,请与印刷厂调换。　电话:(0531)76216033